汉语水平步步高

介词 代词

主　编　陆庆和　黄　兴

编写者　何　薇　林齐倩　陶家骏

苏州大学出版社
Suzhou University Press

图书在版编目(CIP)数据

汉语水平步步高. 介词、代词 / 陆庆和, 黄兴主编. 苏州: 苏州大学出版社, 2009. 6
ISBN 978-7-81137-249-6

Ⅰ. 汉… Ⅱ. ①陆…②黄… Ⅲ. ①汉语-介词-对外汉语教学-教学参考资料②汉语-代词-对外汉语教学-教学参考资料 Ⅳ. H195.4

中国版本图书馆 CIP 数据核字(2009)第 096059 号

汉语水平步步高
介词 代词
陆庆和 黄 兴 主编
责任编辑 金振华

苏州大学出版社出版发行
(地址:苏州市干将东路 200 号 邮编:215021)
南京市溧水秦源印务有限公司印装
(地址:南京市溧水县开发区溧淳路 邮编:211200)

开本 787×1092 1/16 印张 15 字数 370 千
2009 年 6 月第 1 版 2009 年 6 月第 1 次印刷
ISBN 978-7-81137-249-6 定价:28.00 元

苏州大学版图书若有印装错误, 本社负责调换
苏州大学出版社营销部 电话:0512-67258835
苏州大学出版社网址 http://www.sudapress.com

编者的话

当前，随着我国国际地位的提升，学习汉语的外国人越来越多。形势喜人也逼人。这一形势向从事对外汉语教学的教师提出了新的挑战——如何让外国人更快更好地学习和掌握汉语的语法与词汇知识。

长期处于教学第一线的教师们不难发现这样的事实：汉语的句法和词法方面的知识，特别是其中的重点与难点，都不是教一两次就能让外国学生掌握的，有的难点，教师反复强调多次，一些学生还是会出现这样或那样的问题。

于是，很多教师都希望能有这样一套讲练结合的参考书：将汉语的句法与词法知识系统化、细化，将其中的内容，特别是对学生来说较难掌握的部分按照由浅入深、由易到难的原则，有计划、分层次、螺旋式地复现，不仅如此，还应针对汉语中的难点与重点，让学生反复进行操练，让学生在练习中不断提升自己。

另外，外国学生在学习汉语的过程中，经常会提出这样一些问题："我吃饭了"和"我把饭吃了"有什么不同？"我不习惯"和"我还没习惯"有什么不同？"想不起来"和"想不出来"有什么不同？"漂亮"和"美丽"有什么不同？"时间"和"时候""时光"有什么不同？"省得""免得"和"以免"是否用法完全一样？简言之，随着学习的深入，外国学生对意义和形式相似或相关的句式、结构、词语的区别越来越关注。这些确实是汉语学习的重点和难点。他们期待着教师能把这类疑团一个个辨析清楚，但是，有的问题并不是一下子能够讲清楚的，或者很难讲清楚。对很多刚刚踏上这一教学岗位的年轻教师来说，更是如此。本丛书的主编曾以考官的身份参加过几次出国汉语教师及志愿者的选拔考试工作，发现很多综合素质很好的年轻教师对这类辨析问题的回答很不尽如人意。

《汉语水平步步高》就是为了满足广大对外汉语教师的上述需要，同时也是为了满足那些已有一定汉语基础、有较高自学能力的汉语学习者的需要而编写的讲解与练习相结合的大型汉语学习丛书。该丛书由三十位作者参与，从策划、编写、修改到定稿，历经三年。编写者大多是苏州大学长期从事对外汉语教学的教师，也有对外汉语教学方向的一些研究生。在编写过程中，我们一方面参考了目前已有的对对外汉语教学有直接指导意义的专著及论文；另一方面，书中的不少分析与说明，都是编者们自己通过对语料的调查分析得出的，对已有的研究成果作了必要的补充，有些结论是编者们的新发现。

《汉语水平步步高》分八册：《句型与句式》《名词与形容词》《动词　助动词》《副词》《介词　代词》《助词》《句子成分》《关联词语　量词》。

上述八个分册的内容参考基础、初中级《中国汉语水平考试大纲》和《高等学校外国留学生汉语教学大纲》（长期进修）几个大纲加以编排，换句话说，这几个大纲中有关句型与句式、语法成分、短语（主要是动补短语）、常用实词或虚词中的重点难点等内容，这八册基本上都涵盖了。这些内容是根据难易程度的不同和水平的高低加以编排的。第一单元的讲练内容一般都是针对初级较低水平的学生的，凡是学过250个学时（45分钟一学时）汉语的学生可以先通过学习这一部分内容复习所学的知识（句式或词汇的），打好基础。第二单元的内容一般是针对初级中水平较高的学生的，同时也往往是该学习阶段的重点和难点。学生如果学习并掌握了第二单元的内容，就可由初级水平向中级水平迈进。第三单元和第四单元所讲的内容，是中级偏高到高级的水平，因此例句与练习都有一定的难度。

有些较难学习的语法点或词语，一般会在几个单元中反复出现，多次练习，为的是让学生在不同层次的上下文中多次理解与把握它们，使他们学得更加扎实和深入。

本丛书每一册前面都阐述该册总的内容，句式或词类的语法功能和特点，编写的体例与使用方法。希望读者们能够认真阅读这一部分的内容，以便更好地使用它们。

本丛书是编者们在承担繁重的教学任务的同时经过长期的艰苦努力编写而成的，有许多分析也是前人未做过的，因而出现疏漏与错误在所难免。不足之处，请专家与学者多提宝贵意见。

本丛书能够编写完成，首先要感谢华东师范大学国际汉语教师研修基地执行副主任张建民教授对本书编写指导思想的充分肯定、鼓励与指导。本丛书的顺利出版，离不开苏州大学海外教育学院黄兴院长的积极参与与鼓励，离不开苏州大学出版社高敏社长的大力支持与帮助，在此一并对他们致以诚挚的谢意。

目录

上篇　介词

·第三单元·

·第四单元·

下篇　代词

·第一单元·

·第二单元·

· 第三单元 ·

上篇 介词

总　说

一、主要内容

本册上篇是为了帮助外国人掌握汉语常用介词而编写的综合习题。介词是汉语语法词类系统中的一个重要类别，是虚词的一种。介词是外国人汉语学习的重点之一，也是难点之一。

汉语的大多数介词由动词演变而来。介词主要起介引作用，一般用于名词、名词短语、代词或代词短语前，构成介词短语，在句子里主要充当定语、状语或补语，介绍跟动作行为有关的时间、处所、方向、对象、范围、原因、方式等。

本册上篇讲练的常用介词有：

在、从、离、往、向、对、给、为、跟、和、比、当、自、自从、由、朝、冲、替、为了、对于、关于、除、除了、由于、拿、随着、按、按照、凭、就、于、就着、论、归、依、按照、依照、本着、根据等。

汉语不少介词的用法比较复杂。根据难易不同，我们把它们分别安排在不同的四个单元中。

二、介词的语法功能和特点

介词一般不能单独充当句子成分，要构成“介词 + 名词/代词”形式的介宾短语来作句中的状语、定语、补语。

1. 作状语。这是介宾短语主要的语法功能。如：

　　我在家看电视。（在谓语前作状语）

　　很多学生对中国文化很感兴趣。（在谓语前作状语）

　　自从她离开家乡，我们一直没见面。（在句首作状语）

　　为了学好汉语，安娜打算来中国留学。（在句首作状语）

2. 作定语。介词短语和中心语之间一定要加“的”。如：

　　这是一本关于汉字发展历史的书。

　　我不同意你对小王的看法。

3. 作补语。少数介词可以作补语，如“在、向、往、于、自”等。如：

　　他坐在沙发上。

　　这列火车开往上海。

　　张月毕业于苏州大学。

值得注意的是，介词不能重叠，不能带“了、着、过”等动态助词。“为了”“除了”“随着”“冲着”“趁着”“沿着”“顺着”“凭着”“通过”“经过”等词，其中的“了”“着”“过”不是动态助词，而是构词成分。

三、学习介词的方法

要想学好介词，应注意以下方法：

1. 首先应牢记每一个介词的意义和用法，根据表达的需要选择合适的介词。如表示目的，要选用“为了”；表示比较的对象，要选用“跟、和”等；表示开始的时间，要选用“从、打、由”等。

2. 学习介词不能只记忆单个介词的意义和用法，还要注意与介词短语和谓语或者中心语的搭配，要把它们一起记住。如：

对……感兴趣

给……带来影响

凭什么

凭票入场

就……而言

3. 大部分介词只能放在谓语的前面，如“对”“从”“关于”“跟”“替”等；也有少数介词既可放在谓语前，又可放在谓语后，但它们在语法、语义、语用上是不一样的，如介词“在”“向”“给”等。在学习后一类介词时，应特别注意记住它们在句中不同位置的用法上的差异。

4. 介词中有不少用法相近但又并不相同的词，如“向、往、朝”“替、给、为”等，应注意从语义、语法、语用等各个方面加以区分，并通过大量的练习加以巩固。

四、使用方法

这本介词分册分四个单元。每一单元又分数课。每课中都有“讲一讲”“练一练”两大部分。每一课“讲一讲”部分一般对 2 ~ 4 个常用介词的意义和用法进行解释说明，在“提示”部分常有与相近介词的对比辨析，或有同一介词句中不同位置的对比分析。有的课前还有“试一试”，目的在于让读者先试着使用一些介词，对自己已有水平进行一下测试。如有不明白的地方，可以从下面“讲一讲”中寻找答案。

读者首先要认真阅读、理解并记忆“讲一讲”部分的内容、提示及正确的例句，然后再做“练一练”部分的练习。只有这样，才能取得较好的学习效果。

每一单元后都有单元练习，读者可以通过测试了解自己对该单元介词知识的掌握情况。在成绩较为理想的情况下，再开始下一单元的学习与练习。如果前一单元成绩不够理想，最好在进一步复习、练习之后再开始下一单元的学习。

本书附有各课练习与单元练习的参考答案，供读者参考。

·第一单元·

第一课　在　从　离

讲一讲

一、在

这里讲的是介词"在"。而"在"还有动词用法,如:"你在哪儿?""我在北京大学。"

这类句子中没有别的动词,所以"在"就是动词。介词"在"在使用中,一般后面还有作谓语的动词。这里先介绍两种形式:

1. 在+处所名词+动词

表示动作发生或进行的处所。如:

A:你在北京大学干什么?

B:我在北京大学学习汉语。

这类句子的否定一般有两种,请比较:

我不在北京大学学习汉语。(否定的是处所,意思是:我在别的大学学习汉语)
可扩充为:我不在北京大学学习汉语,我在上海师范大学学习汉语。
我在北京大学不学习汉语。(否定的是动词以及动词后的宾语)
可扩充为:我在北京大学不学习汉语,我在北京大学教英语。

(1)"在+处所名词+动词"中的"在"一般不能省略,以下句子是错的:

*我爸爸公司工作。

改:我爸爸在公司工作。

*他公园散步。

改:他在公园散步。

(2)当表示动作在哪里发生或在哪里进行时,"在+处所名词"要放在动词的前面,不要放在动词的后面。以下句子是错的:

*我学习汉语在上海师范大学。

改:我在上海师范大学学习汉语。

*我看电视在家。

改:我在家看电视。

(3)副词"都""也""还"及助动词等一般放在"在+处所名词"的前面,而不放在动词的前面。以下句子是错的:

＊他们今天在家都学习。

改：他们今天都在家学习。

＊玛丽在外语系教英语，杰克在外语系也教英语。

改：玛丽在外语系教英语，杰克也在外语系教英语。

＊学生在教室应该上课。

改：学生应该在教室上课。

2. 在＋时间名词＋动词

表示动作发生的时间点。如：

在那寒冷的冬日傍晚，她带着孩子离开了那个山村。

大概在明年春天，下学期开始的时候，我们学校要举行一个小品大赛。

提示

这类放在句首的“在”后的时间名词一般都有较长的定语，不是这样的时间词在口语中一般不用加“在”。如：

旅行团昨天上午10点到达上海。

去年，我姐姐去美国留学了。

二、从

1.“从＋时间名词＋起/开始/以来＋动词或句子”表示动作的时间起点。如：

从小时候起，我就特别想当老师。

我们学校从明天开始放暑假。

从上大学以来，他还没好好学习过。

2.“从＋处所名词＋动词”表示动作的起点、来源。如：

星期五下午一点半我们从学校东门出发。

他从英国来上海旅游。

我从书包里拿出一本书。

我从报纸上看到这条新闻。

3.“从＋处所名词＋动词”表示动作经过的处所。如：

去他们家，只能从这条路走。

一辆汽车从我面前开过。

“从”经常和介词“到”一起用，构成“从A到B”的结构，既可以表示时间，也可以表示空间。A是起点，B是终点。如果A和B都是表示时间的词语，表示时间的起点和终点。如：

从九点半到十一点半，我们上口语课。

我们俩从认识到现在已经三年了。

从早到晚，他一直在工作。

如果A和B都是表示处所或方位的词语，表示空间的起点和终点。如：

从上海到北京坐火车要十多个小时。

从我家到你家有直达公共汽车。

从东到西，一共有十座楼房。

提示

如果谓语是表示位移的趋向动词或"动词 + 趋向补语"，如"来、去、上、下、拿出来、跑过来、走进去"等，表示经过或起点的处所词应该用"从"引进，不能用"在"。以下句子是错的：

＊我们都在桥上过去。

改：我们都从桥上过去。

＊他突然在楼梯上跑下来。

改：他突然从楼梯上跑下来。

＊明天早上五点在我家出发。

改：明天早上五点从我家出发。

三、离

表示"距离"的意思，常带以下两类词语一起作状语。

1. 处所名词 + 离 + 处所名词 + 形容词（远、近）

表示某处离某处的空间距离。如：

我家离学校很远。

上海离苏州 100 多公里。

2. 离 + 表示时间的名词或动词短语

表示某时离某时的时间距离。如：

离中秋节还有一个星期了。

离下课还有十分钟。

练一练

一、HSK 仿真题：把下列句后括号里的词放在合适的位置。

1. 去年 A 玛丽 B 北京大学 C 学习了一年汉语 D。（在）
2. 你知道，A 小林 B 是 C 哪个国家 D 来的吗？（从）
3. A 现在 B 开车 C 只有十分钟了，你就在 D 这里等等吧。（离）
4. A 每个星期六上午，B 我和小王 C 都 D 约会。（在公园）
5. 我 A 第一次看见你 B 到现在 C，D 一直爱着你。（从）
6. 车上人很多，A 我 B 要 C 下车 D。（在南京西路）
7. A 学校 B 不远的地方，C 有一个 D 公园。（离）

二、HSK 仿真题：在 A、B、C 中选择唯一恰当的填入空格内。

1. 我丈夫昨天______北京回来了。

A. 在　　B. 离　　C. 从

2. 上海______北京很远，______苏州很近。

A. 在　　B. 离　　C. 从

3. 西门关了，我是______南门进来的。

A. 在　　B. 离　　C. 从

4. 你怎么才来？我们______这儿等了你一个多小时了。

A. 在　　　　B. 离　　　　C. 从

5. 这儿______医院有多远？

A. 在　　　　B. 离　　　　C. 从

6. 让我告诉你吧，______这里走比较近，到邮局只要十分钟。

A. 在　　　　B. 离　　　　C. 从

7. 他们俩是一早______北京饭店出发去大使馆的，现在该回来了。

A. 在　　　　B. 离　　　　C. 从

8. 你去告诉大家，参观的人应该______右边的门进去。

A. 在　　　　B. 离　　　　C. 从

三、判断下面句子的正误，对的画√，错的画×并改写正确。

1. 今天大家都食堂吃饭。(　　)
2. 我毕业以后很想在这里工作。(　　)
3. 他工作了三年在中国。(　　)
4. 他们在北京大学的留学生。(　　)
5. 我在火车上看见了黄河。(　　)
6. 现在我在汽车站等车呢。(　　)
7. 离这儿到我家有3公里。(　　)
8. 我从总经理的办公室里把文件拿出来。(　　)
9. 离"十一"长假还有两天。(　　)

参考答案

一、1. B　2. C　3. B　4. D　5. A　6. C　7. A

二、1. C　2. B、B　3. C　4. A　5. B　6. C　7. C　8. C

三、1. ×　改：今天大家都在食堂吃饭。

2. √

3. ×　改：他在中国工作了三年。

4. ×　改：他们是北京大学的留学生。

5. √

6. √

7. ×　改1：从这儿到我家有3公里。　改2：我家离这儿有3公里。

8. √

9. √

第二课　对　给　为

试一试

请用"对""给""为"填空。

1. 他(　　)我说:"太谢谢你了。"
2. 姐姐(　　)弟弟准备了午饭。
3. 三木(　　)中国历史很感兴趣。
4. 我们真(　　)你高兴。
5. 他会(　　)你打电话的。
6. 那个女孩(　　)小狗(gǒu)看了看,走了。
7. 医生(　　)小明打了一针。
8. (　　)健康(jiànkāng)干杯。

(答案:1. 对　2. 给/为　3. 对　4. 为　5. 给　6. 对　7. 给　8. 为)

讲一讲

一、对

介词,引进动作的对象。常见结构:

动作者 + 对 + 宾语 + 动词 + ……

1. "对"后可以是"说、讲、说谎、说明"等说话类的动词。如:

他对我说:"太谢谢你了。"

这个孩子对爸爸说谎(huǎng)了。

提示

像"问、告诉、通知"等这样可以带双宾语的说话类动词和"对不起、谢谢"等,不能用"对"。下面的句子都是错的:

*她对我问:"你什么时候有时间?"

改:她问我:"你什么时候有时间?"

*我对他谢谢。

改:我对他说:"谢谢。"/我谢谢他。

2. "对"后也常用"看、笑、点头、摇头"等动词。如:

那个女孩对小狗看了看，走了。

别对我点头。

3. “对”后还可以是“好、感兴趣、满意、热情”等表示态度和兴趣的动词或形容词。肯定句中，这类谓语的前面常要用程度副词“很、十分、非常”等。如：

老师对学生们很好。

三木对中国历史很感兴趣。

二、给

介词，引进动作的对象。

1. 引进动作的接受者。“给”后常用的动词有“打（电话）、寄、发（邮件）、写信、带、借、留、送、交”等。“给”带的宾语一般是人。常见的结构有：

动作者＋给＋指人宾语＋动词……。如：

他会给你打电话的。

我想给你写信的，但是因为忙，一直没时间写。

他正在宿舍给爸爸妈妈打电话。

提示

(1)“给＋指人宾语”放在动词前，表示动作的接受者，一般强调主语是主动地(为某人)做某一动作，说话的重点在动作，所以常带助动词“会”，常受“正、正在”的修饰。像“借、留、交”等动词前带上“给＋指人宾语”，“为某人做某事”的意义更明显。如：

你要是不好意思跟他借钱，我去给你借。（我为你做“借”这一动作）

我给你留了饭，吃不吃？（饭是为你留的）

哥哥给我交了学费。（为我交学费）

(2)“给＋指人宾语”结构有时也可以放在这类动词的后面，意义有所不同(详见第二单元第三课)。

2. 引进动作的接受者。“给”带的宾语一般也是人，后面常用的动词有“洗、做、打扫、收拾、打针、写、画、理发、准备、过生日、加油、介绍、买、打折”等。其结构为：

动作者＋给＋指人宾语＋动词……。如：

医生给小明打了一针。

姐姐给弟弟准备了午饭。

我们给你加油。

提示

(1) 这类“给”字短语只能在动词前作状语，不能放在动词后。

(2)“给”还有动词用法，详见《动词　助动词》分册。

三、为

介词，引进动作的对象。

1. 表示动作服务的对象。“为”带的宾语一般是人，后面可以是“洗（衣服）、做（饭）、收拾、加油、介绍”等动作动词。这类“为”的用法和“给”相近。如：

姐姐为弟弟准备了午饭。（“为”可以换成“给”）

服务员每星期为房客收拾三次屋子。（“为”可以换成“给”）

“为”后面也可以是“高兴、担心、骄傲、着急”等表示心情的词语。这类“为”不能换成“给”。如：

我们真为你高兴。（不可以用“给”）

不要为我担心，我没事儿。（不可以用“给”）

2. 表示目的。“为”带的宾语一般是可以作为目的的事物或动词短语。如：

为健康干杯。

他正在为考上大学而努力。

练一练

一、HSK 仿真题：在 A、B、C、D 中选择唯一恰当的填入空格内。

1. 韩国朋友______我写了一封信。

A. 给　　B. 为　　C. 对　　D. 从

2. 他一直在______出国留学存(cún)钱。

A. 给　　B. 为　　C. 对　　D. 在

3. 我______做菜很有兴趣，我想学习。

A. 给　　B. 为　　C. 对　　D. 从

4. 宫本______老板说：“我没有钱，便宜一点儿吧。”

A. 从　　B. 为　　C. 对　　D. 给

5. 李兰这次比赛得了第一名，全班同学都______她高兴。

A. 为　　B. 从　　C. 给　　D. 对

6. 爸爸妈妈，我在中国，一切都好，别______我担心。

A. 给　　B. 为　　C. 对　　D. 从

7. 打太极拳(tàijíquán)______身体挺好的。

A. 给　　B. 为　　C. 在　　D. 对

8. 我马上______她打电话。

A. 对　　B. 为　　C. 给　　D. 从

9. 我很想认识马丁先生，你能______我介绍一下吗？

A. 对　　B. 从　　C. 离　　D. 为

10. 奶奶______孙子笑了笑。

A. 给　　B. 对　　C. 为　　D. 在

11. 汉克______女朋友买了一件衣服。

A. 在　　B. 给　　C. 对　　D. 从

12. ______我打个折吧。

A. 在　　B. 为　　C. 对　　D. 给

二、HSK 仿真题：把下列句后括号里的词放在合适的位置。

1. A 多吃水果 B 很好 C。（对身体）

2. 昨天A田中B做了泰国菜C。（给我们）

3. 每天早上A我都B准备好早饭C。（为孩子）

4. A我B不太满意C。（对我的生活）

5. A大家B都C高兴D。（为这件事）

三、把下面的错句改写正确。

1. 我给我的爸爸妈妈对不起。

2. 司机对我问："你是哪国人？"

3. 这次我要对警察（jǐngchá）谢谢。

4. 父亲给儿子说："我们下次再来。"

5. 有时候，老师给我们告诉中国的历史。

6. 秀林的孩子考试得了第一名，她很给他高兴。

参考答案

一、1. A 2. B 3. C 4. C 5. A 6. B 7. D 8. C 9. D 10. B 11. B 12. D

二、1. B 2. B 3. B 4. B 5. C

三、1. 我对不起我的爸爸妈妈。
2. 司机问我："你是哪国人？"
3. 这次我要谢谢警察。
4. 父亲对儿子说："我们下次再来。"
5. 有时候，老师告诉我们中国的历史。
6. 秀林的孩子考试得了第一名，她很为他高兴。

第三课　跟　和　比

试一试

请用"跟""和""比"填空。

1. 你(　　)我们一起去吃饭吗?
2. 弟弟(　　)爸爸高。
3. 弟弟(　　)爸爸一样高。
4. 昨天安娜(　　)她的妹妹见面了。
5. 朴正浩(　　)李东正大两岁。

(答案:1. 跟/和　2. 比　3. 跟/和　4. 跟/和　5. 比)

讲一讲

一、跟

介词,引进动作的对象。

1. 引进动作协同的对象,常与"一起、一块(儿)"一起使用。很多动作动词都可以用在"跟"的后面,如"玩儿、去(上海)、逛街、吃饭、学习、打球、工作、旅行、喝(酒)、唱歌"等。如:

你跟我们一起去吃饭吗?

我跟我的中国朋友一块儿去上海。

2. 引进共同动作的对象,常用的动词有"见面、聊天、比赛、商量、结婚、讨论"等。这些动词都需要动作者和对象一起参加才能完成。如:

昨天安娜跟她的妹妹见面了。

现在是韩国队跟中国队的比赛。

提示

这些动词动作的对象不能直接做宾语。下面的句子是错的:

*我见面我的妹妹。

*现在韩国队比赛中国队。

3. "跟"还可以引进比较的对象,表示两者有没有不同,但不用来说明什么地方不同。其结构一般是:

A跟B一样(不一样、差不多、相同、不同)。如:

弟弟跟爸爸一样高。

这本书跟那本书差不多，都很难。

我的裙子跟你的不同。

我的裙子跟你的不一样长。

提示

(1)“一样”“不一样”“差不多”后面还可以用形容词，“相同”和“不同”后面不能使用形容词。

(2)“跟”又可以作连词，详见《关联词语　量词》分册。

二、和

介词，引进动作的对象，和“跟”的意思一样，用法也一样。“跟”在口语中使用得比较多。“和”在书面语、口语中都可以使用。如：

你和我们一起去吃饭吗？(可以用“跟”)

昨天安娜和她的妹妹见面了。(可以用“跟”)

弟弟和我爸爸一样高。(可以用“跟”)

“和”又可以作连词，详见《关联词语　量词》分册。

三、比

介词，引进比较的对象，用来说明具体的不同之处。结构为：

A 比 B ＋ 形容词(＋其他成分)

“其他成分”主要有数量补语、程度补语，以及“……得多”“……多了”“……些”“(一)点儿”等。如：

弟弟比爸爸高。

朴东浩比李东正大两岁。(数量补语)

小王比小李跑得快。(程度补语)

我现在比以前好多了。(程度补语)

提示

形容词前不能加“很、十分、非常、不太、越来越”等程度副词，但可以加“更、还”。下面的句子是错的：

＊中国比韩国非常大。

改：中国比韩国大。/中国比韩国大得多。

＊今天比前天很热了。

改：今天比前天热。/今天比前天还热。

“A 比 B＋形容词”的否定形式是“A 没有 B＋形容词”，后面不能使用表示具体差异的成分。如：

弟弟没有爸爸高。

朴东浩没李东正大。

小王没有小李跑得快。

我现在没有以前好。

再看下面两个句子，想一想它们的意思一样吗？

弟弟没有爸爸高。（弟弟矮，爸爸高）

弟弟不比爸爸高。（有两种可能，两个人差不多高，或者弟弟矮，爸爸高）

所以，两句话的意思是不一样的。“弟弟比爸爸高”的否定句应该是“弟弟没有爸爸高”。

练一练

一、HSK 仿真题：在 A、B、C、D 中选择唯一恰当的填入空格内。

1. 他今天______昨天来得晚。

A. 跟　　B. 和　　C. 比　　D. 对

2. 我想______中国朋友聊天。

A. 给　　B. 跟　　C. 对　　D. 为

3. 他______我一样，都喜欢中国菜。

A. 和　　B. 比　　C. 对　　D. 给

4. 妹妹______我小四岁。

A. 离　　B. 给　　C. 跟　　D. 比

5. 大卫______丁凡差不多高。

A. 和　　B. 比　　C. 对　　D. 离

6. 王兰______马力高。

A. 和　　B. 比　　C. 对　　D. 离

7. 这个房间______那个房间大一点儿。

A. 跟　　B. 和　　C. 离　　D. 比

8. 哥哥今天晚上______他的同学一块儿去唱歌了。

A. 给　　B. 为　　C. 和　　D. 从

9. 老师在______班长商量新年晚会的事，我们等一会儿再来吧。

A. 对　　B. 给　　C. 跟　　D. 为

10. 这台电脑______那边的那台好得多，你就买这台吧。

A. 比　　B. 和　　C. 从　　D. 在

二、按句后括号内给的词语或形式把下面的句子改成比较句。

1. 王先生 1.70 米，张先生 1.75 米。

________________________________（A 比 B ＋ 形容词）

2. 汽车比自行车多多了。

________________________________（没有）

3. 昨天最高气温 30 度，今天最高气温 32 度。

________________________________（A 比 B ＋ 形容词 ＋ 数量补语）

4. 王爷爷今年 73 岁，王奶奶今年也 73 岁。

________________________________（跟……一样）

5. 上一次考试我觉得很容易，这一次考试很多题我都不会做，太难了。

______________________________（A 比 B + 形容词 + 程度补语）

6. 韩国的水果比中国更贵。

______________________________（没有）

三、判断下面句子的正误，对的画√，错的画×并改写正确。

1. 苏州没有上海大。（　　）
2. 这里跟那里不太一样。（　　）
3. 他的家比我的家真好。（　　）
4. 小雨的哥哥跟丁凡相同大。（　　）
5. 安娜跟老师讨论这个问题，老师告诉她答案是对的。（　　）
6. 安娜对马克说，那个美国女孩要结婚一个中国人。（　　）

参考答案

一、1. C　2. B　3. A　4. D　5. A　6. B　7. D　8. C　9. C　10. A

二、1. 改 1：张先生比王先生高。
　　改 2：张先生比王先生高 5 厘米。
　　改 3：张先生比王先生高一点儿/一些。
　2. 自行车没有汽车多。
　3. 改 1：昨天比今天低两度。
　　改 2：今天比昨天高两度。
　4. 王爷爷跟王奶奶一样大。
　5. 改 1：上一次考试比这一次考试容易多了。
　　改 2：这一次考试比上一次考试难得多。
　6. 改 1：韩国的水果没有中国的便宜。
　　改 2：中国的水果没有韩国的贵。

三、1. √
　2. √
　3. ×　改：他的家比我的家好。
　4. ×　改：小雨的哥哥跟丁凡一样大。
　5. √
　6. ×　改：安娜对马克说，那个美国女孩要跟一个中国人结婚。

第四课 往 向 当

讲一讲

一、往

往＋方位名词、处所名词、表处所的专用名词＋动词，表示动作的方向。如：

到前面十字路口往左拐，再走100米就到了。

他俩沿着向西的一条公路往家里赶去。

野兽(yěshòu)为什么往蒙古跑？

二、向

向＋方位名词、处所名词、表处所的专用名词人称名词或代词＋动词，表示动作的方向。如：

水向东流。

大家一起向前看，不要向后看。

出租车过了收费站，向机场开去。

他向我走来。

提示

"往"和"向"的区别

"往"带处所名词和后面的谓语动词一起一般表示动作完成后的终点或预定的终点。"向"带处所名词和后面的谓语动词一起一般表示某个动作的方向和过程。由于这个区别，两个介词在使用中，有以下不同：

(1)"向"后的谓语动词一般要带趋向补语，"向"后还可以带"着"。如：

他向我扔过来一个球。

他跟着别人向街道那里走去。

大雁向着南方飞去。

他正向着远方大声叫她的名字。

"往"后动词不能带"着"。如：

她又往家里寄了一封信。

这辆车是往哪儿开的？

大家把行李往车上送。

他们什么东西都爱往墙上挂。

(2)"向"可以带单独的表示人的名词或代词作宾语。"往"后如果出现表示人的名词或代词，其后一定要有“指示代词＋方位词”。如：

他向我走来。

他往我这里走来。

三、当

当……的时候/当……时，表示某事件的发生与另一事件几乎同时。如：

当老师走进教室的时候，学生们正在聊天。

当吃着妈妈亲手为我做的饭菜时，我感动得流下了眼泪。

提示

(1) “当……的时候”或者“当……时”都可以，但“当……的时”是不对的。

(2) “当”后的时间词前面必须有修饰语，单独一个时间词不能放在“当”的后面。下面的说法是错的：

＊当 2004 年　　＊当那时候　　＊当周末

这类时间词前一般什么都不加或有时用“在”，如“在 2004 年”“在那时候”“在周末”。

(3) “当”有时可以省略，但前面有“每”的时候，“当”必须出现。如：

我需要他帮助的时候，他就会出现。

每当我听到这首歌的时候，总会想起家乡。

练一练

一、HSK 仿真题：在 A、B、C、D 中选择唯一恰当的填入空格内。

1. 他俩一个______东走，一个______西走。

A. 在　　B. 离　　C. 向　　D. 从

2. ______国外寄信，要到那家邮局。

A. 在　　B. 往　　C. 向　　D. 从

3. 她看见妈妈以后，急忙______妈妈跑去。

A. 对　　B. 往　　C. 给　　D. 向

4. 每______他出门旅行时，天总是下小雨。

A. 当　　B. 在　　C. 离　　D. 从

5. 你的衣服不干净，别______我身上靠。

A. 在　　B. 往　　C. 向　　D. 对

6. 他一进门，就______着我大喊。

A. 给　　B. 往　　C. 对　　D. 当

7. ______我走出房间的时候，她正在门口等我呢。

A. 往　　B. 离　　C. 向　　D. 当

8. 你在______哪里打电话？

A. 向　　B. 往　　C. 对　　D. 比

9. 我______她伸出手，把她拉了起来。

A. 向　　B. 往　　C. 给　　D. 当

10. 请问，去博物馆应该______哪儿走？

A. 在　　B. 离　　C. 向　　D. 往

二、HSK 仿真题：把下列句后括号里的词放在合适的位置。

1. A 各位乘客，B 您乘坐公共汽车时，请尽量给老人和小孩让座。（当）

2. 林平和金东明骑着车子出了 A 县城，B 沿着 C 向西的一条公路，D 家里赶去。（往）

3. A 到了下半场，B 甲队 C 乙队发起了一次又一次的进攻，终于 D 打败了乙队。（向）

4. A 正 B 我准备 C 上床睡觉时，D 电话铃响了起来。（当）

5. 他经常 A 外出，但只要一 B 回来，就一定要赶回 C 码头，把安全帽 D 头上一扣，跟工友们一起作战。（往）

三、判断下面句子的正误，对的画√，错的画×并改写正确。

1. 天黑了，她骑着车往家里赶。（　　）

2. 他跟着别人向街道那里走去，并不知道他到了街上又能怎样。（　　）

3. 一个可爱的小姑娘往他跑来。（　　）

4. 小张觉得心情好一点儿了，就往对面床上望了一下，想跟她说说话。（　　）

5. 每当下雨的时候，我的心情总是不好。（　　）

6. 当他来我们家的时，我们全家已经搬走了。（　　）

7. 他睡觉时，手上还带着女朋友送给他的那块表。（　　）

8. 当 1980 年，我们家发生了很多事，父母去世了，姐姐病了，我去北方当了工人。（　　）

参考答案

一、1. C、C　2. B　3. D　4. A　5. B　6. C　7. D　8. B　9. A　10. D

二、1. B　2. D　3. C　4. B　5. D

三、1. √

2. √

3. ×　改：一个可爱的小姑娘向他跑来。/ 一个可爱的小姑娘往他这边跑来。

4. √

5. √

6. ×　改：当他来我们家的时候，我们全家已经搬走了。

7. √

8. ×　改：1980 年，我们家发生了很多事，父母去世了，姐姐病了，我去北方当了工人。

单元练习

一、选择合适的介词填入空格内。

（一）在、从、离、向、往、当

1. 王大叔正______远山的一条小路上______村里走去。
2. ______父亲去世以来，我没看见母亲笑得这么开心。
3. 听人说她是______美国名牌大学毕业的，毕业以后，她______一所大学当过两年英语老师，后来又去英国读硕士（shuòshì）了。
4. 一个声音______后门那儿传了过来。
5. 下雨了，这儿______我家很近，先去我家坐坐吧。
6. 明天下午一点半我们______学校出发，别忘了。
7. ______老师走进教室的时候，学生们______教室里复习呢。
8. 他______口袋里掏（tāo）出100元钱给他儿子。
9. ______期末考试还有一个星期了，你们应该开始复习了。
10. 他们______那座小山上下来，______学校赶去。
11. 小河______我们家门前流过。
12. 他______美国来北京旅游，______北京饭店住了一个星期。

（二）给、跟、对、比

1. 我______中国菜不感兴趣。
2. 我很喜欢这件衣服，能不能______我打个折？
3. 你等等，我在______你找那本书。
4. 经常跑步______身体很好。
5. 大家一起______健康干一杯！
6. 每天我______小方一起去上学。
7. 大卫______杰克一样都在中国学习汉语。
8. 他学习______我好。
9. 今天有美国队______英国队的比赛。
10. 汉字玛丽______木村写得好。

二、HSK 仿真题：在 A、B、C、D 中选择唯一恰当的填入空格内。

1. 我们认识12年了，我______她十分了解。

A. 比　　B. 和　　C. 跟　　D. 对

2. 你______哪里走？那才是剧院的出口。

A. 往　　B. 向　　C. 对　　D. 离

3. 妈妈，我在这儿一切都好，不用______我担心。

A. 给　　B. 对　　C. 为　　D. 向

4. 现在______开饭的时间还早，你先随便吃点什么东西吧。

A. 离　　B. 比　　C. 在　　D. 从

5. 小田______到中国以来，一直都在上海学习，没有去旅游。

A. 在　　B. 离　　C. 从　　D. 往

6. 这个菜是专门______你做的。

A. 对　　B. 向　　C. 跟　　D. 为

7. 今年冬天______去年一样冷。

A. 比　　B. 跟　　C. 不如　　D. 没有

8. 我妈妈______呢。

A. 看电视在房间里　　B. 在看电视房间里　　C. 在房间里看电视　　D. 看在房间里电视

9. 正______我要出门时，电话铃突然响了起来。

A. 当　　B. 从　　C. 离　　D. 往

10. 听人说菜价要涨(zhǎng)，但我没看出______以前有什么不同。

A. 不如　　B. 比　　C. 跟　　D. 从

三、请填入合适的介词。

1. 每______我______中国各处旅游时，总有一种在大自然怀抱(huáibào)中的感觉。

2. ______春______冬，他每天都______这个家辛勤(xīnqín)地工作着。

3. 他______美国______国内家里寄了100美金，这为一个人______国内生活的老父亲解决了很多问题。

4. 今年过春节的时候，小林______日本回来______朋友带了一些化妆(huàzhuāng)品。

5. 我们家很好找，________这儿________东走过两条马路就到了。

6. 他爱上小张，大概就______那个雨天他俩一起值班(zhíbān)开始。

7. ______他正在______老邻居聊天时，突然，一个年轻人______他旁边骑过去，抢走了他的包，便飞快地______远处骑去。

8. 现在______开饭的时间还早，妈妈还没______你们做饭呢，你先随便吃点什么东西吧。

9. 你现在用的这本参考(cānkǎo)书______我昨天在书店里看到的完全不同，那本要______这本好用多了。

10. 我______你介绍一下，这是我的中国朋友李兰。她______我一样，都______电影很感兴趣，周末的时候，我常______她一起去电影院。

四、HSK仿真题：把下列句后括号里的词放在合适的位置。

1. A上大学以后，木村就B打工C挣生活费D。(在这家公司)

2. A这儿B市中心C不太远D，交通很方便。(离)

3. A谁也没想到，B这个时候，突然C发生D了一件奇怪的事情。(在)

4. 老李每天的工作A也很紧张，B他C不D轻松。(比我)

5. 请你记好，A明天B下午C两点半我们D学校出发。(从)

6. 每周四下午，都A有服务员B来C打扫房间D。(给客人)

7. A三木B说，他觉得C非常D对不起。(对老师)

8. A他B正在C下周的期末考试认真D复习。(为)

9. A2006年，B英子开始上学了。C每天出门的时候，D奶奶都会说："要好好学习啊！"(当)

10. 我想 A 买一件 B 那件 C 颜色 D 一样的衬衫。(跟)

五、HSK 仿真题:找出下列句子中有错的地方。

1. 我喜欢踢足球,小林喜欢打篮球,马克也喜爱篮球,你感兴趣什么?
A B C D

2. 邮局从我家很近,我们现在就骑车去那里 给朋友们寄信吧。
A B C

3. 当他回到家时,发现没带钥匙,就往着屋里大声叫:“里面有人吗?”
A B C D

4. 离我家到学校比较远,骑车大概要一个多小时。如果坐汽车,大概要 30 分钟。
A B C D

5. 从王刚上学以后,他的同桌是李雪,李雪就经常帮助他,王刚一直给李雪很感谢。
A C C D

6. 在这次全校比赛中,我们班张明参加赛跑,他赢(yíng)了很多对手,我们真给他高兴。
A B C D

7. 开学分班以后,(1)班女同学比(2)班 2 个人少,但是男同学跟(2)班一样多,所以(1)班总数比(2)班少。
A B C D

8. 夏天以后,芳芳到外地上大学了,每当她打电话爸爸的时候,他都特别高兴。
A B C D

六、判断下面句子的正误,对的画√,错的画×并改写正确。

1. 学生对新老师很满意。( )
2. 这个孩子很可爱,一直对人笑。( )
3. 我回国以后给你发邮件。( )
4. 哥哥比弟弟很高。( )
5. 昨天我见面一个老朋友。( )
6. 苏州比广州冷多了。( )
7. 三木比山下差不多大。( )
8. 他突然从楼梯上跑下来。( )
9. 我进门的时候,他正在往杯子里加水。( )
10. 我爸爸公司工作,我妈妈家里在做家务。( )

七、用所给的词语完成对话

1. A:你喜欢什么电影?

B:我________________。(感兴趣)

2. A:我们来干一杯吧。

B:好。________________。(为……干杯)

3. A:飞机快要起飞了,我得走了。

B:一路平安!回国以后,记得要________________。(写信)

4. A:苏州、上海这两个城市,你觉得怎么样?

B:我觉得上海________________(苏州 漂亮),

苏州________________(上海 大)。

5. A:我有十几本汉语书,你有多少本?

B:我有六十多本,我的汉语书________________(多了)。

A:是啊,我的汉语书________________(得多)。

八、连词成句。

1. 我 她 那个 大 说 跟 对 我 女孩 一样

2. 会 给 一件 你 带 衣服 我 的

3. 小 了 为 画 一 朋友 张 卡片 张老师

4. 长 长江 黄河 比 多少

参考答案

一、(一) 1. 从 向(往) 2. 从 3. 从 在 4. 从

5. 离 6. 从 7. 当 在 8. 从

9. 离 10. 从 向(往) 11. 从 12. 从 在

(二) 1. 对 2. 给 3. 给 4. 对

5. 为 6. 跟 7. 跟 8. 比

9. 跟 10. 比

二、1. D 2. A 3. C 4. A 5. C 6. D 7. B 8. C 9. A 10. C

三、1. 当 在 2. 从 到 为 3. 从 往 在

4. 从 给 5. 从 向(往) 6. 从

7. 当 跟/和 从 向 8. 离 给 9. 跟/和 比

10. 给/为 跟/和 对 跟/和

四、1. B 2. B 3. B 4. D 5. D 6. C 7. B 8. C 9. C 10. B

五、1. D 改:“你对什么感兴趣”。 2. A “从”应换作“离”。

3. C “往”应换作“向”。 4. A “离”应换作“从”。

5. D 改:“王刚一直很感谢李雪”。 6. D “给”应换作“为”。

7. B 改:“(1)班女同学比(2)班少2个”。

8. C 改:“每当她给爸爸打电话的时候”。或:“每当她打电话给爸爸的时候”。

六、1. √ 2. √

3. √

4. ×　改:哥哥比弟弟高。

5. ×　改:昨天我跟一个老朋友见面。

6. √

7. ×　改:三木跟山下差不多大。

8. √

9. √

10. ×　改:我爸爸在公司工作,我妈妈在家里做家务。

七、1. 我对中国电影很感兴趣。

2. 为健康干杯。/为我们的友谊干杯。/为中日友好干杯。

3. 给我们写信。/写信给我们。

4. 比苏州漂亮。/跟苏州一样漂亮。/没有苏州漂亮。

没有上海大。

5. 比你的(汉语书)多多了。/比你的(汉语书)少得多。

八、1. 那个女孩对我说,她跟我一样大。

2. 我会给你带一件衣服的。

3. 小朋友为张老师画了一张卡片。/ 张老师为小朋友画了一张卡片。

4. 长江比黄河长多少?

·第二单元·

第一课 在自自从由

试一试

按照汉语的顺序将下列词语组成句子。

1. 我　学校　英语　在　教　这个

2. 下车　人民路　我　在　要

3. 作业　家　小王　下午　在　做　今天

4. 门口　见面　他　学校　跟　在　我

（答案：1. 我在这个学校教英语。　2. 我要在人民路下车。　3. 今天下午小王在家做作业。　4. 我在学校门口跟他见面。）

讲一讲

一、在

在第一单元中，我们介绍了介词“在”放在动词前的两种用法；在第二单元中，我们将介绍介词“在”放在动词后的另外两种用法。

1. 主语（人或事物）+ 动词 + 在 + 处所名词，表示因为某个动作，人或事物到达某个地方，强调动作趋向、位移的动态过程。如：

妈妈坐在椅子上。（妈妈本是站着的，现在因为“坐”这个动作，妈妈到达椅子上）
爷爷躺在床上。
他站在门口。
我走在回家的路上。
书放在桌子上。
今天的作业写在本子上。

（1）“在＋处所名词”放在动词前和动词后，表达的意思是不一样的。应注意它们的区别：

结构1：在＋处所名词＋动词

这一结构强调动作发生或进行的处所。如：

我在家里看电视。

表示“看电视”这个动作发生的处所是在“家里”。下面的句子是错的：

＊我看电视在家里。（原因见下）

结构2：动词＋在＋处所名词

这一结构强调的是人或事物因为一个动作而发生位移，最后到达一个终点，有一个从动态到静态的过程。如：

我的书放在桌子上了。

“书”本来在我的手里，因为“放”这个动作，“书”发生位移，最终到达“桌子上”。

（2）有些动词，有时可以用在“动词＋在＋处所名词”的结构中，有时可以用在“在＋处所名词＋动词”中，意思是不太一样的：

“动词＋在＋处所名词”强调动作位移的终点，突出动作性；而“在＋处所名词＋动词”强调的是动作发生的处所或动作完成以后结果持续的状态，突出状态性，因而一般都要加上一些附加成分，如动态助词“着”“了”或定语、补语等。详见以下两张表：

表1

动词＋在＋处所名词 强调动作位移的终点，突出动作性	在＋处所名词＋动词＋着/了 （动词后有时量补语时用“了”） 强调动作完成以后结果持续的状态，突出状态性
妈妈坐在椅子上。	妈妈在椅子上坐着。（＊妈妈在椅子上坐）
爷爷躺在床上。	爷爷在床上躺着。/ 爷爷在床上躺了一会儿。
他站在门口。	他在门口站着。/ 他在门口站了两个小时了。
我走在大路上。	我在大路上走着。
书放在桌子上。	书在桌子上放着。（＊书在桌子上放）
我放在桌子上一本书。	我在桌子上放了一本书。（＊我在桌子上放一本书）

表2

动词＋在＋处所名词 强调动作位移的终点，突出动作结果， 动作涉及的事物附着于某处	在＋处所名词＋动词（＋着） 强调动作持续发生的处所，突出动作的持续性或状态
字写在黑板上。	我在黑板上写字。（突出动作的持续性）
	一个大大的“忍”字在黑板上写着。（突出状态性）
通知贴在墙上。	我在墙上贴通知。（突出动作的持续性）
	通知在墙上贴着。（突出状态性）

（3）当“在＋处所名词”表示“出生、发生、产生、居留的处所”时，“在＋处所名词”既可以放在动词前，也可以放在动词后。如：

他出生在北京——他在北京出生　　我生活在农村——我在农村生活

我住在这儿——我在这儿住　　事情发生在小王家里——事情在小王家里发生

从单句看好像意思差不多，但句子的重点不一样。“在＋处所名词”在动词后，句子的重

点在处所;“在+处所名词”在动词前,句子的重点在动作。如果后面还有句子就可以看出:

他出生在北京,所以对北京很熟悉。(句子强调“北京”。介绍某人出生地时,一般用此类句)

事情发生在小王家里,怎么外面人都知道了。(句子强调“小王家里”,所以外面人不应该知道)

他在北京出生,在上海长大。(句子强调动作,所以可接处所和动作变化句)

这种事情在小王家里发生,也可能在小李家里发生。(句子强调动作,动作不变,处所可变)

2. 动词+在+时间名词

表示出现、消失以及某些不明显的动作发生的时间。如:

我出生在1982年。

故事发生在很久以前。

演讲比赛改在下星期三。

这事放在以后再谈。

可用于这类句子的动词很少,一般有“生、死、定、改、排、放、出生、诞生、发生、出现、确定、安排”等少数几个动词。

二、自

表示“从”的意思,用于书面语。

1. “自+时间名词+起/以来/以后”表示动作的时间起点,既能在谓语前当状语,又能在主语前当全句修饰语。如:

本校自今年起开设语言学专业的博士点。

自古以来都有这样的传统。

自你离开以后,大家都非常想念你。

2. “自+处所词+动词”表示动作的空间起点。如:

对“希望工程”的捐款(juānkuǎn)自全国各地纷纷寄来。

本次航班自上海飞往东京。

他骑自行车在十字路口正要拐弯的时候,被一辆自西向东行使的出租车撞了。

3. “动词+自+处所词/书刊名词”表示动作的空间起点或事物的来源,这类用法很少。如:

我来自英国。(“来自”的意思是:从……来)

这句话出自李白的诗。(“出自”的意思是:从……出来)

这篇文章引自《读者》。(“引自”的意思是:从……中引用过来)

三、自从

“自从+时间名词/句子”既能放在谓语前当状语,又能放在主语前当全句修饰语,表示动作或事情的时间起点,但只用于过去。如:

他自从去年9月份以后,就再也没收到过他女朋友的信。

自从她离开家乡,我们一直没见面。

四、由

意义与“从”相似,一般用于书面语。

“由+时间名词”表示动作的时间起点。如:

由18岁参军开始，他一直没回过家。

"由+处所名词"表示动作的空间起点。如：

声音是由南边传过来的。

昨天他骑车过马路的时候，被一辆由南往北开的出租车撞了。

"由A到B"：

"由"经常和介词"到"一起用，中间既可以用时间词表示时间，也可以用处所词表示空间。A是起点，B是终点。如：

由早上8点到晚上12点，他们一直在工厂里装箱子。

在他租人家的车的时候，他从早到晚，由东到西，由南到北，不停地拉生意。

由学校到黄村，是一条直路。

练一练

一、HSK仿真题：在A、B、C、D中选择唯一恰当的填入空格内。

1. 来______12个国家和地区的98位代表参加了这次会议。

A. 在　　B. 自　　C. 自从　　D. 从

2. 事情发生______一个小山村里。

A. 向　　B. 从　　C. 在　　D. 自

3. ______两个人吵架以后，他们没说过一句话。

A 自从　　B. 对　　C. 在　　D. 由

4. 那个小女孩一直跟______妈妈的身后。

A. 从　　B. 往　　C. 向　　D. 在

5. 以前，我常常去他们家，______他去了美国，我再也没有去过。

A. 在　　B. 离　　C. 自从　　D. 当

6. 考试改______下星期三了。

A. 自　　B. 在　　C. 由　　D. 从

7. 这个学校的学生______去年的2000名增加到今年的3500名。

A. 在　　B. 比　　C. 自从　　D. 由

8. 我不相信这句话出______他之口。

A. 自　　B. 在　　C. 由　　D. 从

二、HSK仿真题：把下列句后括号里的词放在合适的位置。

1. 他俩A一直B走C我们D后面，你没看见吗？（在）

2. A参加B这届电影大奖赛的共有C来D 15个国家的27部影片。（自）

3. 他A一口气B东大门跑到C西大门，买了一束花，又D匆匆跑去送给他的女朋友。（由）

4. 我A推开门，看见B奶奶正C躺D沙发上看电视呢。（在）

5. 她A知道B要来医院C做检查后，D一连几个晚上都睡不好觉。（自从）

三、回答问题。

1. A：词典你放在哪儿了？

B：______________________________

2. A:老师,今天的作业我们写在什么地方?

B：______________________________

3. A:今天教室里人真多,我们坐在哪儿?

B：______________________________

4. A:他在哪里工作?

B：______________________________

5. A:你住在哪儿?

B：______________________________

6. A:这件衣服真漂亮,在哪里买的?

B：______________________________

四、判断下面句子的正误,对的画√,错的画×并改写正确。

1. 爷爷坐着椅子上看电视。(　　)
2. 老师生活在这片国土上7年了。(　　)
3. 她和姐姐一起住在。(　　)
4. 我的四把钥匙都放在家里。(　　)
5. 我一个人在街上走着,突然他出现在我面前,吓了我一大跳。(　　)
6. 李丽住过在上海。(　　)
7. 我们要在上海大学门口下车。(　　)
8. 妈妈身体不太舒服,她躺了一会儿在床上。(　　)

参考答案

一、1. B　2. C　3. A　4. D　5. C　6. B　7. D　8. A

二、1. C　2. D　3. B　4. D　5. A

三、1. 词典我放在桌子上了。　　2. 今天的作业你们写在本子上。

3. 我们坐在后边吧。　　4. 他在北京大学工作。

5. 我住在上海北京路188号。　　6. 这件衣服在人民商场买的。

四、1. ×　改:爷爷坐在椅子上看电视。

2. √

3. ×　改:她和姐姐住在一起。/ 她和姐姐一起住。

4. √

5. √

6. ×　改:李丽在上海住过。

7. √

8. ×　改:妈妈身体不太舒服,她在床上躺了一会儿。(说明:如果动词后有补语或动态助词“着、了、过”时,就不能再带“在+处所”。因此,在这种情况下,或者删除这些成分,或将“在+处所”移到动词前)

第二课　往　向　朝

试一试

请用"向"或"往"填空。

1. 她看见妈妈以后，急忙________妈妈跑去。
2. ________国外寄信，要到那家邮局。
3. 你的衣服不干净，别________我身上靠。
4. 他一进门，就________着妈妈叫喊。
5. 马路对面那个人________我们这边走过来了。
6. 他手捧着一束玫瑰花________我走来。

（答案：1. 向　2. 往　3. 往　4. 向　5. 往/向　6. 向）

讲一讲

一、往

在第一单元中，我们介绍了"往＋方位名词、处所名词、表处所的专用名词"放在动词前，表示动作的方向或终点；这里我们将介绍"往＋方位名词、处所名词、表处所的专用名词"放在动词后的用法，即：

动词＋往＋处所名词、表处所的专用名词，表示动作预定的、明确的终点、目的地。如：

这列火车开往北京。

飞往西安的飞机几点起飞？

这些食品和衣服运往贫困山村。

这条路通往雪山。

提示

后面可以带"往＋处所名词"的动词很少，一般有"开、送、寄、运、销、飞、逃、派、通、迁"等少数几个动词，大部分动词不能这样用。

二、向

在第一单元中，我们介绍了"向＋方位名词、处所名词、表处所的专用名词、人称名词或代词"放在动词前的用法。这里我们将介绍"向"的另外两种用法：

1. 向＋表示目标意义的名词＋动词，表示动作努力的方向和目标。"往"没有这种用法。如：

运动员们在向世界纪录冲锋(chōngfēng)！

他带动全村人向富裕的道路迈进。

我们正在向新的科学高峰攀登(pāndēng)。

适用于这一类的动词比较少，一般有"冲击""冲锋""转化""转变""推进""过渡""攀登"等少数动词。动词"看"有时也可以表示类似的意义。如：

要向前看，不要向钱看。

2. 动词＋向＋方位名词、处所名词、表处所的专用名词、人称名词或代词、抽象名词，表示动作的方向、终点或目标。如：

他走向前去，在她的脸上亲了一下。（具体的动作方向）

河水静静地流向远方。（具体的动作方向）

我带着鲜花，走向春天，也走向你。（抽象和具体的动作方向）

我们文学院的李明首先冲向终点，获得100米短跑的冠军。（具体的动作终点）

生活在这里的人们刚刚走向现代文明。（抽象的目标）

我坚信，只要我们坚持下去，最终一定可以奔向自由！（抽象的目标）

"向"后的宾语可以是具体的方位、处所名词，也可以是比较抽象的事物名词。

提示

"往"与"向"的区别

与"往"相比，"向"字短语放在动词后面时，适用的动词比"往"要多，如"走、跑、飞、奔、流、冲、通、飘、滚、转、倒、驶、划、射、转、杀、刺、投、引、推、偏、指、扑、漂、迈、跨、面"等。其中，只有"飞""通"是共同的。但是，即使在相同的动词后面，两个介词的用法还是有一定的区别的："往"后的处所名词表示的是固定的、预定的、明确的目的地。如：

这条铁路通往北京。

飞机飞往上海。

"向"后的处所不是固定、预定而明确的目的地，而是指出一个大概的方向。如：

这条大路通向远方。

飞机飞向蓝天。

结构	语义	适用的动词
动词＋往＋处所	动作固定、预定、明确的目的地、终点	开、送、寄、运、销、飞、逃、派、通、迁
动词＋向＋处所	动作大概的方向或抽象的目标	走、跑、飞、奔、流、冲、通、飘、滚、转、倒、驶、划、射、转、杀、刺、投、引、推、偏、指、扑、漂、迈、跨、面

三、朝

介词"朝"主要有两种用法：

1. 朝＋处所词、方位词、人或事物名词，表示动作的方向。如：

那艘船正朝着红海驶去。

我们家的大门朝东开。

汽车朝我们这儿开了过来。

2. 朝＋人或事物名词，表示动作者动作的对象。

A. “朝”后引进体态、交际性动作的对象。如：

他朝我点点头，我朝他招招手。

我走进教室，大家都朝着我笑。

B. “朝”后引进“叫喊”类动作的对象。如：

老师朝着山上的学生喊：“大家赶快下来！”

提示

“朝”“向”“往”的区别

(1)“往”“向”和“朝”后面虽然都可以带处所词、方位词，但“朝”字介词短语只能放在动词前做状语，不能放在动词后做补语；而“往”、“向”的介词短语既能放在动词前做状语，也能放在动词后做补语(详见上)。

(2)“朝”“向”的后面有时可以带“着”，而“往”不可以。

(3)“朝”“向”后的宾语都可以是单独的人称代词、指人名词，“往”后的表示人的代词或名词后一定要有方位词(详见第一单元)。

(4)“朝”“向”都可以引进表示体态、交际性动作的对象，而“往”不可以。“往”也不能带下面第5、6点提到的名词宾语。

(5)“向”后面可以带的对象宾语比“朝”要多得多。“朝”后面只可以带一些日常的、较为随意的体态、交际性动作的对象；而“向”可以带很多正式场合使用的动词的对象。下面例句中的“向”都不能换用“朝”。如：

今天这件事我得向校长汇报。(我地位低，校长地位高。“汇报”，言语传达动词)

这家公司向优秀的学生提供奖学金。

市长向我们颁(bān)发了奖状。

我代表全市人民向英雄致敬。

(6)“向”还能带表示动作努力的方向和目标的抽象名词(详见上)，“往”和“朝”则不能。

(7)“往”字介词短语做状语时，动词后边的补语可以是表示双向位移的数量词，“朝”和“向”不行。如：

今天公司的汽车往上海开了两趟。

*今天公司的汽车朝上海开了两趟。

*今天公司的汽车向上海开了两趟。

“向”“往”“朝”在语法方面的区别用下表归纳：

比较项 \ 比较内容		向	往	朝
语法功能	+方位名词、处所名词、表处所的专用名词	+	+	+
	+单独的人称代词、表人或物的名词	+	-	+
	+抽象名词	+	-	-
	+表示体态、交际性动作的对象	+	-	+
句法分布	动词前做状语	+	+	+
	动词后做补语	+	+	-

练一练

一、HSK 仿真题：在 A、B、C、D 中选择唯一恰当的填入空格内。

1. 哥哥______我笑了笑，然后推门走了出去。

A. 往　　B. 朝　　C. 给　　D. 为

2. 运动员们在________世界纪录冲锋！

A. 往　　B. 朝　　C. 向　　D. 给

3. 小船在大风中漂______了大海。

A. 往　　B. 朝　　C. 向　　D. 对

4. 队伍________着太阳升起的方向前进。

A. 当　　B. 离　　C. 往　　D. 向

5. 我家有两个房间，一间______南，一间______北。

A. 往　　B. 朝　　C. 向　　D. 对

6. 这个消息______一个小山村传______全国各地。

A. 往　　B. 朝　　C. 向　　D. 从

7. 我们要努力搞好建设，让祖国奔______美好的未来。

A. 往　　B. 朝　　C. 向　　D. 由

8. 这些明信片都是寄________美国的。

A. 往　　B. 朝　　C. 向　　D. 在

9. 他______那姑娘看了一眼，觉得好像在哪儿见过她。

A. 往　　B. 朝　　C. 给　　D. 为

10. 这架飞机将带着我们飞______美丽的非洲。

A. 向　　B. 朝　　C. 往　　D. 在

二、HSK 仿真题：把下列句后括号里的词放在合适的位置。

1. A 所有人的目光，B 一齐投 C 这个他们曾经谁也没有注意 D 过的十岁的孩子。（向）

2. A 那姑娘回头看了 B 我一眼，挥了挥 C 手，便 D 着山顶跑去。（朝）

3. 他坐上一列从 A 上海开 B 哈尔滨的火车，一路看着 C 窗外，想着 D 家人。（往）

4. 自从王平考上 A 上海艺术学院以后，她就下决心 B 要 C 自己的艺术高峰 D 攀登。（向）

5. 美国华人今年岁末的时候 A 家乡 B 汇款猛然增多，原因是担心 C 美元持续 D 贬值（biǎnzhí）。（往）

三、判断下面句子的正误，对的画√，错的画×并改写正确。

1. 正朝我们走过来的是不是小李？（　　）

2. 我们学校的大门朝着车站。（　　）

3. 他带领着全村人迈往富裕。（　　）

4. 对面那个女孩儿往我笑了笑。（　　）

5. 这条小路通往山顶。（　　）

6. 今天我向医院跑了两趟，看望病重的母亲。（　　）

参考答案

一、1. B 2. C 3. C 4. D 5. B B 6. D、C 7. C 8. A 9. B 10. A

二、1. C 2. D 3. B 4. C 5. A

三、1. √

2. √

3. × 改:他带领着全村人迈向富裕。

4. × 改:对面那个女孩儿朝我笑了笑。

5. √

6. × 改:今天我往医院跑了两趟,看望病重的母亲。

介词 代词

第三课 对 给

试一试

请用"给""对"填空。

1. 张红(　　)王芳说:"你买点儿水果回来吧。"
2. 王平从国外(　　)老师带了一件小礼物。
3. 老板(　　)我打了个八八折。
4. 王经理(　　)这家饭店的服务很满意。
5. 妈妈(　　)安娜笑了。
6. 回去以后,我就把照片发(　　)你。

(答案:1. 对　2. 给　3. 给　4. 对　5. 对　6. 给)

讲一讲

一、对

介词,引进动作的对象。

1. 在第一单元的第一课中,我们介绍了"对"的基本结构是:

动作者 + 对 + 宾语 + 动词 + ……

在这一课中,我们把已经学过的"对"总结一下:

(1)"$对_1$"表示面对,后面可以使用"说、讲、说谎、说明、看、笑、点头、摇头、踢、摇手、挥手、摆手、招手、开玩笑、打招呼、喊、谈、解释、发誓、发火、发脾气、生气"等说话类和五官、肢体动作类的交际性动词。这类动词在和"对……"一起组成句子时,往往要有其他的成分。如:

别对父母说谎。(有状语)

女儿一直在对妈妈摆手。(有状语)

我对他大喊了一声。(有补语)

他对我解释了一下他的想法。(有补语、宾语)

(2)"$对_2$"表示对待,后面可以使用"好、感兴趣、满意、热情、了解、感激、关心、客气、认真"等表示态度和兴趣的动词或形容词。这类谓语的前面常要用程度副词"很、十分、非常"等。如:

小雨的妈妈对来玩的同学十分热情。

他对每件事都很认真。

(3) 结构:人/事物/动作等 + 对 + 宾语 + 有 + 名词。

"对$_3$"表示针对,用于"有"之后的名词主要有:

①"要求、办法、想法、看法"等。如:

俱乐部对会员有一定的要求。(客观说明情况)

他好像对你有看法。(同上)

②"礼貌、帮助、好处、坏处、害处"等。如:

这本书对我们很有帮助。(表示主观评价或看法,主语是事物)

那个孩子对人没有礼貌。(同上)

他这么做对你有好处。(同上,主语是动词短语)

2. 在对$_1$、对$_2$、对$_3$ 结构中有否定副词、助动词时,语序不太一样。请看下表:

	"对$_1$"表示面对	"对$_2$"表示对待	"对$_3$"表示针对
否定副词	……否定副词 + 对 + 宾语 + 动词…… 她从不对我说一个"不"字。 结婚以来,他没对我发过脾气。	……对 + 宾语 + 否定副词 + 动词…… 老师对学生们不好。	……对 + 宾语 + 没(有) + 名词 这孩子对人没礼貌。
助动词	动作者 + 助动词 + 对 + 宾语 + 动词…… 他很想对你说谢谢。 我们应该对他们表示感谢。	动作者 + 助动词 + 对 + 宾语 + 动词…… 你应该对这个感兴趣吧。	动作者 + 助动词 + 对 + 宾语 + 有 + 名词 这会对他有好处。

3. 结构:"对……来说"

这个结构一般用来表示从某人或集团的某个视角(能力、需求、爱好、重要性等)来看。如:

对他来说,汉语语法不难,语音很难。

听音乐,对我来说,真是一种享受。

这本本子对杰克来说非常重要。

提示

"对……来说"可以放在主语的前面,也可以放在后面。如果放在句首,一般用逗号与后续句隔开。

二、给

1. 在第一单元的第一课中,我们学习了"给"的两种用法。其适用的动词还有:

引进事物的接受者:买、带、留、打(电话)、寄、发(邮件)、借、写(信)等。

引进动作的接受者:洗、做、打扫、收拾、打针、写、画、过生日、加油、介绍、买、打折、找、安排、准备、道歉、理发等。如:

妈妈给孩子买了很多衣服。

师傅,给我理个发。

小王留了几本书给你。

小张去给玛丽道歉了。

阿姨没给你准备晚饭。

他会给你带几张 CD 来。

提示

当"给"字结构作状语时，助动词、否定副词、时间状语等状语要放在介词"给"的前面。

2."给"还可以用在"交、送、寄、留、发、借"等少数动词后。其常见结构为：动词+给+指人宾语+指物宾语。如：

安妮的妈妈寄给她很多东西。

我送给他一些礼物。

这是杰克留给小王的一些书和杂志。

有时，表示事物的宾语可放在谓语前面。这时，"给"后只带表示人的宾语。如：

这个包是我送给你的。

邮件马上发给你。

(1)"给+指人宾语"和以下两组动词有两个常见位置：一个在动词前，一个在动词后，其意义往往是有区别的。

① 信息传递类动词，如"打电话、写信、发邮件（传真、短信）"等。

A. 给+指人宾语+动词

"给+指人宾语"放在动词前，仅表示动作的方向，一般强调主语是主动地做某一动作的，说话重点在动作，所以常带助动词"会"，常受"正、正在"的修饰。如：

到了那儿我会给你打电话的。

他正在办公室给校长打电话。

去了国外，记得给家里写信。

B. 动词+给+指人宾语

"给+指人宾语"放在动词后，一般强调动作最后到达的终点是某个人（对象），并重在动作的完成，一般不能受"正、正在"的修饰。如：

那天我打电话给你，想让你来参加我的生日晚会。

我写信给你，为什么不回信？

一想到你，我就打电话给你，听听你的声音也是好的。

这个秘密我先不告诉你，等我回去后写信给你，再让你大吃一惊。

② 交付类动词，如"交、付、送、寄、留、发、借、带、卖"等。

A. 给+指人宾语+动词

强调动作者主动为某人作某事，"给"引进动作的接受者，可以带助动词"会"，也可受"正、正在"的修饰。如：

我给他借钱。（我为他借钱）

哥哥会给我交学费的。（哥哥为我交学费）

老师正在给学生发讲义。

有时，"为某人"和动作两方面都强调。如：

他从家里给我们带来好多好吃的东西。（强调"带来"）

我给你留了饭，你吃吗？

B. 动词+给+指人宾语

强调动作涉及的事物的接受者（最后终点），事物往往从主语转移至"给"后的宾语，即发生位置的移动。如：

我借给他一些钱。（我把钱借给他，钱从我手中到他手中）

爸爸交给我一把钥匙。（爸爸把钥匙交给我，钥匙从爸爸手中到我手中）

这类动词用于“把”字句，“给”一定要放在谓语动词之后（见括号内句子），因为这类“把”字句主要强调事物的位置移动。

有时，动作涉及的事物比较抽象，但说话者还是强调动作的终点是“给”后的宾语。如：

市长让我把他的问候带给大家。（强调“大家”）

（2）当动词没有“传递、交付”的意义时，“给＋指人宾语”一般只能放在它们的前面，而不能放它们的后面。如：

＊妈妈洗给我衣服。

改：妈妈给我洗衣服。

＊大家拼命鼓掌给那位歌星。

改：大家拼命给歌星鼓掌。

＊回国时，我买给爸爸妈妈好多礼物。

改：回国时，我给爸爸妈妈买了好多礼物。

（3）“给＋指人宾语”大多放在“买”的前面，只有当说话人特别强调“买”的东西将会交付某人或已交付某人时，才可以出现在“买”之后。如：

以后妈妈常买巧克力来，买给宝宝吃，宝宝不要哭。（“买”后有“吃”，是连动句）

这几样东西，都是爸爸买给我的。（用“是……的”结构）

练一练

一、HSK 仿真题：在 A、B、C、D 中选择唯一恰当的填入空格内。

1. 小云送______丁丁一张画，他很喜欢。

A. 为　　B. 对　　C. 给　　D. 到

2. 父母______这种事情有什么看法？

A. 给　　B. 对　　C. 为　　D. 跟

3. 孩子______妈妈发誓再也不说谎了。

A. 给　　B. 在　　C. 对　　D. 为

4. 周末我们要______安妮过生日。

A. 给　　B. 对　　C. 向　　D. 当

5. 老师______这次作文的内容没有特别的要求。

A. 为　　B. 给　　C. 和　　D. 对

6. 你妈妈常______你收拾房间吗？

A. 给　　B. 对　　C. 和　　D. 跟

7. 这部中文电影______留学生来说很难懂。

A. 给　　B. 跟　　C. 在　　D. 对

8. 请你______我们介绍一下情况吧。

A. 对　　B. 给　　C. 在　　D. 从

9. 我把我的自行车借______你吧。

A. 给　　B. 对　　C. 为　　D. 自

10. 老爷爷笑着______路过的安妮打招呼。

A. 给　　B. 为　　C. 当　　D. 对

11. 小雨的爷爷退休以后,常常______别人画中国画。

A. 对　　B. 给　　C. 在　　D. 当

12. ______中国人来说,中午睡觉是一个常见的习惯。

A. 在　　B. 给　　C.对　　D. 当

二、HSK 仿真题:把下列句后括号里的词放在合适的位置。

1. A 我从小生活在南方,B 我来说,C 去浙江旅游没什么意思,D 我更想去哈尔滨。(对)
2. 王经理 A 昨天 B 就 C 应该 D 打电话了,但是他昨天生病了,真是对不起您!(给您)
3. 这次去西安,A 杰夫的朋友 B 不在,C 给他 D 安排旅馆,杰夫只能自己去找了。(没)
4. 看中国电视 A 对提高听力 B 有好处,C 有空的时候,应该 D 多看看。(很)
5. 汤姆的邻居张阿姨 A 对汤姆很好,因为她的孩子也在国外留学。她相信,世界上好人多,很多法国人 B 也 C 对她的儿子 D 很好。(会)

三、按要求改写句子。

1. 他的话对我们很有帮助。

否定句:______________________________

正反疑问句:______________________________

2. 旅行社给马力预订火车票。

否定句:______________________________

正反疑问句:______________________________

3. 他对女朋友说谎了。

否定句:______________________________

四、用指定的词语完成句子。

1. 小刘______________________________。(对、生气)
2. 对我来说,______________________________。(汉字)
3. 我的好朋友要从日本______________________________。(给、寄、杂志)
4. 这个孩子______________________________。(对、礼貌)
5. 下星期要考试了,老师______________________________。(给、辅导)
6. 他在______________________________。(对、解释……)

五、判断下面句子的正误,对的画√,错的画×并改写正确。

1. 收到论文后,大会工作人员才会发出邀请(yāoqǐng)信给参会老师。(　　)
2. 听说小赵结婚那天要用车,于是这两天小林到处借车给他呢。(　　)
3. 这双鞋是李先生买给他太太作为生日礼物的。(　　)
4. 张秘书正在会议室给客人倒茶,请您稍等一下。(　　)
5. 孩子晚上怕黑,爸爸妈妈特地开了一盏(zhǎn)小灯给他。(　　)
6. 昨天晚上,小朱把这次拍的照片发给大家了。(　　)

参考答案

一、1. C 2. B 3. C 4. A 5. D 6. A 7. D 8. B 9. A 10. D 11. B 12. C

二、1. B 2. D 3. C 4. B 5. C

三、1. 否定句:他的话对你们没有帮助。

正反疑问句:他的话对你们有没有帮助?

2. 否定句:旅行社不给马力预订火车票。/旅行社没给马力预订火车票。

正反疑问句:旅行社给不给马力预订火车票?/旅行社给没给马力预订火车票?

3. 否定句:他没对女朋友说谎。

四、1. 对这件事很生气。

2. 汉字很难写。

3. 寄给我一些新杂志。/寄一些新杂志给我。

4. 对人有礼貌。

5. 要给我们辅导。

6. 对其他同学解释这个词的意思。

五、1. × 改:收到论文后,大会工作人员才会给参会老师发出邀请信。

2. × 改:听说小赵结婚那天要用车,于是这两天小林到处给他借车呢。

3. √

4. √

5. × 改:孩子晚上怕黑,爸爸妈妈特地给他开了一盏小灯。

6. √

介词 代词

第四课　替　为了

试一试

下面的句子对吗？

1. 这是小王自己的事，你替他着什么急啊？（　　）
2. 听说刘东在比赛中得了金牌，我们都为他感到自豪和骄傲。（　　）
3. 我从来没有生气，只是替你伤心。（　　）
4. 大家都替这件事高兴。（　　）

（答案：1. √　2. √　3. ×　4. ×）

讲一讲

一、替

介词，表示动作的对象。

1. 表示替代的对象。如：

    老张替小李值了两天班。

    今天我身体不好，你替我去参加100米短跑比赛吧。

2. 表示服务的对象，多为临时性的动作。如：

    你的画真漂亮，能替我画一张吗？（可以用“给、为”）

    因为他没有时间，所以我替他打扫了一下房间。（可以用“给、为”）

3. 表示心理动作关涉的对象，宾语是人。如：

    妈妈总替别人操心，太累了。（可以换用“为”）

    你这么没有礼貌，我都替你感到丢人。（不能用“为”）

提示

“替”“给”与“为”的区别

“替”主要强调代替，“服务”意义较弱。用“给”时，一般动作能使“给”后的宾语得到好处，服务意义即较“替”强。用“为”强调动作的目的，是专为“为”后的宾语做某事，服务义最重。因此，如果动作是非临时性的，而是按照道理或情理应该经常做的，前面就不能用“替”。如：

服务员每天都得给客人打扫房间。

*服务员每天都得替客人打扫房间。

妈妈早上很早就起来，为我们做好了早餐。

＊妈妈早上很早就起来，替我们做好了早餐。

由于上面的原因，当向别人提出某种请求时，用“替”语气较轻，较婉转，“给”语气略重些，“为”语气最重。反过来，感谢别人时，用“为”因语气重而更正式，更尊重对方。如：

你能替（给、为）我看一下行李吗？

你能给（为）我们当一下翻译吗？（用“替”是代替做某动作，意义不同。下同）

感谢您为（给）我们准备了这么丰盛的晚餐。

“替”和“为”的区别

（1）心理动词前的“替”仍带有“代替”意义，往往表示心理活动是本不该“替”而“替”的意思。“为”没有此义。如：

这是小王自己的事，你替他着什么急啊？（不能用“为”）

我相信她能处理好这件事，你替她担心是多余的。（用“为”太重）

“为…… +心理动词”一般是说话者认为动作者应该有这类心理活动。如：

姐姐离开家已有一年了，一直没有消息，大家都在为她担心。

（2）能出现在“替”后的动词不多，主要有“高兴、难过、担心、惋惜（wǎnxī）、害臊（hàisào）、着急、操心、着想、难为情”等，多为消极意义，很多积极意义的心理动词前不能用“替”，只能用“为”。如：

听说刘东在比赛中得了金牌，我们都为他感到自豪和骄傲。（不能用“替”）

（3）“为”后可以带表示动作者自己心情的心理动词，“替”则不能。如：

＊我从来没有生气，只是替你伤心。

我从来没有生气，只是为你伤心。

（4）“替”后的宾语必须是人，而“为”后的宾语除了人之外，还可以是事物。如：

大家都为这件事高兴。

＊大家都替这件事高兴。

二、为了

1. 介词，表示动作的目的。如：

为了提高汉语的听力水平，他天天坚持看电视。

为了找到更好的工作，她决定去考研究生。

为了美好的将来，你要从现在开始好好学习。

2. 介词，表示动作的原因。宾语一般是名词性短语。如：

为了这件事，他已经三天不跟我说话了。

为了这本书，他跑遍了全市的书店。

为了孩子，她没和丈夫离婚。

提示

“为了”和“为”的区别

（1）“为”可以用来表示动作服务的对象和心理动作关涉的对象，“为了”不可以。如：

＊他不但很认真工作，并且为了穷人服务。

改:他不但工作认真,而且为穷人服务。

＊不用为了钱发愁,一切都会好的。

改:不用为钱发愁,一切都会好的。

(2) 表示动作的目的时,两者可以互换。可以放在主语前,有停顿。如:

为准备考试,这两天他每天只睡两三个小时觉。(可以用“为了”)

为了防止粗心出错,最好再看一遍。(可以用“为”)

(3) 如果句子中,在“为……”前面出现了表示进行时态的“正、正在、在”,就不能换用“为了……”。如:

他正在为考上大学而努力。(不能用“为了”)

运动员们正为马上的比赛做热身运动。(不能用“为了”)

“为了”和“因为”的区别

表示原因时,“为了”后面的宾语是名词性的,不能用动词性短语,“因为”则可以带各类短语。此外,“因为”是连词,常常和“所以”共现,“为了”不可以。“为了”还可以表示目的,这是“因为”没有的用法。如:

为了美好的将来,你要从现在开始好好学习。(不能用“因为”)

所以,下面的句子是不对的:

＊为了工作忙,他常常忘了吃饭。

改1:因为工作忙,(所以)他常常忘了吃饭。

改2:为了工作,他常常忘了吃饭。

＊为了今天可能下雨,很多学生都带雨伞来教室了。

改:因为今天可能下雨,很多学生都带雨伞来教室了。

练一练

一、HSK 仿真题:在 A、B、C、D 中选择唯一恰当的填入空格内。

1. 我今天没空,你能______我把这包东西送给他吗?

A. 为　　B. 替　　C. 给　　D. 为了

2. 售货员要______每一位顾客尽心尽力地服务。

A. 为了　　B. 对　　C. 为　　D. 替

3. 花木兰是中国古代的女英雄,她______她的父亲参军,最后还当上了大将军。

A. 为　　B. 给　　C. 为了　　D. 替

4. 小张要找工作,王老师特地______他写了一封推荐信。

A. 为　　B. 替　　C. 为了　　D. 向

5. ______准备第二天的考试,他一个晚上都在认真看书。

A. 因为　　B. 为了　　C. 替　　D. /

6. ______要参加一个重要的会议,李教授没有去火车站接朋友。

A. 为了　　B. 为　　C. 因为　　D. /

7. 小张______小王写了一封邮件,感谢小王几年来对他的帮助。

A. 替　　　　　B. 为　　　　　C. 给　　　　　D. 为了

8. 老李正在______保护世界文化遗产大会的召开写贺信呢。

A. 为　　　　　B. 替　　　　　C. 给　　　　　D. 对

9. ______影片的真实性，导演采用了偷拍的手法。

A. 为　　　　　B. 为了　　　　C. 因为　　　　D. 给

10. 你这样想，爸爸真______你感到难过。

A. 因为　　　　B. 为了　　　　C. 给　　　　　D. 为

11. 1974 年，有人______王宁安排工作，就是去一个厂里当工人。

A. 给　　　　　B. 为了　　　　C. 为　　　　　D. 因为

12. 我国运动员在奥运会上______祖国增光添(tiān)彩，祖国人民感谢你们！

A. 替　　　　　B. 为了　　　　C. 为　　　　　D. 给

二、HSK 仿真题：把下列句后括号里的词放在合适的位置。

1. 刘明 A 他们几个正在找工作，B 同屋小马担心 C 刘明没有经验，就 C 刘明写了一封求职信。(替)

2. A 张立全家 B 都 C 能考上重点大学感到特别高兴，还 D 请了他所有的老师吃饭。(为他)

3. A 京兰来中国 B 是 C 在一个良好的语言环境中 D 更快更好地学习汉语。(为了)

4. 因为 A 要 B 儿童 C 玩具厂作玩具广告，所以 D 这个明星提出一定要保证产品质量和安全性。(替)

5. A 家里人 B 节省电费，每天 C 吃完晚饭就早早地上床 D 睡觉了。(为了)

三、判断下面句子的正误，对的画√，错的画×并改写正确。

1. 我今天身体不舒服，你替我向老师请假吧。(　　)

2. 他正在为实现妈妈的愿望好好学习。(　　)

3. 因为保持食物的原味，盐放得比较少。(　　)

4. 小王考试老不及格，他妈妈真给他感到难为情。(　　)

5. 他总是替一些小事担心。(　　)

6. 为了挣(zhèng)下学期的学费，他打了一个月的工。(　　)

参考答案

一、1. B　2. C　3. D　4. A　5. B　6. C　7. C　8. A　9. B　10. D　11. A　12. C

二、1. C　2. C　3. C　4. B　5. B

三、1. √

2. √

3. ×　改：为了保持食物的原味，盐放得比较少。

4. ×　改：小王考试老不及格，他妈妈真为他感到难为情。

5. ×　改：他总是为一些小事担心。

6. √

第五课 对于 关于

试一试

判断下面句子的正误，对的画√，错的画×。

1. 今天的演讲，我谈谈关于汉语学习。（　　）
2. 关于这个问题，你有什么看法？（　　）
3. 你关于这个问题有什么看法？（　　）
4. 对于这个计划，我再补充两点说明。（　　）
5. 网络关于现代社会的影响很大。（　　）
6. 《关于学校本学期放假的通知》（　　）

（答案：1. ×　2. √　3. ×　4. √　5. ×　6. √）

讲一讲

一、对于

介词，引进动作的对象。

1. 引进动作针对的对象，针对某事、某物或某人采取的行动或者针对某事物的态度。语气较正式，多用于书面语。谓语一般是双音节动词，形式动词“进行、加以、给以、给予、做、展开”等和其他动词合用也可以充当，但不能是单音节动词的简单形式。如：

对于这个计划，我再补充说明两点。
对于年轻人创新，我们要给予积极帮助。
我对于你的问题可以不回答。
你对于你的人生有什么安排？
酒店对于顾客的各种要求会尽量满足。

提示

“对于”的介词短语可以做定语，后面要加“的”。它修饰的中心语一般是“想法、建议、看法、意见、设想”等表示主观想法的词语或者是“意义、影响”类的词语。如：

你对于这件事的看法跟我的一样。
网络对于现代社会的影响很大。

2. 引进动作涉及的对象，后面的宾语主要跟动作带来的结果或影响有关。固定搭配有

"对于……来说","来说"有时可以省略。如:

对于老顾客来说,这些优惠活动也很吸引人。

你觉得外貌对于找工作(来说)重要吗?

对于你来说,这个麻烦很容易解决,但对于我,就太困难了。

提示

(1)"对于"一般表示针对某事、某物或某人采取的行动或者针对某事物的态度,但不能表示对某人的态度。这种情况下只能用"对"。如:

妈妈对孩子很严格。

(2)介词短语"对于"不可以用在助动词和副词的后面,只能放在它们的前面。如:

我对于你的问题可以不回答。

二、关于

介词,引出动作相关或涉及的事物或范围。

1. "关于"短语可以做状语,放在句首,也可以做定语,后面要加"的"。如:

关于 HSK 考试报名情况,请去 104 办公室询问。

关于他的两个孩子,我也不是很了解。

我在韩国的时候经常看关于中国文化的电视节目。

2. "关于"短语可以组成"的"字短语做宾语,中心语在前文已经出现。如:

这里的书很多,有关于中国文学的,也有关于中国经济和文化的。

3. "关于"的介词短语常用作文章的标题。如:

《关于男女平等问题》

《关于学校本学期放假的通知》

4. "关于"结构不能直接做宾语。如:

*今天的演讲,我谈谈关于汉语学习。

改:今天的演讲,我谈谈汉语学习。

今天的演讲,我谈谈关于汉语学习的一些想法。

提示

"对于"和"关于"的区别

(1)做状语时,"关于"短语一般放在句首;"对于"短语可以放在句首,也可以放在主语后谓语前。如:

关于这个问题,你有什么看法?

对于这个问题,你有什么看法?

你对于这个问题有什么看法?

(2)"对于"的宾语可以是人;"关于"的宾语一般是事物,少数情况下可以是人,但实际上也是说"人+的情况"。如:

关于他的两个孩子(的情况),我也不是很了解。

对于他的两个孩子的情况,我也不是很了解。

对于他,我非常信任。(不能换成"关于")

(3)“对于”表示动作所针对的对象,“关于”表示动作涉及的事物或范围。在大多数情况下,二者不能互换。如:

对于这个问题,我们十分感兴趣。

(“对于”后是对象,句中谓语表示主观态度,下“对于”同)

对于汉语的发音,大家应该特别重视。

关于这个问题,我直接跟老王联系。

(“关于”后是范围,句中谓语表示动作,下“关于”同)

请你介绍一下关于苏州经济发展的各方面情况。

但是,如果符合下列条件,二者都可以使用:

介词短语位于句首,而且谓语动词是商量、讨论意义的动词,如“(加以、作 +)研究、讨论、商量、考虑、答复、决定、说明、安排、计划、制定(计划)、采取(措施)”等或是“有 + 宾语”短语。如:

对于(关于)这个计划,我再补充两点说明。

对于(关于)你的人生,你有什么安排?

值得注意的是,在这种情况下,介词短语是放在主语后的,也只能用“对于”。如:

你对于你的人生有什么安排?(不能换成“关于”)

(4)如果“对于”和“关于”短语做定语,中心语是“想法、建议、看法、意见、设想”等表示主观想法的词语时,二者可互换。如果中心语是“意义、影响”类的词语,就只能用“对于”。其他名词做中心语时,一般使用“关于”。如:

你对于(关于)这件事的看法跟我的一样。

网络对于现代社会的影响很大。(不能换成“关于”)

我在韩国的时候经常看关于中国文化的电视节目。(不能换成“对于”)

(5)“对于……来说”结构中的“对于”不能换用“关于”。如:

对于你来说,这个麻烦很容易解决,但对于我,就太困难了。

(6)“关于”可以单独作文章的标题,“对于”介词短语后要加上“看法、建议、意见、想法”等表示主观态度的名词中心语才可作文章的标题。如:

关于环境保护

*对于环境保护

对于(关于)环境保护的几点想法

关于学校本学期放假的通知

*对于学校本学期放假的通知

练一练

一、HSK 仿真题:在 A、B、C、D 中选择唯一恰当的填入空格内。

1.《________运动会场地安排的通知》

A. 关于　　B. 对于　　C. 对　　D. /

2. 老师要求这次作文写________朋友、同学等等。

A. 对　　B. 对于　　C. 关于　　D. /

3. ________把字句，还有一些要注意的地方。

A. 关于　B. /　C. 对　D. 对于

4. 警察已经________整个事件展开了调查。

A. 给　B. /　C. 对于　D. 关于

5. 这是一本________中国经济状况调查的书。

A 在　B. 对于　C. 对　D. 关于

6. 田中________这种环境会慢慢习惯的。

A. 关于　B. 对于　C. /　D. 在

7. 学院会好好考虑________你的实际情况，你别担心。

A. 对　B. 对于　C. /　D. 关于

8. 这是一本________汉语书。

A. 对于　B. 关于　C. 对　D. /

9. ________工人失业以后的生活，政府应该十分关心和重视。

A. 为了　B. 关于　C. 对于　D. /

10. 这个韩国研究生________“了”的用法还不太清楚。

A. /　B. 对于　C. 向　D. 关于

二、判断下面句子的正误，对的画√，错的画×并改写正确。

1. a. 关于南方的过年风俗，他了解得很清楚。(　　)
   b. 对于南方的过年风俗，他了解得很清楚。(　　)
   c. 他应该对于南方的过年风俗了解得很清楚。(　　)
   d. 他关于南方的过年风俗了解得很清楚。(　　)
   e. 他想了解一些关于南方过年方面的风俗。(　　)
2. a.《对于出国留学》(　　)
   b.《对于出国留学的常见问题》(　　)
   c.《关于出国留学的几点建议》(　　)
   d.《对于出国留学的几点建议》(　　)
3. a. 关于孩子，我就说这么多。(　　)
   b. 对于孩子，我就说这么多。(　　)
   c. 关于孩子，父母要有耐心。(　　)
   d. 父母对于孩子要有耐心。(　　)

三、HSK 仿真题：找出下列句子中有错的地方。

1. 山下说，要是看不到球赛，对于一个球迷说来，简直是太痛苦了。
   (A 山下说，B 要是看不到球赛，C 对于一个球迷说来，D 简直是太痛苦了)

2. 今年秋天女儿终于上小学了。每天从学校回家以后，她都一直在说关于她的同桌，给我们讲了很多她的故事。
   (A 今年秋天女儿终于上小学了。B 每天从学校回家以后，C 她都一直在说关于她的同桌，D 给我们讲了很多她的故事)

3. 我的演讲到这里结束了，对于中国的交通问题，现在没有时间对大家说了，以后有机
   (A 我的演讲到这里结束了，B 对于中国的交通问题，C 现在没有时间对大家说了，以后有机)

介词代词

会再告诉大家吧。

D

4. 国际交流学院有很多留学生，他们来自二十多个不同的国家，但是，老师给不同国家

A　　　　　　　　B　　　　　　　　C

的学生要求是一样的。

D

5. 上星期在作文课上，金大龙在一个小时内写了一篇作文，题目是《对韩国、日本和中国

A　　　　　　　　B

三个国家的文化》，老师称赞他写得好。

C　　　　　　　　D

6. 这个售货员对于顾客很热情，关于每样商品的性能她也很了解，所以顾客对她的服务

A　　　　　　　　B

都很满意，这个月她又被评为了优秀售货员。

C　　　　　　　　D

参考答案

一、1. A　2. D　3. A　4. C　5. D　6. B　7. C

8. D(注:如用“关于”,应说“关于汉语方面的书”)　9. C　10. B

二、1. a√

b√

c×　改为“他对于南方的过年风俗应该了解得很清楚”

d×　“关于”应换成“对于”

e√

2. a×　“对于”应换成“关于”

b×　“对于”应换成“关于”

c√

d√

3. a√

b√

c×　“关于”应换成“对于”

d√

三、1. C　改为“对于一个球迷来说”

2. C　改为“她都一直在说她的同桌”

3. B　改为“关于中国的交通问题”

4. D　“给”换成“对于”或“对”

5. C　“对”换成“关于”

6. A　“对于”换成“对”

第六课　除了　除

试一试

用“也、都、还”填空。

1. 除了这件衣服没洗之外，另外三件______洗了。
2. 除了语法，汉语的口语和听力______很难。
3. 除了韩国朋友以外，我______交了很多中国朋友。

（答案：1. 都　2. 也　3. 还）

讲一讲

一、除了

介词，引出表示排除的对象，可单独使用，也常和“外、以外、之外”连用。“除了……”可在主语前后，如果在句首，可用“，”隔开。

1. 用“除了”将对象排除在外，后一分句表示其他人或事物在动作或状态方面的情况。可以分为三类：

（1）后一分句的主语或话题是复数，而且句子本身不能表示具有周遍性，没有例外时，谓语前要有“都”或“全”共现。如：

除了这件衣服没洗之外，另外三件都洗了。

这部电影听说很不错，但除了我没看过，他们全看过了。

除了豆腐以外，别的菜他都不愿意吃。

（2）当后一分句像下面例句那样本身已有词或短语表示周遍性，没有例外的意义（见句中加点词语），谓语前可以不出现“都”或“全”。如：

我除了星期二，天天有辅导。（“有”前可以用“都”）

这次演讲比赛整体水平不错，除了个别选手外，其他选手说得一个比一个好。

除了足球之外，没有什么运动能吸引他。

来中国以后，除了有点儿想家以外，生活基本上没有问题。

（3）当后一分句的主语或话题是单数，或者后一分句没有出现主语或话题，而是承接前一分句的主语时，不用“都”或“全”。如：

这次听力考试，除了对话部分之外，一题比一题难。

小李最近身体不舒服，在家除了洗洗碗外，不干其他活。

今晚演出的票不多，除了给班上同学的以外，就没有几张了。

除了生词多了一点儿以外,这篇课文的内容倒真的很有趣。

(4)"除了"有时可以放在后面。如:

我们都挺喜欢吃中国菜的,除了杰克以外。

这个小孩一直动,停不下来,除了看动画片的时候。

2. 表示排除的已知的对象或内容,提出未知的对象或内容。分为两类:

(1)前后分句陈述的两项是并列关系,后一分句谓语前有"也"与之共现。如:

除了语法,汉语的口语和听力也很难。("也"不能换用"还")

除了小王没去,小张也没去。("也"不能换用"还")

除了主修课,选修课她也门门都上。("也"不能换用"还")

除了学习汉语以外,我也想学习英语。("也"可以换用"还")

(2)前后分句陈述的两项是加合关系,后一分句谓语前有"还"与之共现,带有补充、添加的意味。如:

除了韩国朋友以外,我还交了很多中国朋友。

除了学习汉语外,我还想了解中国文化。

上面两例中的"还"可以换用"也",但没有了补充、添加的意味。如:

这个孩子除了会说德语外,还会说一点儿汉语。(一般不用"也")

提示

(1)如果前后分句的主语一致,主语应放在"除了"的前面。副词"也"和"还"所在句如果有主语,两个副词都要放在主语的后面。

(2)"除了"后用"也"和"还"的区别。

①"也"主要表示主语、宾语并列或谓语并列,"还"只能表示谓语或宾语的添加补充,不能表示主语的并列。当前后主语或话题(一般在谓语前)不一致时,不能用"还",但当前后主语或话题一致时,可以用"还"。

②用"还"表示说话者对某个情况的补充说明,这是"也"所没有的意义。"还"所在句后面还有补充说明的句子时,是不能换用"也"的。如:

校长在大会上除了宣布获得奖学金的学生的名字,还有奖金的数量,那是几个大公司赞助的。("还"不能换用"也")

小平的书包里除了课本、作业本之外,还有一个电子辞典,那是爸爸送给他的。("还"不能换用"也")

3. 固定结构:除了……就是……

即"不是……就是……",表示二者必居其一。如:

他房里的书除了历史,就是文学,没有别的。

周末的时候,妈妈除了在家打扫卫生,就是去看奶奶,从来不逛街。

"除开""除去"的用法同"除了"。

二、除

用法同"除了"用法一、用法二,多用于书面语。一定要和"以外、之外、外"连用,且一般用在前一分句中。如:

我们班除两个美国学生外,其他学生都是日本人和韩国人。

除老王以外,没有人会这么早来办公室。

除游泳外,大卫还会滑冰。

除你去上海之外,张兰也去。

小王除听他父母的话外,不会听其他人的建议。

提示

"除此以外"是习惯用语,表示除了这个以外。如:

小李说:"给我一杯绿茶,除此以外,我别无所求。"

练一练

一、HSK仿真题:在A、B、C中选择唯一恰当的填入空格内。

1. 下午五点,班上的同学______来了,除了今天要过生日的太太。

A. 都　　B. 也　　C. 还

2. 我的儿子除了唱歌以外,______会跳舞。

A. 都　　B. 也　　C. 还

3. 除四川菜很辣之外,湖南菜______相当辣。

A. 都　　B. 也　　C. 还

4. 除了今年暑假去了桂林,别的地方我______没去过。

A. 都　　B. 也　　C. 还

5. 这件事除了老师知道,我______知道。

A. 都　　B. 也　　C. 还

6. 墙上除了一张世界地图外,______挂着一张中国地图。

A. 都　　B. 也　　C. 还

二、HSK仿真题:把下列句后括号里的词放在合适的位置。

1. A我的家乡不大,但是生活很舒服。B大家都喜欢去市中心。C那里D有很多咖啡馆以外,还有很多小书店、小画廊。(除了)

2. 你的学习成绩A非常好。但是,除了学习以外,B你C有D什么比较好?(还)

3. "六一"儿童节A是小朋友的节日,除了小朋友放假以外,B别的人C不D放假。(都)

4. 我的四个中国朋友今晚A在晚会上表演了唱歌。除了他们,B其他的中国学生C认真表演节目了D。(也)

三、判断下面句子的正误,对的画√,错的画×并改写正确。

1. 这次比赛除了我们参加,他们也参加。(　　)

2. 我已经习惯上海了,除天气。(　　)

3. 除开我,没有人知道这件事。(　　)

4. 我除了喜欢玩电脑以外,还喜欢睡觉。(　　)

5. 除去桔子以外,都其他水果吃完了。(　　)

6. 这个学校除了中国学生,很多外国学生还有。(　　)

四、用排除对象的介词连句。

1. 安妮不喜欢酸的。安妮不喜欢苦的。
2. 宝宝只要妈妈。宝宝不要任何人。
3. 小丁去过日本,小何也去过日本。
4. 班上的同学已经知道了。山木不知道。
5. 这两天下雨了。不下雨的时候就刮大风。

参考答案

一、1. A　2. C　3. B　4. A　5. B　6. C

二、1. D　2. C　3. C　4. C

三、1. √

2. ×　改:我已经习惯上海了,除了天气。/ 除天气外,我已经习惯上海了。

3. √

4. √

5. ×　改:除去桔子以外,其他水果都吃完了。

6. ×　改:这个学校除了中国学生,还有很多外国学生。

四、1. 除了酸的以外,安妮还不喜欢苦的。

2. 宝宝除了妈妈,不要任何人。/宝宝不要任何人,除了妈妈。

3. 除了小丁之外,小何也去过日本。

4. 班上的同学都已经知道了,除了山木。/ 除山木外,班上的同学都已经知道了。

5. 这两天除了下雨,就是刮大风。

第七课　拿　随着

讲一讲

一、拿

1. 拿＋名词＋动词。

表示动作所凭借的工具、方式。如：

别拿手抓，不干净。

他拿望远镜向前面望了望。

2. 拿＋人或事物名词＋当＋人或事物名词。

这里的"拿"是"把"的意思，相当于"把……当做……"，表示对人或事物的主观处置或看法，往往是说话人认为不应该或不希望的，有时带有不满、批评的语气。如：

他总是拿夜里当白天，是一个夜猫子。

我已经长大了，你们别老拿我当小孩。

这么做不是害我吗？别拿我当傻瓜！

你怎么拿公司当你自己家似的，想怎么就怎么？

3. 拿＋名词＋来说/来讲/来看/来比较/来（去）衡量/来（去）观察。

表示从某个方面提出话题。用"拿……来说/来讲/来看"时，前面一般要交待一个对大范围的评价，然后引出比较能证明前面评价的例子来补充说明。如：

我们班的同学学习都很认真，拿小李来说，每天都要预习、复习几个小时。

每个人都有各自的优点和缺点，请你不要总拿他的优点来跟我比。

在这个不断发展的时代，拿老眼光去观察新事物是不行的。

成功的定义有很多种，不能只拿赚钱的多少来衡量一个人是否成功。

4. "拿"还可以引进少数如"没办法""怎么样""开玩笑""开心"等动作的对象。如：

真拿你没办法。（对"拿"后的对象没有办法）

你能拿我怎么样？

别拿我开玩笑。

他是故意拿你开心呢，你还笑得出来！

提示

这类"拿"因使用的场合不同，意义有些区别。"拿……开玩笑/开心"即把对象当做"开玩笑"的对象，常用于朋友之间的玩笑话。但要是用于一般关系的人之间，则有不尊重对方、嘲笑对方的含义在内。如果"拿"后的对象是事情，则有将它作为嘲笑的内容的含义。"你能拿我怎么样?”常用于吵架时,认为“你”不能拿出什么办法对付“我”,带有挑战意味。“你能拿他怎么样”,则是“你”对“他”没办法。

二、随着

一般用“随着A,B……”的形式。A表示条件,B表示在A的条件下产生的结果。

“随着A”大多放在句首,A一般是带定语的动词短语或主谓短语。如:

随着汉语水平的提高,留学生们对中国的了解越来越多。

随着中国经济的日益发展,人们的生活水平也得到了不断的提高。

随着油价不断上涨,汽车节能环保技术成为我国研发的热点。

“随着”还可以构成“随着A而B”,有时可以以并列的形式出现。如:

语言是随着社会的产生而产生,随着社会的发展而发展的。

计划要随着情况的变化而变化,哪有一成不变的计划。

练一练

一、HSK仿真题:在A、B、C、D中选择唯一恰当的填入空格内。

1. ______中国的发展,学习汉语的外国人越来越多。

A. 除了　　B. 关于　　C. 随着　　D. 拿

2. 这个孩子太顽皮了,真______他没办法。

A. 替　　B. 给　　C. 为　　D. 拿

3. 她______镜子照了照自己的脸,发现又多了几条皱纹(zhòuwén)。

A. 拿　　B. 跟　　C. 对　　D. 往

4. ______年龄的增长,我对事物的看法逐渐发生了变化。

A. 除了　　B. 随着　　C. 关于　　D. 对于

5. 这个问题很严重,千万别______它来开玩笑,否则老板会很生气。

A. 对　　B. 跟　　C. 给　　D. 拿

6. 我都二十五岁了,可父母还一直______我当孩子,我做什么事他们都不放心。

A. 跟　　B. 为　　C. 拿　　D. 随着

7. 我们公司的职工,工作都非常努力,______职工的出勤率来讲,今年上半年,每个职员出工的天数都比去年同期多。

A. 从　　B. 拿　　C. 随着　　D. 关于

8. ______电子产品价格的降低,不少人家里都有了电脑。

A. 拿　　B. 关于　　C. 为了　　D. 随着

9. 十年前,每当亲人见面时,都会______姐姐当话题的中心。

A. 拿　　B. 跟　　C. 比　　D. 给

10. ______圣诞节的临近,商店的橱窗里摆满了各式各样的圣诞礼品。

A. 除了　　B. 关于　　C. 随着　　D. 拿

二、把下列括号里的词放在合适的位置。

1. A物质生活水平的提高,B人们的精神生活C也D越来越丰富了。(随着)

2. 我不认为A他们的观点一点问题也没有,就B小王来说,C他的一些观点D我是不同意的。(拿)

3. A扑克牌B在电视和网络上C越来越受欢迎,玩扑克的人也D跟着增加。(随着)

4. A由于环境污染日益严重,B最近气候越来越反常,就C今年来讲,D台风袭击(xíjī)不断。(拿)

三、按要求完成句子。

1. 随着中国人生活水平的提高,____________________。(丰富)

2. ____________________,路上的交通事故越来越多。(随着)

3. A:中国近几年发展得怎么样?

   B:____(随着)

4. A:你儿子又在学校跟同学打架了。

   B:____(拿……没办法)

5. A:你们公司这一年发展得怎么样?

   B:____(拿……来说)

6. A:你觉得学习汉语难吗?

   B:____(拿……来讲)

参考答案

一、1. C 2. D 3. A 4. B 5. D 6. C 7. B 8. D 9. A 10. C

二、1. A 2. B 3. A 4. C

三、1. 随着中国人生活水平的提高,人们的业余生活也越来越丰富。

2. 随着私家车日益增多,路上的交通事故越来越多。

3. A:中国近几年发展得怎么样?

   B:随着中国日益开放,中国的经济发展越来越快。

4. A:你儿子又在学校跟同学打架了。

   B:真拿他没办法,我已经为这事批评过他好几次了,可他总是不改。

5. A:你们公司这一年发展得怎么样?

   B:就拿公司规模来说,我们已经由去年的500人扩大到1000人,发展速度非常快。

6. A:你觉得学习汉语难吗?

   B:很难,拿发音来讲,我老是把"zh"发成"j",中国人常常听不懂我在说什么。

第八课 通过 经过

讲一讲

一、通过

介词“通过”常引入表示媒介、方式或手段的名词、动词或小句。其结构有两种：

1. 通过＋名词/动词及短语/小句，主语……

2. 主语＋通过＋名词/动词及短语……

即“通过”的介词短语可以放在主语后、动词前，也可以放在主语前，表示利用某种方式或手段来达到某个目的或取得某个结果。如：

我是通过小张认识我现在的女朋友的。

通过和小王一起工作，他被这个女孩子的个性深深地吸引了。

我常常通过读报、看电视来了解国内外发生的事情。

这次晚会通过中央电视台向全国人民现场直播。

二、经过

经过＋一个已经完成的过程（名词、动词或动词短语），可以放在主语后、动词前，也可以放在主语前，表示由于这个过程的完成，使情况发生变化或出现了某个结果。如：

经过那场病，他的人生观发生了变化。

经过烘烤，它的颜色变成了黄色。

经过一天一夜的赶工，他们终于按时完成了任务。

经过了10年的地质勘查（kānchá），我对全国各地的地质概况有了了解。

第六届国际手球联赛经过6天的激战，10日在多哥首都洛美落下帷幕（wéimù）。

提示

“通过”与“经过”的区别

（1）“通过”强调媒介、方式、手段；“经过”强调一个已经完成的过程，有明显的时段性。所以，上面所举的例子都不能互换。再如：

通过书本，我获得了很多知识。（强调获得知识的媒介是书本）

*经过书本，我获得了很多知识。

经过十几个小时的飞行，我们终于到达上海浦东机场。（强调从出发到机场的一个过程）

*通过十几个小时的飞行，我们终于到达上海浦东机场。

（2）当介词后的宾语既可表示媒介、方式、手段，又可表示过程时，用“通过”或“经过”都可以，但后续句是不一样的。因为这类句中的"通过"仍然强调为了达到某种目的而采取的媒介、方式、手段，"经过"仍强调由于发生了某一个过程而产生了某个结果。如：

通过这件事，我对她有了更深的了解。

经过这件事，我发现过去小看她了。

练一练

一、HSK 仿真题：把下列句后括号里的词放在合适的位置。

1. A 如果 B 这件事，你能 C 记住这个教训，那 D 对你的成长是个帮助。（通过）
2. A 那个病人 B 半年 C 中西医的结合治疗，身体 D 恢复得很快。（经过）
3. A 杰克不会说汉语，李林不会说英语，B 他们 C 必须 D 翻译才能互相交谈。（通过）
4. A 千百次的实验，B 医学界终于 C 证明这种药对治疗 D 癌症（áizhèng）有一定作用。（经过）

二、HSK 仿真题：在 A、B、C、D 中选择唯一恰当的填入空格内。

1. ________精心计划，这次晚会开得很成功。
A. 自从　　B. 为了　　C. 经过　　D. 随着
2. ________什么方法我们才能真正解决这个问题？
A. 通过　　B. 经过　　C. 关于　　D. 拿
3. 他们________适当的方式，对她进行了教育。
A. 随着　　B. 为了　　C. 经过　　D. 通过
4. ________两个小时的奋力抗战，我们终于把敌人打败了。
A. 通过　　B. 经过　　C. 为了　　D. 随着
5. 我想________你的关系去你们工厂实习。
A. 跟　　B. 为了　　C. 经过　　D. 通过
6. 这家公司每次生产出新的产品，都会________电视广告介绍给人们。
A. 拿　　B. 替　　C. 通过　　D. 经过
7. ________熟人介绍，某公司的经理约见了我，最后决定录用我。
A. 为了　　B. 通过　　C. 随着　　D. 除了
8. 白沙洲大市场________2 年多的发展，经营面积已达到 18 万平方米。
A. 自从　　B. 为了　　C. 随着　　D. 经过
9. ________努力工作，他最终实现了自己的梦想。
A. 通过　　B. 为了　　C. 经过　　D. 自从
10. ________努力工作，我从一个小职员变成了一个部门经理。
A. 通过　　B. 为了　　C. 经过　　D. 自从
11. 连日来有很多市民________邮件、来信等方式向电视台反映问题。
A. 拿　　B. 通过　　C. 经过　　D. 由
12. 从长远看，香港经济________调整后一定会向前发展。
A. 自从　　B. 对于　　C. 随着　　D. 经过

三、判断下面句子的正误，对的画√，错的画×并改写正确。

1. 经过看书，我获得了不少课外知识。（　　）

2. 经过两个小时的会议,我们两家公司最终达成一致,签订了合同。(　　)
3. 现在的年轻人经过互发手机短信来保持联系。(　　)
4. 通过半个小时抢修,被风吹倒的大树被搬出铁轨。(　　)
5. 通过这次中国之行,我对中国的了解又更深了一步。(　　)
6. 通过老张介绍,我认识了他。(　　)

参考答案

一、1. B 2. B 3. D 4. A
二、1. C 2. A 3. D 4. B 5. D 6. C 7. B 8. D 9. A 10. C 11. B 12. D
三、1. × 改:通过看书,我获得了不少课外知识。
2. √
3. × 改:现在的年轻人通过互发手机短信来保持联系。
4. × 改:经过半个小时抢修,被风吹倒的大树被搬出铁轨。
5. √
6. √

单元练习

一、选择合适的介词填入空格内。

（一）在　由　向　往　朝　来自　经过　通过

1. 这个消息______电视新闻______一个小山村传______全国各地。
2. 故事发生______元旦的首都北京。
3. 他坐上一列______广州开______哈尔滨的火车。
4. ______会场出来，他就没说过一句话，一路走______我旁边，到家就进了自己的房间，连晚饭也没吃。
5. 我国艺术品主要________广州口岸销________欧美。
6. 我多么希望我们国家的足球能够冲出亚洲，走______世界。
7. ______充分讨论，大家取得了一致意见。
8. 今天来参加会议的有很多市委领导，还有一批______特殊岗位的代表。
9. 植物______阳光照射，把水和二氧化碳制成有机物质。
10. 我想______这个栏目______曾经帮助过我的人表达最诚挚的感谢。
11. 那个小孩______着他做了一下鬼脸就跑了。
12. 他们的作品______磨炼正在走______成熟，并开始形成自己的风格。

（二）替　为了　除了　除　对于　关于　为　对　给

1. 小米的妈妈去世了，她的爸爸对年幼的她说："妈妈走了，会有天使______妈妈来爱你。"
2. 每个人______成功的态度都不太一样。
3. 有些大学生______五一放假能早点儿回家，又怕被老师点名，就花钱请人______自己上课。
4. ______读书，我还喜欢旅游。
5. 读书是______让日子变得更有意思。
6. 我想写一篇______教师的文章。
7. 这半年里，我想去北京旅游，______此以外，我还想去一趟广东。
8. ______对小静来说，和玛丽在一起的那一段时间是留学生活中很重要的一个部分。
9. ______孩子和家庭，他放弃了这次出国的机会。
10. 小时候家里没有钱，都是爸爸自己在家______我们三个儿子理发。
11. 当张经理得知老人正在______儿子没有工作着急时，立刻答应让他的儿子到厂里工作。
12. 作为一个华人，我______中国取得的巨大成就感到骄傲。
13. 杨老师在学习上______学生很严格。
14. 《______校园文明用语的通知》

15. 现在学生的负担很重,每天都是“两点一线”,______家里,就是教室。

二、HSK 仿真题:在 A、B、C、D 中选择唯一恰当的填入空格内。

1. 也许你不知道,______西湖还有一段传奇的故事呢!

A. 对于　　B. 关于　　C. 对　　D. 于

2. 你要常常______父母写信,否则他们会担心的。

A. 为　　B. 向　　C. 给　　D. 朝

3. 他跑______因为高兴而流泪的妈妈。

A. 朝　　B. 向　　C. 往　　D. 对

4. 现代生活方式的丰富多彩,______人们提供了很多选择。

A. 对　　B. 替　　C. 为　　D. 由

5. 刚工作半年多,王强就被派______广州任分公司经理。

A. 往　　B. 向　　C. 朝　　D. 从

6. 如今,人们的生活水平提高了,______休闲娱乐的方式也有了新的追求。

A. 对　　B. 关于　　C. 给　　D. 向

7. ______古以来,香格里拉就具有一种浓郁(nóngyù)的纳西(Nàxī)文化传统。

A. 自从　　B. 自　　C. 在　　D. 由

8. ______中国人生活水平的提高,私家车越来越多。

A. 为了　　B. 对于　　C. 关于　　D. 随着

9. ______那些一直居住在城市里的人来说,旅游是一件乐事。

A. 关于　　B. 为了　　C. 对于　　D. 由

10. 1999 年是中国 50 周年国庆,也是 21 世纪中国奔______新未来的开始。

A. 朝　　B. 向　　C. 往　　D. 在

11. 来______16 个国家和地区的 108 位代表参加了这次会议。

A. 从　　B. 在　　C. 自　　D. 自从

12.《______举办“食在中国”美食节的通知》你收到了吗?

A. 对　　B. 于　　C. 对于　　D. 关于

13. 黄河在这里随地势______西向东流入渤海。

A. 由　　B. 往　　C. 向　　D. 朝

14. 我们家里人都听爷爷的话,______看电视来说,爷爷看什么我们就看什么。

A. 对　　B. 在　　C. 关于　　D. 拿

15. 夏云和马明是______老师介绍认识的。

A. 通过　　B. 经过　　C. 为了　　D. 随着

三、请填入合适的介词。

1. 请你说一些______秋天的词语。

2. 你还是先管好自己的事,别老是______别人担心。

3. 这支篮球队,______7 号以外,还能靠谁?

4. 年轻人,______你们的健康,千万别忽视(hūshì)早餐。

5. 这些就是我______如何上好听力课的一些想法。

6. 我______校园里走着,突然美妙的音乐声______三楼的窗口飘了出来,我便停______那儿静静地欣赏着。

7. 我长年不在家,你就______我多陪陪两位老人。

8. 一架______北京飞______巴黎的飞机在着陆时,飞机突然发生故障。

9. ______当明星,许多小女孩都去参加了这次歌唱比赛。

10. 买东西时,______价格要合理,质量也很重要。

11. ______这个城市我有着特殊的感情,因为这里有我的事业,有我的家。

12. 事故发生______入冬的第一天,一辆大客车______人民路上______北______南行驶至南门路口时,一辆大货车______西______东驶来,大货车撞______大客车右侧中部,造成大客车______左侧翻。

13. 警察要努力______群众办实事,做人民的好警察。

14. ______我走出教室时,看见她正站______门口,手里还拿着热乎乎的蛋饼。

15. ______连日的阴雨转好,出租车紧张局面有所缓解(huǎnjiě),预计______明天开始,市民“打的”会更加方便。

四、HSK 仿真题:把下列句后括号里的词放在合适的位置。

1. A 他通过 B 学生会找到了一份兼职工作,C 上海一家公司给 D 客户家送货物。(替)

2. A 对她来说,丈夫送给她的定情信物 B 是最宝贵的,她一直 C 把它锁 D。(在抽屉里)

3. 根据 A 世界卫生组织的一次 B 全球性调查,大概有 75% 的人处 C 一种“自感不适,检查无病”的亚健康。 (在)

4. 听说小赵结婚那天要用车,于是 A 小林就借 B 了 C 他 D 自己新买的车。(给)

5. 我想 A 向 B 所有关心我的人 C 说声谢谢 D!(通过这个节目)

6. 第二天下午去医院的时候,小刚 A 正在 B 讲 C 幼儿园的故事 D。(给玲玲)

7. A 游客们从虎丘进入山塘街,B 一直走 C 到 D 石路商业街。(往南)

8. A 张经理 B 可能 C 有不同的意见 D。(关于这个问题)

9. A 根据中央气象台的天气预报,B 我国华北地区 C 下周将有大范围雨雪天气 D。(随着冷空气的到来)

10. A 冬泳 B 是一种很好的运动,但是 C 不 D 合适。(对于儿童)

五、HSK 仿真题:找出下列句子中有错的地方。

1. 他站在门口,一边招手,一边往着我们这里大叫:“停车!”
A 他站在门口 B 一边招手 C 一边往着我们这里大叫 D “停车!”

2. 商场经理给顾客告诉,这个问题他们也解决不了,要想解决,只能给厂家打电话。
A 商场经理给顾客告诉 B 这个问题他们也解决不了 C 要想解决 D 只能给厂家打电话

3. 有个妈妈拉着个小女孩向我走来,我朝她们笑了笑,并用不太标准的英语问那位母亲:“你们是自从哪儿来的?”
A 有个妈妈拉着个小女孩向我走来 B 我朝她们笑了笑 C 并用不太标准的英语问那位母亲 D “你们是自从哪儿来的?”

4. 听说他和上司外出坐电车,第一件事是为了上司找座位,即使还有空位,也宁愿站着来
A 听说他和上司外出坐电车 B 第一件事是为了上司找座位 C 即使还有空位 也宁愿站着来

表示自己的身份。
D

5. 暑假从7月3日开始，各级各类学校在暑假期间，体育场地、图书馆等设施均朝学生开放，
A B C
请注意安全。
D

6. 通过近半年的修建，这座购物中心在春节期间对外营业了。开张当天各类商品打九折。
A B C D

7. 欢迎您来到我们的网站，如果您对我们的网站有任何建议，请点击网页上的《对于我们》，
A B C
和我们联系。
D

8. 昨天马力借给安娜一本书，那是一本对于中国历史的小说，因为安娜对中国历史很感兴趣，
A B C
也爱看小说。
D

9. 王老师是个好老师，她对于我们每一个学生又耐心又热情，我们都很喜欢她，希望下个
A B C
学期她还能教我们。
D

10. 他将我们的见面在一家舞厅里安排。我不知道他为什么要这么安排，其实他完全可
A B
以选择咖啡馆或酒吧，那里更清静。
C D

六、判断下面句子的正误，对的画√，错的画×并改写正确。

1. 中国一定要走向世界。(　　)
2. 孩子们睡着在床上，打起呼来。(　　)
3. 这个孩子没有受过很好的家庭教育，经常会朝行人扔东西。(　　)
4. 这不对他有坏处。(　　)
5. 大卫回国了，留给杰克很多中文书和CD。(　　)
6. 除了他，没人会来。(　　)
7. 小兰家里很穷，为了钱的问题，她不上学了。(　　)
8. 服务员对于顾客很热情。(　　)
9. 辅导的时候，我谈了关于周末的打算，她谈了关于日语考试。(　　)
10. 昨天开了一个晚会，除了老师以外，学生也参加了。(　　)

11. 我正在打电话给上海国际文化学院的徐老师。(　　)

12. 这个问题应该通过谈判来解决。(　　)

七、选择下列介词,和括号里的词语共同完成对话(每个介词只能用一次)。

对　给　对于　关于　替　除了　为了

1. A:听说你______________(熟悉),能介绍一下吗?
   B:好的,我先来介绍一下这儿的情况。
2. A:小雨,我今天身体不舒服,你能______________(我、请假)吗?
   B:好的,我会告诉老师的。
3. A:你为什么来中国?
   B:______________(工作),我来中国。
4. A:______________(男女平等),你有什么看法?
   B:______________(来说),不管在工作中,还是在家庭中,男女平等都非常重要。
5. A:今天的晚会大家都来吗?
   B:______________(两位韩国太太),大家都来。
6. A:你知道手机可以用来干什么吗?
   B:手机除了可以用来打电话、发短信,有的还可以______________(拍照片)。

八、连词成句。

1. 对　卡通　来说　看　也　大人　有乐趣　很
2. 一定　你　会　有帮助　对　好书
3. 很多　关于　我看　的　文章　了　网络
4. 非常　水　对于　重要　人类
5. 不　考研　假期　为了　大学生　很多　回家
6. 其他　除了　能　笔　都　带　不　东西
7. 送　这本　我　小说　是　的　给　朋友
8. 家具　我　回国　给　他　的　留　房间里　了　了　把

介词代词

参考答案

一、(一) 1. 通过　由　向　2. 在　3. 由　往　4. 由　在
5. 通过　往　6. 向　7. 经过　8. 来自
9. 经过　10. 通过　向　11. 朝　12. 经过　向

（二）1. 替　2. 对于/对　3. 为了，替　4. 除了
5. 为了　6. 关于　7. 除　8. 对/对于
9. 为了　10. 给　11. 为　12. 为
13. 对　14. 关于　15. 除了

二、1. B　2. C　3. B　4. C　5. A　6. A　7. B　8. D　9. C　10. B　11. C　12. D　13. A　14. D　15. A

三、1. 关于　2. 替/为　3. 除了/除　4. 为了
5. 对于/关于　6. 在　从　在　7. 替　8. 由/从　往
9. 为了　10. 除了　11. 对/对于
12. 在　在　由　往　自　向　在　朝/向/往　13. 为/给　14. 当　在
15. 随着　从

四、1. C　2. D　3. C　4. B　5. A　6. B　7. B　8. A　9. B　10. C

五、1. C　“往”应换作“向”　2. A　改为“商场经理告诉顾客”
3. D　改为“你们是从哪儿来的？”或者“你们来自哪儿？”
4. B　“为了”应换作“为”　5. C　“朝”应换作“向”
6. A　“通过”应换作“经过”　7. C　“对于”应换作“关于”
8. B　“对于”应换作“关于”　9. B　“对于”应换作“对”
10. A　改为“他将我们的见面安排在一家舞厅里”。

六、1. √
2. ×　改：孩子们睡在床上，打起呼来。
3. √
4. ×　改：这对他没有坏处。
5. √
6. √
7. ×　改：小兰家里很穷，因为钱的问题，她不上学了。
8. ×　改：服务员对顾客很热情。
9. ×　改：辅导的时候，我谈了周末的打算，她谈了日语考试。
10. √
11. ×　改：我正在给上海国际文化学院的徐老师打电话。
12. √

七、1. A：听说你对/对于这儿很熟悉，能介绍一下吗？
B：好的，我先来介绍一下这儿的情况。
2. A：小雨，我今天身体不舒服，你能替我请个假吗？
B：好的，我会告诉老师的。
3. A：你为什么来中国？
B：为了工作，我来中国。
4. A：关于男女平等，你有什么看法？
B：对于/对我来说，不管在工作中，还是在家庭中，男女平等都非常重要。
5. A：今天的晚会大家都来吗？
B：除了两位韩国太太，大家都来。
6. A：你知道手机可以用来干什么吗？
B：手机除了可以用来打电话、发短信，有的还可以给别人拍照片。

八、1. 对大人来说，看卡通也很有乐趣。
2. 好书一定会对你有帮助。

3. 我看了很多关于网络的文章。
4. 水对于人类非常重要。
5. 为了考研,很多大学生假期不回家。
6. 除了笔,其他东西都不能带。
7. 这本小说是朋友送给我的。/这本小说是我送给朋友的。
8. 他回国了,把房间里的家具留给了我。

·第三单元·

第一课　对　给

试一试

请用“对、给”填空。

1. (　　)大多数父母来说，孩子的身上有他们自己的梦想。
2. 老张已经把钱还(　　)大卫了。
3. 儿子(　　)父亲发誓再也不说谎了。
4. 我马上就把照片发(　　)你。
5. 旅行社(　　)我们安排好了三天的行程。
6. 你(　　)这件事情有什么看法？
7. 这孩子把画(　)你弄脏了。
8. 李经理(　　)所有的人都很客气。
9. 过生日的时候，班上的同学送(　　)我一个大蛋糕。
10. 今天我们要(　　)爷爷祝寿。

（答案：1. 对　2. 给　3. 对　4. 给　5. 给　6. 对　7. 给　8. 对　9. 给　10. 给）

讲一讲

一、对

介词，引进动作的对象。主要有四种用法：

1. 对$_1$：面对。宾语都是人或组织机构等。后面的动词主要是言说类动词和与人的五官、体态类有关的动词。如“说、讲、喊、说明、唠叨、宣布、解释、介绍、发誓、承认”等，还有“笑、看、望、哭、踢、微笑、做鬼脸、摇手、摆手、挥手、点头、鞠躬、打招呼、开玩笑、发脾气、发火、拍马屁”等。如：

儿子对父亲发誓再也不说谎了。

妈妈一直在对女儿唠叨。

小张对我们解释了他的原因。

他对大家笑了。

他一不开心，就对别人发火。

老师对我点了一下头。

提示

(1) 这类中的单音节动词不能单独作谓语，要有其他成分或加上“了”。

(2) 可以带双宾语的动词“告诉、问、教、报告、通知、回答、骂”等不能用“对”引入宾语。如：

＊老师对我问一个问题。

改：老师问我一个问题。

＊王老师对我们教口语。

改：王老师教我们口语。

2. 对$_2$：对待。宾语可以是人或事物。后面的动词多为态度和兴趣类动词。主要有“好、坏、满意、重视、头疼、关心、崇拜、同情、信任、怀念、厌倦、热爱、了解、明白、清楚、理解、留心、入迷、感兴趣、灰心、温柔、热情、愤怒、冷淡、认真、客气、生气”等。如：

李经理对所有的人都很客气。

老师对你的成绩很满意。

他对这个问题一点儿也不重视。

小王对他了解得很。

你对我们太客气了。

提示

在陈述句中，这些动词一般都不能单独使用，需要和表示程度的状语、补语和否定副词共现(见上加点字)。

3. 对$_3$：针对。宾语可以是人或事物。结构主要有：

(1) 对＋“对”的宾语＋产生/失去/失掉＋名词。如：

许多留学生对中国的认识产生了变化。

她对画画儿失掉了兴趣。

你不要对自己失去信心。

(2) 对＋名词1＋(没)有＋名词2。名词2主要有“要求、感情、意见、礼貌、好处、看法、印象、研究、信心、意思、办法、帮助、影响、作用”等。如：

你对这件事情有什么看法？

我对这家小店有印象。

学生对这个老师上课的方法很有意见。

提示

“联系、交情、来往、关系、区别、不同”等双向名词不能用在这里。下面的句子是错的：

＊他对我没有联系。

改：他跟我没有联系。

(3) 对＋宾语＋开放/采取/负责/实施(＋其他成分)。如：

你要对这件事情负责。

老板正在对公司实施新的发展政策。

(4) 对＋“对”的宾语＋表示主观评估意义的动词，如“发表(意见)、看待、议论、评价、预测、估计、公认、肯定、否定、同意、赞成”等。如：

王教授对这种现象发表了自己的观点。

人们对这次的改革方案议论纷纷。

4. 对$_4$：“对……来说”结构。

这个结构用来表示根据“对”后某人本身所具有的能力(经济能力、体力、接受力、理解力、承受力等)、水平、需求、爱好等方面来看待某一事物。“对”后面一般是表示人或机构团体等的名词或代词。如：

对大多数父母来说，孩子的身上寄托着他们自己的梦想。

汉语的四声对外国人来说很难。

对一个贫困学生来说，5000 元钱可不是一个小数目。

提示

“对……来说”的后续句应该是说明与“对”后宾语有关的情况，不能换别的对象。如：

＊对我来说，日本人很喜欢旅行。

改：对日本人来说，旅行很受欢迎。

二、给

介词，引进动作的对象。宾语一般是人。主要有三种用法：

1. 给$_1$：引进事物的接受者。

常用的动词有“付、交、借、租、换、还、分、卖、递、寄、传、发、带、捎”等。这类动词如果用于“把”字句，“给”要放在谓语动词之后(详见第二单元第一课)。如：

我马上就把照片发给你。

老张已经把钱还给大卫了。

过生日的时候，班上的同学送给我一个大蛋糕。

麻烦您给我换点儿零钱。

你上街的时候，能给我捎点水果回来吗？

2. 给$_2$：引进动作的接受者。

(1) 通过动作使“给”的宾语得到物质上的或精神上的好处。主要动词有“起名、办(手续)、开门、弄、搞、安排、准备、倒茶、夹菜、做饭、结账、创造、理发、提供、做媒、挑选、收拾、整理、打扫”，还有“道歉、道谢、道喜、赔不是、加油、鼓劲、请安、保密、过(生日)、祝寿、鼓掌、鞠躬、敬礼、敬酒、敬烟、磕头、下跪、拍马屁”等。如：

今天我们要给爷爷祝寿。

旅行社给我们安排好了三天的行程。

他们在这里建了一个花园，给老人提供了一个好去处。

(2) 通过动作使“给”的宾语受损，动词一般有损害意义，或者动词后有表示受损结果的补语。如：

这孩子把画给(你)弄脏了。(给+宾语+动词+结果补语+了)

没想到文件给(你)弄丢了。(同上)

这家干洗店把衣服给(他)洗得皱巴巴的。(给+宾语+动词+得+状态补语)

提示

通过动作使“给”的宾语受损的句子往往有以下特点:

(1) 如果主语是动作者,介词“给”常和“把”字句一起用,动词后一般要有其他成分(详见上面一、二部分中的“把”字句)。

(2) 动词的宾语常常提前作句子的受事主语。

(3) 如果不强调受害者是谁,“给”后的宾语可以省略(见上面例中括号内的词语)。

(4) 可以带双宾语的动词“告诉、教、报告、通知、回答”等不能用“给”引入宾语。下面的句子是错的:

*我代表日本姑娘,想给中国朋友告诉实话。

改:我代表日本姑娘,想告诉中国朋友实话。

(3) 动作带给“给”的宾语某种结果。结构一般是:

给+“给”的宾语+带来/造成/留下+动词的宾语。如:

孩子给家庭带来快乐。

上海给我留下了深刻的印象。

这件事给他造成了很大的影响。

3. 给$_3$:“给”可以引入施事者,表示被动,相当于“被”,多用于口语,指不如意的事情,使用频率比“被”低。如:

衣服给洗衣店洗坏了。

我给你气死了。

我家的电视机给弄坏了。

提示

(1) 如果不强调施事者是谁,可以省略这类“给”后的宾语。

(2) “给”“对”的辨析详见第四单元。

练一练

一、把下列词语填入可以与之搭配的词的表格里。

做饭、说明、有意见、微笑、解释、开门、发火、整理、生气、重视、加油、入迷、有印象、买东西、敬酒、带、有看法、采取、造成、负责、来说、同情、留下、发邮件

对	
给	

二、HSK 仿真题：在 A、B、C、D 中选择唯一恰当的填入空格内。

1. 这个包裹是我的学生寄______我的。

A. 给　B. 对　C. 为　D. 对于

2. 小王，快______客人倒茶。

A. 跟　B. 向　C. 对　D. 给

3. 他______这个问题的后果估计不足。

A. 跟　B. 对　C. 向　D. 给

4. 我______这件事情不太清楚。

A. 给　B. 向　C. 对　D. 跟

5. 一起旅游的途中，他______这个女孩逐渐产生了好感。

A. 跟　B. 给　C. 向　D. 对

6. 在中国的旅行______我留下了美好的回忆。

A. 向　B. 跟　C. 对　D. 给

7. 这个公园这两个月都不______外开放。

A. 对　B. 朝　C. 给　D. 跟

8. 政府______经济危机采取了积极的措施。

A. 跟　B. 向　C. 对　D. 给

9. 我最喜欢的杯子______小李打碎了。

A. 把　B. 给　C. 对　D. 跟

10. 这家伙悄悄地______他伸出一个大拇指。

A. 对　B. 对于　C. 给　D. 往

11. 正确的教学方法______提高教学质量有很大作用。

A. 给　B. 对　C. 跟　D. 向

12. 你快去把垃圾袋______扔了。

A. 让　B. 被　C. 给　D. 对

三、HSK 仿真题：把下列句后括号里的词放在合适的位置。

1. 我的父母 A 对那位老师傅 B 感激 C。（十分）

2. A 我 B 对他 C 说 D 明白的。（会）

3. A 他 B 把书包 C 弄丢了 D。（给）

4. 我 A 对他 B 讲这件事。（没）

5. A 他 B 对于中国的历史 C 产生 D 兴趣了。（也）

6. 我 A 对这场比赛 B 有信心。（没）

7. 他的衣服 A 会 B 给衣服店洗 C 坏。（不）

8. A 我丈夫 B 对我 C 说 D：“你是个好妻子。”（常常）

9. A 孩子过生日的时候，爷爷 B 给他 C 买一辆小自行车 D。（可能）

10. A 王秘书 B 发传真 C 给那家公司。（没）

参考答案

一、

对	说明、微笑、解释、发火、同情、生气、重视、入迷、有印象、有意见、有看法、采取、负责、来说
给	做饭、开门、加油、敬酒、带、造成、留下、整理、买东西、发邮件、解释、说明

(提示："说明、解释"可以用"对",也可以用"给",意思不同。如:

这本词典对这个词的用法说明得很清楚。——"对"引入需要说明的对象

老师给学生详细说明了这个词的用法。——"给"引入说明服务的对象

谁能给我解释一下这个问题。——"给"引入解释服务的对象

他不相信你,你再对他解释也没用。——"对"引入解释面对的对象

汉语里对这个字解释有很多。——"对"引入需要解释的对象)

二、1. A 2. D 3. B 4. C 5. D 6. D 7. A 8. C 9. B 10. A 11. B 12. C

三、1. B 2. B 3. C 4. A 5. C 6. B 7. A 8. B 9. B 10. B

第二课 跟 向 冲

试一试

一、判断下面句子的正误并改正。

1. 暑假的时候,我想跟几个朋友一起去桂林旅游。(　　)
2. 大卫的汉语水平比你差不多。(　　)
3. 班长商量同学们春游去哪儿玩儿。(　　)

(答案:1. √　2. × 大卫的汉语水平跟你差不多。　3. × 班长跟同学们商量春游去哪儿玩儿。)

二、下面句子中哪些可以用"冲",哪些可以用"向"?

1. 汽车(　　)南方开去。
2. 汽车直(　　)路边的大树撞了过去。
3. 班长代表全班同学(　　)新来的实习老师表示热烈欢迎。
4. 你有意见就(　　)我来,别(　　)大伙发火!
5. 王平(　　)安妮借词典。
6. 这次比赛我就是(　　)那个大球星才去看的。
7. (　　)首长敬礼!
8. 他今天是怎么了?一个劲儿地(　　)我笑。
9. (　　)你们这么好的服务,我以后还会来你们饭店的。
10. 临走时,老人再三(　　)我们表示感谢。

(答案:1. 向　2. 冲/向　3. 向　4. 冲　5. 向　6. 冲　7. 向　8. 冲　9. 冲　10. 向)

讲一讲

一、跟

在第一单元中,我们学习了介词"跟"的三种用法。下面的动词也可以和"跟"搭配使用:

1. 表示共同动作的对象。如:

　　我想跟你商量点事儿。

　　老师在跟大卫谈话。

常和这类"跟"一起用的动词有"见面、商量、通话、辩论、吵架、吵嘴、交谈、谈话、聊天、寒暄、握手、拥抱、亲吻、结婚、离婚、订婚、约会、谈恋爱、打交道、结仇、交换、分离、分手、闹矛盾、闹别扭、闹意见"等。

2. 表示比较的对象。结构有:

A 跟 B 一样(不一样、差不多、相同、不同)。如:

这间教室跟那间教室差不多大。

今天的气温跟昨天相同。

(A)跟 B 比(比起来、比较、相比)。如:

跟你相比,我的口语水平差远了。

你不要总是跟别人比,只要做好自己就行了。

A 跟 B 相反/有 + 具有"区别"义的词语(区别、不同、差别、差异)。如:

父母的想法跟女儿的正好相反。

服务员的解释跟说明书上的有差别。

3. 除了上面的用法外,介词"跟"还有另外一些用法。

(1) 表示关联的对象,表示"跟"前后的两个名词之间是否具有某种关联性。有三种形式,见下表:

主要句式	可搭配的词语	例　句
A 跟 B 有关、无关、相关		他跟这件事无关。 这道题目跟把字句相关。
A 跟 B 有(没有) + 名词	关系、联系、矛盾、分歧、缘分、来往、交情……	我爸爸跟他叔叔有很深的交情。 马师傅跟足球很有缘分。
A 跟 B 是(成为) + 名词	朋友、夫妻、父女、邻居、兄弟、姐妹、同事、亲戚、仇人、敌人、对手、双胞胎……	我跟他成了好朋友。 王晓跟王晨是一对双胞胎。
A 跟 B 产生(保持、发生、失去) + 名词	关系、联系、冲突、联络、来往、矛盾……	请跟我保持联络。 他出国后没跟国内的朋友失去联系。

(2) 表示动作的对象,用法基本上和"对$_1$"相似,后面的对象一定是人。后面的动词主要有:

言说类动词:说、讲、喊、说明、唠叨、宣布、解释、介绍、发誓、承认等。

与人的五官、体态类有关的动词:笑、看、望、哭、踢、瞧、微笑、做鬼脸、摇手、摆手、挥手、点头、鞠躬、打招呼、开玩笑、发脾气、发火、拍马屁、撒娇等。

行为动词:卖弄、辞职、宣战、交差、流露等。

如:

我已经跟他打过招呼了。

他跟大家做了一个鬼脸,就跑了。

他跟公司辞职后,一直就待在家里没出门。

(3) 表示动作涉及的事物的来源,从……那里。主要搭配的动词有"学、学习、要、借(进)、买、打听、购买、收"等。如:

田中跟他的中国朋友学了很多日常口语词。

杰克,我想跟你借一下自行车,行吗?

二、向

介词"向"除了表示方向外,还可以表示动作的对象。

1. 表示动作面向的对象,一般是人或由人组成的单位机构等。主要搭配的动词有:

言说类动词：道谢、宣布、提出、汇报、说明、祈祷、解释、请罪、抱怨、保证、申请、道歉、发誓、询问、请教、报告、请示、祝贺、慰问、问好等。

与人的五官、体态类有关的动词（多为交际类动词）：笑、看、望、挥手、摆手、点头、鞠躬、敬礼、敬酒、打招呼、使眼色、做鬼脸、摆架子、开玩笑、发脾气、发怒、发火、忏悔等。

表示、表达＋心理活动类动词：满意、感激、感谢、尊敬、关心、同情、欢迎、不满等。

行为动词：挑战、进攻、报复、转播、卖弄、辞职、宣战、交差、流露、报仇等。

如：

院长向获奖的学生表示祝贺。

小孩向老师做了一个鬼脸，就跑了。

那个教育专家向学生询问了几个问题。

这场晚会通过 CCTV－4 正在向全世界转播。

2. 表示动作涉及的事物的来源，从……那里。主要搭配的动词有“学、学习、要、借（进）、买、打听、购买、收、请假”等。用法与“跟”类似。如：

安妮向学校请了一星期假出去旅游。（可以用“跟”）

提示

在这一课介绍的“跟”的用法中，第二种和第三种和“向”的用法类似，但也有不同。看下面的例句，能看出哪儿不同吗？

向首长敬礼！（不能用“跟”）

他向首长敬了一个礼后，站到了一边。（可以用“跟”）

新时期，我们也要好好向雷锋同志学习。（不能用“跟”）

我要向你好好学习学习。（可以用“跟”）

句中用“向”，比用“跟”要正式、郑重得多，带有对“向”后宾语十分尊重的意味。“雷锋同志”是一位已经牺牲的榜样，所以应用“向”，不能用“跟”。有些动词本身带有严肃、庄重、尊敬的色彩，就只能用“向”，如“致敬、问好、申请、敬酒、请示、问候”等。

三、冲（冲着）

介词。

1. 表示动作的方向，直对着……。介词宾语可以是方位名词、一般表示地点的名词或者表示人的名词。如：

队伍冲/冲着北面去了。

他冲北跑了。（不能用“冲着”）

他冲/冲着楼上大喊：“3 班的同学快下来。”

孩子冲/冲着老师跑了过来。

当表示方向时，如果后面的方位名词是单音节的，只能用“冲”，不能用“冲着”。

2. 表示动作行为的对象，虽然有的可以换成“对$_1$”“向”，但“冲”带有动作直指对象的意味，语气比“对$_1$”“向”要强。如果后面的动词表示“不友好”的态度的话，有态度“十分厉害”之意。“冲”“冲着”多可以换用。如：

他直冲我笑。

孩子冲大人做了一个鬼脸，跑了。

别老冲人家发火了。

你干嘛冲孩子发脾气？他又没做错什么！

3. 表示凭着、依据、原因，“冲”后常带名词、名词短语或主谓短语作宾语。“冲着”比“凭着”语气重，因为所凭根据、原因也是直接指向“冲”后的宾语的。如：

冲着我们是多年的朋友，我怎么都要帮你！（“冲”可换用“凭”，但前者语气强）

我是冲你的面子才答应的。（“冲”不可换用“凭”，下同）

我是冲你的话才到这儿来的。

提示

“冲”和“向”的区别

“冲”和“向”都可以既表示动作的方向，又表示动作的对象。但是，和“向”比起来，“冲”是直指某一方向或对象，比“向”的语气要重。当动词表示的是说话人所不希望发生的动作(可能造成损害或受损)时，用“冲”更适合，如“试一试”中第二大题的第2、4题。另外，“冲”还可以用来表示原因(一般是比较好的)、根据，这是“向”没有的用法，如“试一试”中第二大题的第6、9题。当然，“向”也有一些用法是“冲”所没有的，比如后面是心理活动类的动词，如“试一试”中第二大题的第3、10题；表示来源，如“试一试”中第二大题的第5题；表示郑重语气的都不用“冲”，如“试一试”中第二大题的第7题。

练一练

一、HSK仿真题：在A、B、C、D中选择唯一恰当的填入空格内。

1. 别当真，李总在______你开玩笑呢。

A. 向　　B. 给　　C. 冲着　　D. 跟

2. 爸爸，我______你保证，以后再也不说谎了。

A. 跟　　B. 向　　C. 冲着　　D. 冲

3. 当老师在黑板上写字的时候，男孩子们常在一起______着他的后背做鬼脸。

A. 冲　　B. 跟　　C. 向　　D. 往

4. ______湖南菜比起来，张宇更喜欢吃四川菜。

A. 向　　B. 冲　　C. 跟　　D. 关于

5. 校长和老师们______新同学表示热烈欢迎。

A. 跟　　B. 向　　C. 冲　　D. 为

6. 昨天马克______小张借了200块钱，早上已经还给他了。

A. 对　　B. 冲　　C. 给　　D. 跟

7. ______你以前帮过我的大忙，这次我帮你帮到底。

A. 冲着　　B. 对于　　C. 关于　　D. 为

8. 这件事没办好，看他怎么______老板交差？

A. 为　　B. 给　　C. 向　　D. 冲

9. 你觉得这句话的意思______那句话有什么区别？

A. 对　　B. 冲　　C. 给　　D. 跟

10. 你有火别______我发，我又不是你的出气筒。

A. 冲　　B. 向　　C. 对于　　D. 为

11. 现代人要______古人学习和大自然和平相处。

A. 给　　B. 向　　C. 冲　　D. 从

12. 你别______我大声嚷嚷，我的耳朵都快聋了。

A. 对于　　B. 往　　C. 给　　D. 冲

13. 安妮______杰克是姐弟。

A. 对　　B. 跟　　C. 对于　　D. 向

14. 那个司机喝醉了酒还开车，结果______前面的小河直接开了过去。

A. 离　　B. 对　　C. 冲着　　D. 跟

二、按要求改写句子。

1. 初中毕业以后，我跟他有联系。

正反疑问句：________________________________

2. 介词的用法跟动词有关。

否定句：________________________________

3. 我们家跟他们家是邻居。

否定句：________________________________

4. 顾客跟服务员发生了冲突。

否定句：________________________________

5. 弟弟比哥哥高一些。

用"跟……比起来"改写：________________________

三、选择下面的介词，和括号里所给的词语共同完成句子：

跟、向、冲(着)

1. 妈妈不给他买玩具，他就________________________。(要)

2. 旅客________________________(不满)，他们觉得饭店房间的被子不干净。

3. 自从那次运动会之后，杰克就________________________了。(杰夫、好朋友)

4. 老师傅，我有一个问题________________________。(请教)

5. ________________________(相比)，现在的苏州漂亮多了。

6. 我们参加这次比赛就是________________________(冠军)来的。

7. 来，孩子们，________________________(照相机)笑一个！

参考答案

一、1. D　2. B　3. A　4. C　5. B　6. D　7. A　8. C　9. D　10. A(注："出气筒"，比喻被人用来发泄怨气、怒气的人。)　11. B　12. D　13. B　14. C

二、1. 初中毕业以后，你跟他有没有联系？

2. 介词的用法跟动词无关。

3. 我们家跟他们家不是邻居。

4. 顾客跟服务员没有发生冲突。

5. 跟哥哥比起来，弟弟更高一些。

三、1. 妈妈不给他买玩具，他就向/跟爷爷要。
2. 旅客向饭店表示了不满，他们觉得饭店房间的被子不干净。
3. 自从那次运动会之后，杰克就跟杰夫成为好朋友了。
4. 老师傅，我有一个问题向您请教。
5. 跟以前相比，现在的苏州漂亮多了。
6. 我们参加这次比赛就是冲（着）冠军来的。
7. 来，孩子们，冲（着）照相机笑一个！

第三课 在 打 沿(着) 顺(着)

试一试

判断下面句子的正误并改正。

1. 我在桌子上放书。(　　)
2. 他们在北京住。(　　)
3. 爷爷坐着在椅子上。(　　)
4. 观众们必须在左边的门进去,在右边的门出来。(　　)
5. 运动会安排在四月份。(　　)

(答案:1. ×　我在桌子上放了一本书。/我把书放在桌子上。　2. √　3. ×　爷爷坐在椅子上。/爷爷在椅子上坐着。　4. ×　观众们必须从左边的门进去,从右边的门出来。　5. √)

讲一讲

一、在

在前面两个单元中,我们介绍了"在+处所词/时间词"放在动词前和动词后的用法。在本单元中,我们将介绍"在+处所词"放在主语前的用法及"在"表示范围、条件、过程的用法。

1. 在+处所词+主语+动词短语。

"在+处所词"放在主语前,表示后面整个事件发生的处所。如:

在教室里,学生们正在讨论问题。

在黑板上,他写了一个大大的"忍"字。

在屋里,我挂了两幅画。

在网上,你能查到很多资料。

在电话里,你告诉过我这件事。

提示

(1)"在+处所词"放在主语前时,后面的动词一般不能单独出现,常常要加动态助词"了""过"和一些助动词、副词及一些补语等;宾语一般是不确定的,要带(数)量词。

(2)当一个句子中有两个"在+处所词"时,一般将表示范围较大的那个处所放在主语的前面。如:

在房间里,爷爷还躺在床上,什么也没听见。

在大会堂里，他在前排抢着个座位。

(3) 在复句中，一个句子由多个分句构成，而且多个分句的主语不同。这时，当"在＋处所"是这多个分句共同的环境背景，是多个事件或多种情况发生的共同处所时，"在＋处所"一般放在句首。如：

20日上午，在人民路上，一辆摩托车被一辆出租车撞了，摩托车司机当场死亡。

2. 在＋名词性短语＋上/中/中间/之间/当中/内。

表示范围。如：

在生活上，我已经完全习惯了。

他在我大学同学中间是最好的一个。

在我的印象中，他是一个和蔼可亲的老人。

在所有的展览品当中，孩子们对那些新奇的玩具最感兴趣。

她在前屋和后屋之间跳进跳出，一边跳一边还唱着歌。

3. 在＋名词性短语＋下。

表示条件。如：

在这样艰苦的条件下，他们还是按时完成了任务。

在父亲的影响下，他当了一名英语老师。

在老师的帮助下，他的汉语进步得很快。

4. 在＋名词性短语＋中。

表示过程。如：

在和他交往的过程中，我慢慢理解了他的想法。

提示

(1) 这三类用法，"在"的介词短语可以放在主语前，也可以放在主语后、动词前。

(2) 这三类用法，"在"后必须跟名词性短语，如果是动词性的成分就不行。如：

＊在和他交往中，我慢慢理解了他的想法。

改1：在和他交往的过程中，我慢慢理解了他的想法。

改2：在和他的交往中，我慢慢理解了他的想法。

＊在渔民们早起晚睡、全天劳动下，任务终于按时完成。

改：在渔民们早起晚睡、全天劳动的情况下，任务终于按时完成。

二、打

表示"从"，用法跟"从"差不多，一般用于口语。

1. 打＋表示时间、处所的词＋动词。

表示动作的时间起点、空间起点、来源。如：

打1995年以来，我就把烟戒了。

打我父亲这一代起，就没见这潭里有水了。

我打小就喜欢音乐。

打上海到北京共有1000多公里。

这些米是打他家拿来的。

3 岁的小白现在能打 1 数到 100 了。

2. 打 + 处所名词 + 动词。

表示动作经过的处所。如：

阳光打窗口射进来。

那条河打我们家门前流过。

去他们家，应该打哪条路走？

提示

(1)"打"带有北方方言色彩，普通话里一般用"从"。

(2)在单音节的方位词、时间词前，特别是四字格中，只能用"从"。如：

*打早到晚　　改：从早到晚

*打南到北　　改：从南到北

*打古至今　　改：从古至今

三、沿（着）

沿是"顺着（江河、道路或物体的边）"的意思。常用的结构之一是：沿（着）+ 处所名词 + 移动动词。

表示经过的路线。如：

他沿（着）河边走。

你沿（着）前面那条路一直走，大概 10 分钟就到邮局了。

上星期我们沿（着）京九铁路线旅行了一趟。

常用的结构之二是：沿 + 处所名词（多是单音节）+"有"字句 /"是"字句 / 主谓短语。如：

沿街有不少小摊。

沿湖都是垂柳。

沿江两岸景色很美。

如果后面的名词短语较长或是抽象意义的名词时，必须加"着"。如：

沿着历史博物馆门前的那条路一直往东走 20 分钟就到了。

我们的社会正沿着历史遗留的足迹前进。

四、顺（着）

1. 顺（着）+ 处所名词 + 移动动词。

表示经过的路线。与"沿（着）"相近。如：

他们顺着大路一直往东走。

雨，还在哗哗地下着，雨水顺着他的脸往下流。

提示

(1)"顺"后的处所名词如果比较长，必须加"着"。如：

顺着一排红砖大楼走到头，就是我们学校。

雪橇(qiāo)顺着冰雪覆盖的山坡飞快地滑行。

(2)"顺"后面是单音节名词时，大都是固定的短语。如：

我下午去超市买东西，顺路去邮局寄封信。

请顺手关门。

他顺口就把这个秘密说出来了。

2. 顺着 + 表示主观意志的名词 + 动作动词。

表示遵循的意思。如：

那件事我已经顺着你的意思办了。

我们还是顺着刚才的思路继续讨论。

提示

"沿"与"顺"的区别

(1) "顺"本来是动词，意思是"向着同一个方向"，跟"逆(nì)"相对。如：

小船顺流而下。

我们应顺时代潮流而动。

在这类句子中，动作者或事物向着一个方向移动，有时处于流动的事物之中，与之一起动。因此，"顺"的介词用法也有这个特点。如：

树叶顺着山中小溪流下了山。(树叶在小溪中，与小溪一起向同一方向移动。)

(2) "沿"，顺着(江河、道路或物体的边)。"沿"的动作者或事物不能像"顺"前的动作者或事物那样，处在"顺"后的流动的事物之中，与之一起动。

(3) 表示"经过"的"顺着"后面不能像"沿着"那样带表示抽象意义的名词。

(4) "沿"没有"顺"的"遵循"意义的用法。

练一练

一、HSK 仿真题：在 A、B、C、D 中选择唯一恰当的填入空格内。

1. 我们______人民路走到学校。

A. 跟　B. 向　C. 往　D. 打

2. 我们坐火车去青岛，________路风景很好。

A. 打　B. 沿　C. 顺　D. 沿着

3. ________水路走，两天就可以到。

A. 打　B. 向　C. 朝　D. 顺

4. ________杂志上，我读到过她的文章，写得不错。

A. 沿　B. 顺　C. 在　D. 顺着

5. 大热天的，他一路跑过来，汗水______脸颊(jiá)往下直淌(tǎng)。

A. 跟　B. 向　C. 打　D. 顺着

6. 我______10 岁时看见那山里的一片绿，脑子里就忘不了了。

A. 打　B. 沿　C. 沿着　D. 顺

7. ______这样的条件下，自学是没有办法的办法。

A. 打　B. 在　C. 当　D. 从

8. 我______他指点的方向继续前进。

A. 由　　B. 在　　C. 顺着　　D. 打

9. 他们骑车________小路进城买东西。

A. 朝　　B. 向　　C. 往　　D. 打

10. 我们将________改革开放的道路继续走下去。

A. 在　　B. 沿着　　C. 从　　D. 打

11. 你就________他，他让你怎么做你就怎么做。

A. 顺着　　B. 顺　　C. 沿　　D. 沿着

12. 小李弯下腰去系鞋带，______手把别人丢在地上的 5 元钱拣了起来。

A. 沿　　B. 沿着　　C. 顺　　D. 顺着

13. 在那样的情况______，父亲只好变卖了所有的家产。

A. 里　　B. 中　　C. 上　　D. 下

14. 在技术______，他很有一手。

A. 上　　B. 里　　C. 中　　D. 下

15. 在他的领导______，我们及时完成了这个任务。

A. 中　　B. 上　　C. 下　　D. 中

16. 在学习汉语的过程______，我对中国文化也越来越感兴趣。

A. 上　　B. 中　　C. 下　　D. 里

二、回答问题。

1. A：你打哪儿来？要往哪里去？

B：________________________________

2. A：你打什么时候开始爱上他的？

B：________________________________

3. A：你钢琴弹得真好，打几岁开始学的呀？

B：________________________________

三、判断下面句子的正误，对的画√，错的画×并改写正确。

1. 在朋友家我吃饭。(　　)
2. 我在朋友家坐在靠窗的沙发上跟朋友聊天。(　　)
3. 在院子里，妈妈在洗菜，爸爸在擦车。(　　)
4. 人们在英国主要过圣诞节。(　　)
5. 在网上我查到了所要的资料。(　　)
6. 在如何发挥潜力上，大家纷纷提出了自己的建议。(　　)
7. 在中国留学中，我慢慢了解了中国的历史和文化。(　　)

参考答案

一、1. D　2. B　3. A　4. C　5. D　6. A　7. B　8. C　9. D　10. B　11. A　12. C　13. D　14. A　15. C　16. B

二、1. 我打北京来，要往上海去。

2. 我打第一眼看见他就爱上他了。

3. 我打5岁开始学钢琴的。

三、1. × 改:我在朋友家吃饭。/ 在朋友家我吃了两碗饭。

2. × 改:在朋友家,我坐在靠窗的沙发上跟朋友聊天。

3. √

4. × 改:在英国,人们主要过圣诞节。

5. √

6. × 改:在如何发挥潜力的问题上,大家纷纷提出了自己的建议。

7. × 改:在中国留学的这段时间中,我慢慢了解了中国的历史和文化。

第四课 由 由于 于

讲一讲

一、由

在第二单元中，我们讲了"由＋时间词/处所词"的用法。在本单元中，我们将介绍"由"字短语的另外两种用法：

1. A由B＋(来)动词／或由B＋(来)动词＋A。

表示事情A要B(人)来做。B是事情A的负责人、执行人。如：

这事由我来办，您就放心吧。

运输问题由他们解决。

现在由老张来介绍一下我们这次活动的大致安排。

由她来扮演这个角色最合适。

2. 由＋名词(人或事物)＋动词。

表示动作的方式、来源或由来。如：

这个青年代表团由12个人组成。(方式)

我们的学生会主席是由全校学生民主选举产生的。(方式)

青蛙是由蝌蚪变来的。(来源)

他这次发烧是由感冒引起的。(由来)

提示

用于这两种用法的"由"后面的谓语动词是不一样的。详见下表：

"A由B＋(来)动词 /由 B＋(来)动词 ＋A" 中常用的动词	"由＋名词(人或事物)＋动词" 中常用的动词
负责、承担、解决、办(理)、处理、安排、管理、介绍、扮演、提供	组成、构成、形成、化合成、产生、引起、变来

二、由于

表示原因。"由于＋名词或名词性短语"可以出现在"是"后面，也可以放在主语的前面或后面。"由于"有时跟"而"搭配。如：

这次任务能及时完成，完全是由于大家的共同努力和密切合作。

由于父母的强烈反对，我和女朋友分手了。

工程计划由于这个原因而有所改变。

提示

"由"与"由于"的区别

"由于"可以作介词,也可以作连词,只有一个意思,表示原因,常用在表示因果关系的复句中。而"由"只能作介词,有三个意思:(1)表示时间、空间、动作、状态的起点;(2)引出事情的负责者,行为动作的执行者;(3)表示动作的方式、来源或由来。"由"不能表示原因。

三、于

"于"具有很浓的书面语色彩,意思相当于"在""从""自",在不同的句子中意思不一样。

1. 动词+于+时间词。

有时既可以放在动词后,也可以放在动词前,但有时只能放在动词前。这要根据动词的语义来定。请见下表:

动词语义	动词+于+时间词	于+时间词+动词
当动词表示出现、消失、居留之义	我出生于1978年。	我于1978年出生。
	他死/去世于1980年。	他于1980年去世。
	中华人民共和国成立于1949年。	中华人民共和国于1949年成立。
	他们成长于那个年代。	他们于那个年代成长起来。
一般意义的动词	/	您的信于昨日收到。
	/	文件已于三日前发出。

2. 动词+于+处所词/表示来源的名词。

表示动作、事物的空间起点、来源。如:

著名水乡古镇——同里位于苏州东南18公里。

我姐姐毕业于北京大学。

碧螺春茶叶产于苏州。

黄河发源于青海。

任何理论都来源于实践。

可以用于这类"于"前的动词并不多,一般是书面语词,搭配较为固定。常见的有"位于、产于、源于、发源于、来源于、毕业于、生于、死于、成立于"等。

3. 动词+于+名词。

表示方向、目标、终点。如:

李教授从事于语言学研究。

战士们献身于革命事业。

这次活动接近于尾声了。

可以用于这类"于"前的动词主要有"从事、致力、献身、接近、趋向、集中、普及"等。

4. 动词+于+名词/动词(短语)。

表示方面、原因、目的。如:

最近我一直忙于工作,很少有时间跟家人在一起。

她苦于没有机会施展自己的才能。

解决问题不能只流于形式,要有实质性的措施。

可以用于这类“于”前的动词搭配主要有“擅长于、长于、善于、乐于、苦于、勇于、敢于、忙于、流于”等。

5. 形容词＋于＋名词。

表示比较。如：

今年这次运动会的规模远远大于去年。

小李的能力强于小张。

练一练

一、HSK 仿真题：把下列句后括号里的词放在合适的位置。

1. 她带病 A 工作，最后 B 高烧而 C 昏迷不醒，D 在医院里住了一个星期。（由于）

2. 医生说，A 这种病 B 是 C 一种十分罕见的病毒 D 引起的。（由）

3. A 在城市里，人们 B 白天忙 C 工作，午餐往往 D 马马虎虎，晚餐则常常做得很丰盛。（于）

4. A 本来这个讲座 B 应该是 C 另一位教授给大家讲，但 D 他特别忙，所以他委托我来代他讲。（由于）

二、HSK 仿真题：在 A、B、C、D 中选择唯一恰当的填入空格内。

1. 去哪儿吃饭______你决定。

A. 于　　B. 由　　C. 由于　　D. 给

2. 篮球赛将______22 日在市体育馆举行。

A. 于　　B. 由　　C. 由于　　D. 自从

3. 那家公司的倒闭不是______外因而是______内因。

A. 于　　B. 由　　C. 为了　　D. 由于

4. 这个大酒店是________上海人经营管理的豪华饭店。

A. 通过　　B. 于　　C. 由　　D. 由于

5. 这件事______小王去办，你就别管了。

A. 经过　　B. 由　　C. 由于　　D. 于

6. 购房的信息大都来源______广告。

A. 在　　B. 由　　C. 从　　D. 于

7. 人的寿命长短是______社会、环境、生活、健康等因素决定的。

A. 由　　B. 拿　　C. 为　　D. 由于

8. ________长期没有锻炼的缘故，我这次 800 米比赛跑了最后一名。

A. 于　　B. 为了　　C. 由于　　D. 由

9. 你们学校所需要的材料完全________我们公司提供，放心吧。

A. 由于　　B. 由　　C. 打　　D. 拿

10. 这次去香港访问的代表团________十几位专家组成。

A. 通过　　B. 打　　C. 于　　D. 由

三、选择合适的动词填空。

敢　成立　致力　擅长　毕业

1. 我哥哥本科______于上海复旦大学，之后去美国纽约大学攻读硕士。

2. 中华人民共和国______于 1949 年。

3. 我很喜欢这位画家的作品，他尤其______于画葡萄，他画的葡萄具有新意。

4. 她______于向自己挑战，不断地超越自我。

5. 感谢您对我们的一贯支持和理解，我们也将______于继续为大家提供更加优质的服务。

四、判断下面句子的正误，对的画√，错的画×并改写正确。

1. 一个人的个性不是天生的，是由于他的家庭和社会环境决定的。（　　）

2. 由雨天路滑，今天市内发生了多起交通事故。（　　）

3. 这件事让他由原告变成了被告。（　　）

4. 我写给北京大学的信寄出于三日前。（　　）

5. 这个旅行团由 7 个韩国人、5 个日本人组成。（　　）

6. 龙井茶于杭州产。（　　）

参考答案

一、1. B　2. C　3. C　4. D

二、1. B　2. A　3. D、D　4. C　5. B　6. D　7. A　8. C　9. B　10. D

三、1. 毕业　2. 成立　3. 擅长　4. 敢　5. 致力

四、1. ×　改：一个人的个性不是天生的，是由他的家庭和社会环境决定的。

2. ×　改：由于雨天路滑，今天市内发生了多起交通事故。

3. √

4. ×　改：我写给北大的信于三日前寄出。

5. √

6. ×　改：龙井茶产于杭州。

第五课 按 照 按照

讲一讲

一、按

1. 按＋名词/动词/小句＋动词。

表示动作遵从某种标准。如：

在政府部门工作一定要按规定办事。

在现代社会里，每个人都可以按自己喜欢的方式生活。

按每人500块钱计算，至少也得拿出1万块。

2. 按＋名词＋(来)说/讲。

表示说话人根据某种事理作出判断、结论。如：

按理说，他应该会支持我们的想法的。

按工作条件来讲，人家比咱们差，可人家的成果反而比咱们多。

二、照

1. 照＋名词/小句＋动词。

表示动作遵从某种标准。如：

照这件衣服的样子给我做一件。

照这样的速度，十天也完成不了。

你说的办法很好，就照你说的办吧。

2. 照＋动词。

表示动作按某种既定的方式进行，不作任何改动。这时，动词只能是单音节的。如：

我把稿子写好，到时你照念就行。

你说什么，我照做就是了。

不要照抄照搬别人的东西，我们要有自己的特色。

3. 照＋名词＋看/说。

表示某人具有某种想法、看法。如：

照我说，这句话应该这样理解。

照你看，这件事又该如何处理？

4. "照"还有模仿、临摹的意思。如：

请大家照老师的字一笔一笔地写。

我照书上的画儿画。

三、按照

按照＋名词/动词/小句＋动词。

表示动作遵从某种标准。如：

各国按照自己的实际情况选择不同的发展道路。

人只能按照自己的条件寻找终生伴侣。

按照一平方米4000块计算，这个房子要50多万。

提示

"按""照"与"按照"的区别

(1)"照"有模仿、临摹的意思，"按"和"按照"都没有。

(2)"按""照""按照"三个词都可以表示动作遵从某种标准，但"照"不能跟表示期限、时间或其他既定要求的词语组合。所以，下面的句子是不对的：

*我们照时完成了任务。

改：我们按时完成了任务。（不用"按照"）

*运动会照期举行。

改：运动会按期举行。（不用"按照"）

*我们是照学生成绩分班的。

改：我们是按学生成绩分班的。/我们是按照学生成绩分班的。

(3)"按"常带单音节的名词，也可带双音节以上的词或短语；"按照"则必须带两个或两个音节以上的名词或短语。如：

*我们按照时完成了任务。

改：我们按时完成了任务。/我们按照预定时间完成了任务。

*运动会按照期举行。

改：运动会按期举行。/运动会按照预定日期举行。

(4)"照"后可以直接跟动词，"按"和"按照"都不能。

练一练

一、HSK仿真题：把下列句后括号里的词放在合适的位置。

1. 他是一个A普普通通的人，就B应该C普通人的条件D正正常常地生活。（按照）
2. A考虑到B人太多，我认为C登记D先后发票比较合适。（按）
3. A这个进度B下去，C不到十天就能D完成这批货，您放心吧。（照）
4. A市文物局批准的整修方案，B此次寺院整改、C拆迁等D工程项目共10项。（按照）

二、HSK仿真题：在A、B、C、D中选择唯一恰当的填入空格内。

1. ______旅游团的安排，我们明天去野生动物园。

A. 经过　B. 对于　C. 按照　D. 由于

2. 请你______原样再复制一个。

A. 经过　B. 照　C. 按　D. 沿

3. ______节气来讲，立冬以后应该很冷了，但最近几天的温度还在20度左右，有点不正常。

A. 按　B. 照　C. 打　D. 由于

4. ______说这事应该老李去办，不过他现在不在，我就跑一趟吧。

A. 按照　　　B. 照　　　C. 由　　　D. 按

5. ________你看，他们俩的爱情会有结果吗？

A. 通过　　　B. 照　　　C. 按照　　　D. 按

6. 我______他说的，先烧开水，然后再把糖和咖啡放到水里煮了一会儿。

A. 照　　　B. 拿　　　C. 为　　　D. 由于

7. 杰克没______汉字的笔画顺序写，所以写不快。

A. 通过　　　B. 沿着　　　C. 按照　　　D. 拿

8. ______ 你这么说，我真担心她被别人骗了。

A. 向　　　B. 照　　　C. 按　　　D. 打

三、判断下面句子的正误，对的画√，错的画×并改写正确。

1. 篮球比赛按照原定的日期举行。(　　)
2. 按照你这么一说，我心里就放心了。(　　)
3. 由于来学汉语的人太多，我们按学生的汉语水平分了5个班。(　　)
4. 他们公司按照期偿还了所有贷款。(　　)
5. 这幅画是按他拍的那张照片画的。(　　)
6. 今后您乘坐的巴士空调车，如果再不照要求开空调，您可以直接到公交总公司投诉。(　　)

四、用指定的词语完成句子。

1. A：你觉得这件事还有补救的办法吗？
   B：________________________________（照……看）
2. 他是一个很老实的人，________________________（按……说）

参考答案

一、1. C　2. C　3. A　4. A

二、1. C　2. B　3. A　4. D　5. B　6. A　7. C　8. B

三、1. √

2. ×　改：照你这么一说，我心里就放心了。

3. √

4. ×　改：他们公司按期偿还了所有贷款。

5. ×　改：这幅画是照他拍的那张照片画的。

6. ×　改：今后您乘坐的巴士空调车，如果再不按要求开空调，您可以直接到公交总公司投诉。

四、1. 照我看，要补救很难，除非找到当事人。

2. 按理说不会做出这样的事情。

第六课 根据 据 以

讲一讲

一、根据

“根据+名词/动词”可以放在主语前，也可以放在主语后、动词前，表示某个动作或某个结论的依据、基础。如：

这部电影是根据一部小说改编的。

根据我多年的经验，我可以告诉你，你以后一定会后悔的。

根据我对他的了解，我认为这件事不会是他干的。

根据调查，大多数人认为保持身体健康必须每天进行适当的锻炼。

二、据

1. “据+名词/动词”一般只能放在主语前，表示某个动作或某个结论的依据、基础。如：

   据我们现在手上的材料，我们还不能得出任何结论。

   据统计，中文系有87%的学生通过了这次英语考试。

2. “据”后常常直接跟单音节动词“说、报、传、闻”等组成固定词组。“根据”没有这个用法。如：

   据说，他已经换了两个工作了。

   据报明天有台风。

   据传，他在外面有个私生子。

3. “据”后常跟“某人说/讲/看/了解/估计”这样的小句组合。“根据”不能这样用。如：

   据我看，这件事的成功率不高。

   据老师说，下个月初有演讲比赛。

   据你了解，小王这个人怎么样？

提示

“根据”与“据”的区别

(1)“根据”没有“据”的第二和第三种用法。

(2)“据”后可直接带动词宾语。“根据”后多带名词性的词语，带动词宾语时，动词前一般会有定语。如：

据了解，大多数人认为保持身体健康必须每天进行适当的锻炼。

有关人员根据统计资料分析，我国中西部地区农民年人均收入比去年增加15%。

近年来，瑞典交通管理部门根据调查研究的结果，要求骑车者戴上头盔。

根据我对他的了解，我认为这件事不会是他干的。

(3)“据”构成的介词短语一般只能放在主语前;而“根据”构成的介词短语既可以放在主语前,也可以放在主语后。

三、以

1. 以+名词+动词。

表示动作进行的凭借。其书面语色彩比较浓,意思、用法相当于口语里的“用”或“拿”。如:

我以朋友的身份劝你不要再这样喝了,对身体不好。

请你以实际行动来表明你的态度。

以工作能力而论,小王确实比小张强一些。(“以……而论”相当于“拿……来说”)

2. 以+名词+动词。

表示动作的方式。书面语色彩比较浓。如:

讲话完毕,他以亲切的口吻谢谢大家,然后请大家提问。

他们厂的产品以质量高低分级,共有三级:一等品、二等品、三等品。

最近,学校举办了一个以保护动物为主题的活动。(“以……为主题”相当于“把……作为主题”)

3. 以+名词/动词/小句+动词。

表示原因,后面常跟“而”。如:

苏州以园林、水乡而著名。

我们以我们的祖国有这样的英雄而骄傲,我们以生在这个英雄的国度而自豪!

练一练

一、HSK 仿真题:把下列句后括号里的词放在合适的位置。

1. A 我估计,B 这批货 C 起码要到 D 下星期才能到。(据)
2. A 这个小区 B 共有 200 户,平均每户 C 3 口人计算,这个小区就有 D 600 位居民。(以)
3. A 考古专家能 B 出土的头骨判断出 C 墓主人的年龄和性别 D 吗?(根据)
4. A 任何方式、B 任何借口 C 破坏国家文物,D 都是违法行为。(以)

二、HSK 仿真题:在 A、B、C、D 中选择唯一恰当的填入空格内。

1. 老师要求学生______“我的故乡”为题目写一篇文章。

A. 按　　B. 根据　　C. 据　　D. 以

2. ______那个医生说,这位病人现在还不能出院。

A. 据　　B. 以　　C. 按　　D. 照

3. 他是______那件脏衣服推断出案件发生的全过程的。

A. 据　　B. 根据　　C. 按照　　D. 以

4. 医生看病开药应该______治好病为目的。

A. 按　　B. 根据　　C. 以　　D. 据

5. ______你估计,这件事的结果会怎么样?

A. 按　　B. 根据　　C. 据　　D. 以

6. 有的时候，我们要______不同情况灵活处理。

A. 拿　　B. 根据　　C. 据　　D. 以

7. ______报，下个星期一会有一股冷空气影响本市。

A. 据　　B. 根据　　C. 以　　D. 按

8. 你是班长，必须______高标准严格要求自己。

A. 按照　　B. 根据　　C. 据　　D. 以

9. 这部电影是______日本一本畅销的卡通书改编的。

A. 拿　　B. 根据　　C. 据　　D. 以

10. ______我多年看稿子的经验，这本小说出版后肯定会大受欢迎的。

A. 据　　B. 冲　　C. 根据　　D. 以

三、判断下面句子的正误，对的画√，错的画×并改写正确。

1. 根据说市教育局最近要搞一次高三学生的数学测验。(　　)

2. 老师们制定出来的计划还要据同学们的意见加以修改。(　　)

3. 根据我看来，这件事还需要进一步调查。(　　)

4. 根据统计，我们厂今年的产量比去年同期增加20%。(　　)

四、回答问题。

1. 据你了解，上海复旦大学怎么样？

____

2. 你以什么身份去参加她的婚礼啊？

____

3. 英语这门课一共有四个班，到底是以什么标准分的？

____

4. A：老李和小王这两个人怎么样？

B：以__________而论，______________________________

5. 西安以什么而著名？

____

参考答案

一、1. A　2. C　3. B　4. A

二、1. D　2. A　3. B　4. C　5. C　6. B　7. A　8. D　9. B　10. C

三、1. ×　改：据说市教育局最近要搞一次高三学生的数学测验。

2. ×　改：老师们制定出来的计划还要根据同学们的意见加以修改。

3. ×　改：据我看来，这件事还需要进一步调查。

4. √

四、1. 据我了解，上海复旦大学不错，特别是文科，实力很强。

2. 我以朋友的身份去参加她的婚礼。

3. 我们是以学生入学时的英语成绩来分班的。

4. 以人品而论，老王比小李正直、诚实。

5. 西安以秦始皇兵马俑而著名。

第七课 趁 趁着 凭 凭着

试一试

下面句子中哪些可以用“靠”，哪些可以用“凭”？

1. 我(　　)打工挣学费。
2. (　　)票入场。
3. 他总是(　　)老经验办事情。
4. (　　)脚步声我就知道是老张回来了。
5. 你(　　)什么不让我去？
6. 哥哥(　　)朋友的帮助找到了工作。
7. 刘明(　　)这么多年的辛苦打拼，终于攒(zǎn)下了一笔创业的钱。
8. (　　)你？想教我怎么做，早着呢！

(答案：1. 靠　2. 凭　3. 凭/靠　4. 凭　5. 凭　6. 靠　7. 靠　8. 凭)

讲一讲

一、趁(趁着)

介词，表示利用某种条件或者机会，多用于口语，后面可用名词、动词、形容词、小句等。如：

趁周末，好好休息休息。(趁＋名词)

今天，我趁这个开会的机会，说说我的几点建议。(趁＋名词)

我们趁这一趟把所有该买的都买了吧。(趁＋量词)

趁高兴，咱们哥儿俩多喝几杯。(趁＋形容词)

王华趁降价买了很多生活日用品。(趁＋动词)

李芳趁商店搞促销活动买了很多衣服和鞋子。(趁＋小句)

提示

“趁着”，同“趁”，后面的宾语一般是双音节以上的。如上面“趁”的例句大部分都可以用“趁着”。下面的例句不可以：

报纸上说，新茶不能趁鲜喝。(不能用“趁着”)

一些固定短语：趁热打铁、趁火打劫、趁胜追击、趁人不备、有机可趁、趁虚而入、趁人之危。

二、凭(凭着)

1. 表示完成、实现某动作所依据、依靠的事物或动作。

(1) 凭+(表示身份、凭证的)名词。

这类名词如"票、介绍信、身份证、学生证、会员卡、准考证、记者证、护照、签证、驾照(驾驶执照)"等,名词是实现某动作时必须依靠的证明。如:

凭票入场。

凭身份证复印件才能购买飞机票。

(2) 凭+名词,表示在实现某个动作时所借助的事物,常见的如"经验、能力、技术、本领、本事、感觉、关系"等或相关意义的名词。如:

他总是凭老经验办事情。

阿牛师傅凭双手吃饭。

凭你的能力,完全能胜任这个工作。

他能办成这事,还不是凭你王部长的一句话?

(3) 凭+动词、动词短语/主谓短语,表示在实现某事时所借助的动作。如:

他凭(着)自己多年的努力,终于获得了成功。

凭吹牛可办不成事情。

我们不偷不抢,凭自己劳动挣钱。

2. 表示主观判断、体验的依据。

(1) 凭+名词,名词多为人的感觉器官及其相关的事物。如:

凭脚步声我就知道是老张回来了。

我不太会打牌,每次都是凭感觉出牌。

欣赏好的音乐,不仅要凭耳朵去听,更要用心去听。

(2) 凭+动词、动词短语/主谓短语。如:

光凭你嘴上说,我可不相信。

就凭你们的介绍,我们还不能做出判断。

3. 凭+人物宾语,表示对宾语的能力、身份、资格看不起、不信任,用于反问句,前面常会出现副词"就"。如:

凭你? 想教我怎么做,早着呢!

就凭他? 他还没这能力当领导。

4. "凭什么",固定词组,用于指责、责怪。如:

你凭什么不让我去?

明星凭什么可以有特权?

你们凭什么看不起我们?

提示

"凭"和"靠"的区别

(1) "靠+宾语"表示动作行为凭借、依靠的手段、工具或方法。当"凭"的宾语比较实在时,可以换用"靠",如"经验、耳朵、双手、努力"等。但用"靠",对后面宾语的依赖度要比"凭"更重。如:

要学好外语，就得靠耳朵听，靠脑子记。

光凭脑子记怎么能记住那么多数字，得用笔记下来。

妈妈凭着勤劳的双手，把家里安排得井井有条。

咱们的职业相同，都是靠双手吃饭的。

(2) 证明人的身份等凭证类的名词，不能作“靠”的宾语。表示依靠人体器官进行主观判断的“凭”一般不能换用“靠”。如：

凭身份证取包裹。（“凭”不能换用“靠”）

张师傅只要凭耳朵这么一听，就知道机器什么地方出了毛病。（“凭”不能换用“靠”）

(3) “凭”只能带少数动词宾语作状语，“靠”可以带很多动词或短语作宾语。如：

她凭(靠)着自己的努力，终于成为一名出色的教师。

我靠打工挣学费。（“靠”不能换用“凭”）

(4) “靠”常作动词，所以可以带小句宾语，“靠＋动词宾语”可以直接作谓语。这些都是“凭”所没有的用法。如：

我认为，环境要靠大家来维护。（“靠”不能换用“凭”）

办教育得靠全社会的努力。（“靠”不能换用“凭”）

“凭着”和“凭”的区别

“凭着”，同“凭”，后面的宾语一般要是双音节以上的，句子更书面语化。上面“凭”的例句大部分都可以用“凭着”，但是“凭票入场”“凭＋代词”“凭什么”等不能用“凭着”。

练一练

一、HSK 仿真题：把下列句后括号里的词放在合适的位置。

1. 玛丽 A 学习上没有 B 什么秘诀(mìjué)，都是 C 不断的 D 努力才通过 HSK11 级。（凭着）

2. 杨先生 A 这次回国主要是来开会的，另外，B 休息的时间，也打算 C 回母校 D 做一次讲座。（趁着）

3. A 警察不会光 B 张先生的说法就下结论，C 他还要再听听 D 史密斯是怎么说的。（凭）

4. A 下了一个星期的雨总算停了，B 天 C 好，D 赶快把棉被拿出去晒晒吧。（趁）

5. 每天早上，老王夫妇都很早起床，A 吃点儿牛奶饼干，B 然后 C 早上太阳还没出来，D 天气比较凉快的时候，上山锻炼身体。（趁着）

二、HSK 仿真题：在 A、B、C、D 中选择唯一恰当的填入空格内。

1. 本考场______准考证和学生证才能入场，请各位同学把你们的证件都拿出来。

A. 趁　　B. 靠　　C. 用　　D. 凭

2. 这次春游，全______班上的男同学排队买票拿行李了，太辛苦他们了。

A. 靠　　B. 趁　　C. 趁着　　D. 凭

3. 晚上，王丽______黑把生日礼物放在了同屋芳芳的床边，打算第二天给她一个惊喜。

A. 凭　　B. 在　　C. 趁着　　D. 趁

4. ______她这点儿本事，还想拿第一名？

A. 趁　　B. 趁着　　C. 凭　　D. 凭着

5. 这个网站______网络购物挣钱。

A. 趁　　B. 凭　　C. 凭着　　D. 靠

6. 日韩两国围棋选手都是职业棋手，______下棋为生，竞争很激烈。

A. 用　　B. 靠　　C. 凭着　　D. 凭

7. 练舞蹈非常辛苦，但安妮______对舞蹈的热情和喜爱坚持下来了。

A. 凭着　　B. 趁着　　C. 冲着　　D. 因为

8. 上野这次通过了 HSK8 级，她希望能______热打铁，下次能一次通过 HSK9 级。

A. 用　　B. 趁着　　C. 趁　　D. 凭

9. 张小龙对法律感兴趣，所以他想______这次在韩国留学，再读一些韩国法律专业方面的课程。

A. 凭　　B. 趁着　　C. 在　　D. 靠

10. 在这个超市，买的商品如果有问题，可以______发票免费退换。

A. 靠　　B. 凭着　　C. 凭　　D. 根据

三、判断下面句子的正误，对的画√，错的画×并改写正确。

1. 在到中国工作的机会，我去了很多地方旅游。(　　)
2. 本商场靠会员卡买东西可以打折。(　　)
3. 这条山路不平，只能靠两条腿去走。(　　)
4. 很多人喜欢趁着过年前去商店买打折促销的商品。(　　)
5. 你凭着什么说我不对？(　　)
6. 李刚凭着热情、聪明和努力建立起了自己的事业。(　　)

四、连词成句。

1. 凭　出国　要　签证　护照　前　办理

2. 以前的　通过　凭着　经验　顺利地　张小青　了　面试　工作

3. 看看　趁着　王小姐　回　放假　老家　想

4. 味道　汤　要　喝　变　热　凉　了　趁　就　了　如果

5. 状况　你　感觉　总是　的　凭　自己　判断　身体

6. 努力　他　李大为　成功　是　勤奋　靠　的　的　和　自己

参考答案

一、1. C　2. B　3. B　4. B　5. C

二、1. D　2. A　3. D　4. C　5. D　6. B　7. A　8. C　9. B　10. C

三、1. ×　改:趁到中国工作的机会,我去了很多地方旅游。

2. ×　改:本商场凭会员卡买东西可以打折。

3. √

4. √

5. ×　改:你凭什么说我不对?

6. √

四、1. 出国前要凭护照办理签证。

2. 凭着以前的工作经验,张小青顺利地通过了面试。

3. 趁着放假,王小姐想回老家看看。

4. 汤要趁热喝,如果凉了味道就变了。

5. 你总是凭感觉判断自己身体的状况。/你总是凭感觉判断自己的身体状况。

6. 李大为的成功是靠他自己的勤奋和努力。

单元练习

一、HSK 仿真题：在 A、B、C、D 中选择唯一恰当的填入空格内。

1. 小丁已经______电脑入了迷了。

A. 对　B. 向　C. 跟　D. 给

2. 现在，______出租车司机打交道我特别放心。

A. 跟　B. 向　C. 给　D. 对

3. 长城______田边先生留下了深刻的印象。

A. 对　B. 给　C. 向　D. 跟

4. 一天到晚，小王什么事都做不好，就知道______别人添麻烦。

A. 从　B. 给　C. 在　D. 对于

5. 您______这种观点怎么看的？

A. 向　B. 给　C. 对　D. 跟

6. 阳台上的衣服______风刮跑了。

A. 向　B. 跟　C. 对　D. 给

7. ______你这句话，你这个朋友我交定了！

A. 对　B. 趁　C. 向　D. 冲

8. ______你们周到的服务表示感谢。

A. 向　B. 跟　C. 冲　D. 给

9. 老师从小就教育我们要______雷锋叔叔学习。

A. 跟　B. 向　C. 对　D. 给

10. 该书______上海师范大学出版社出版。

A. 被　B. 对　C. 给　D. 由

11. ____我们还年轻，要好好把握住每一个机会。

A. 跟　B. 在　C. 趁　D. 当

12. 小美讨厌______别人比这个，比那个。

A. 对　B. 给　C. 跟　D. 向

13. 一下飞机，王经理就______会场直奔而去。

A. 对　B. 在　C. 从　D. 冲

14. ______英雄致敬！

A. 跟　B. 向　C. 对　D. 冲

15. 这么多工作就______老李一个人？十个他也完成不了！

A. 凭着　B. 凭　C. 跟　D. 向

16. 生命________运动来维持。

A. 凭着　B. 凭　C. 靠　D. 趁

17. 他这个人很严肃，别随便________他开玩笑。

A. 对于　B. 给　C. 跟　D. 向

18. 这个大酒店是______浙江人经营管理的五星级饭店。

A. 为　B. 被　C. 由　D. 通过

19. 请同学们注意，今天的演唱会是______票入场，没有票的同学不得观看。

A. 靠　B. 用　C. 以　D. 凭

20. ______旅游团的安排，明天我们去游览长城。

A. 通过　B. 按照　C. 凭　D. 冲

21. ______营养越来越好，现在的孩子普遍比过去高了。

A. 由于　B. 为了　C. 顺着　D. 按照

22. ______许多人______，IT 行业充满了机遇和挑战。

A. 跟……相比　B. 在……中　C. 拿……来说　D. 对……来说

23. ______著名导演张艺谋执导的电影《英雄》受到了国内外影迷的关注。

A. 被　B. 让　C. 由　D. 给

24. 目前，大部分的幼儿园都开设了业余特长班，家长们可以______孩子的情况选择课程。

A. 凭　B. 靠　C. 据　D. 根据

25. 每天早上老人们都要______公园里的小路散步。

A. 在　B. 沿着　C. 顺着　D. 从

26. 按照国家标准，原味牛奶的蛋白质含量应当高______2.9%。

A. 于　B. 在　C. 从　D. 自

27. ______冷暖气流的共同影响，今天东北地区会迎来首场春雨。

A. 以　B. 由　C. 由于　D. 根据

28. 哈尔滨______美丽的冬日景色而闻名全国。

A. 拿　B. 以　C. 由　D. 冲

29. 光______你嘴说，我们是不会相信你的。

A. 凭　B. 由　C. 据　D. 按

30. 最终，北京队______3 比 2 结束比赛。

A. 趁　B. 凭　C. 按　D. 以

31. 假期里，学校的图书馆每逢(féng)周一、周三、周五的上午才______外开放。

A. 向　B. 跟　C. 往　D. 对

32. 很多女孩儿并不喜欢足球，看球赛都是______帅气的球星去的。

A. 顺着　B. 冲着　C. 根据　D. 凭

二、选择合适的介词填入空格内。

由　以　据　于　由于　根据　沿着　顺着

1. 本届运动会________9 月 10 日开幕。
2. 我______好朋友的身份劝你不要这样固执。
3. ______他聪明好学，所以这学期进步很快，并且被同学们选为班长。
4. 这个老艺人可以________众人的不同要求，做出各种各样的风筝。
5. 水是______氢和氧两种元素构成的。

6. 中国正______ 自己选定的道路前进。

7. 她______ 九秒七二的成绩打破了女子一百米的世界纪录。

8. 这种技术已广泛应用______ 医学界,取得了较好的反响。

9. 老李举起茶杯说:“来来来,我们就______ 茶代酒,先干了这一杯。”

10. 这部作品构思如此巧妙,一定出______ 大作家之手。

11. 这次春游活动________ 我负责,全部行程________ 我安排。

12. ______ 了解,目前的股票行情很好,我决定拿出一部分资金来炒股票。

13. 老师______ 这幅画为例讲了讲什么是“抽象画”。

三、在 A、B、C、D 中选择唯一恰当的填入空格内。

1. 我______ 北京来,正要______ 广州去。

A. 向　　B. 往　　C. 在　　D. 从

2. 我______ 我的人格保证,这次事故造成的损失全部______ 我们公司赔偿。

A. 由　　B. 由于　　C. 凭　　D. 以

3. ______ 我们工作上的失误,给您带来了不必要的麻烦,我为此______您表示歉意。

A. 由　　B. 由于　　C. 向　　D. 朝

4. 生产出来的产品一部分放______ 仓库里,另外一部分由卡车运______ 北京。

A. 由　　B. 从　　C. 往　　D. 在

5. ______ 公司的规定,这次招聘考试笔试和口试都有,最后______ 总经理亲自面试。

A. 在　　B. 由　　C. 通过　　D. 按照

6. 饭做好了,爸爸连忙______热送______爷爷吃。

A. 给　　B. 对　　C. 趁　　D. 凭

7. ______统计资料显示,未来由中国输______日本的成衣产品将逐步增加。

A. 往　　B. 经过　　C. 根据　　D. 按照

8. ______ 他组织的合唱团将______ 下个星期一去北京参加全国青年歌唱比赛。

A. 由于　　B. 由　　C. 于　　D. 据

9. 他虽然开学一个月以后才来上课,但是,他勇敢地______困难挑战,______自己的努力和天赋(fù),不仅赶上了其他同学,期末考试还考了全班第一。

A. 对　　B. 向　　C. 凭着　　D. 趁着

10. 周老师非常喜欢杰克,就因为他敢于用不流利的汉语经常______中国人交流,周老师还常______班上其他同学说:“你们要多______杰克学习,这样才能很快提高汉语水平。”

A. 对　　B. 跟　　C. 向　　D. 给

四、HSK 仿真题:把下列句后括号里的词放在合适的位置。

1. 中国人 A 主要是 B 字义来取名,C 这也是 D 中国人起名的一个传统习俗。(根据)

2. A 文物局 B 批准的整修方案,C 此次 D 龙门石窟的整改项目共 8 项。(按照)

3. A 丁云 B 2001 年 7 月毕业 C 北京大学 D 数学系。(于)

4. “A 瑞丽珠宝”之旅,是 B 全国唯一的 C 珠宝商贸为主题的 D 旅游项目。(以)

5. 我们夫妇都是教师,A 平时工作忙,没机会 B 出去走走,这次 C 放寒假 D 带孩子出去旅行。(趁)

6. 这件大衣是 A 安妮借 B 我的,没想到 C 她 D 弄脏了,我实在是觉得对不起。(给)

7. A 昨晚,B 本市一家医院停电近 1 个小时,C 缺乏交流,D 部分病人和家属表示出强烈

不满。（由于）

8. A 环境 B 会产生 C 很大的影响 D。（对人的心情）

9. A 他把 B 这些容易掉色的衣服放 C 在了一起洗，结果全都 D 洗成了花衣服了。（给）

10. 一个月以来，A 他一直坐在电脑旁边打游戏，B 饿了吃一块面包，C 渴了喝一口水，最后他死 D 过度疲劳。（ 于 ）

五、HSK 仿真题：找出下列每段话中有错的一部分。

1. 打那件事发生了以后，小张就一直想跟经理好好谈谈，可是经理一直对于小张很冷淡，总是以工作太忙为借口，不肯谈。

A 打那件事发生了以后　B 小张就一直想跟经理好好谈谈　C 可是经理一直对于小张很冷淡　D 总是以工作太忙为借口，不肯谈

2. 昨天中午人民路上的一家饭店突发大火，消防队迅速赶到现场进行扑救，但由火势太猛，一时很难控制，经过两个小时的紧张扑救，火势终于得到控制。

A 昨天中午人民路上的一家饭店突发大火　B 消防队迅速赶到现场进行扑救　C 但由火势太猛，一时很难控制　D 经过两个小时的紧张扑救，火势终于得到控制

3. 现在有些明星完全是根据包装，而不是凭实力走红，拿有些当红歌手来说，音调都唱不准。

A 现在有些明星完全是根据包装　B 而不是凭实力走红　C 拿有些当红歌手来说　D 音调都唱不准

4. 按照澳门警方调查，6 名外籍男子于 2 月 5 日从澳门国际机场入境，一连数日到某赌场参赌，通过在扑克牌上做记号等方式，成功诈骗（zhàpiàn）了 18 万港币。

A 按照澳门警方调查　B 6 名外籍男子于 2 月 5 日从澳门国际机场入境　C 一连数日到某赌场参赌　D 通过在扑克牌上做记号等方式，成功诈骗（zhàpiàn）了 18 万港币

5. 我一直只跟他保持着书信联系，他给我的印象仍然是十年前的那个瘦小伙子。但是，当我在西安火车站，看到他对于我招手时，发现他老了许多。

A 我一直只跟他保持着书信联系　B 他给我的印象仍然是十年前的那个瘦小伙子　C 但是，当我在西安火车站　D 看到他对于我招手时，发现他老了许多

6. 我们全班学生跟所有的中国老师表示感谢，你们对我们非常热情，很认真地教我们，我们从你们那里学到了很多知识。

A 我们全班学生跟所有的中国老师表示感谢　B 你们对我们非常热情　C 很认真地教我们　D 我们从你们那里学到了很多知识

7. 根据气象部门介绍，由于受暖湿气流影响，我市气温将有明显回升，预计今日最高气温将达到高于 10 度。

A 根据气象部门介绍　B 由于受暖湿气流影响　C 我市气温将有明显回升　D 预计今日最高气温将达到高于 10 度

8. 二弟生气地冲着老马喊："我是向你的面子才来帮忙的，但你现在凭什么说都是我的错？

A 二弟生气地冲着老马喊　B "我是向你的面子才来帮忙的　C 但你现在凭什么说都是我的错？

让大家评评理!”

D

9. 在与日本队、加拿大队的金牌大战上,他们的表现十分出色,一路稳扎稳打,最后把

A　　　　　　　　　B　　　　　　　　　C

4分16秒的成绩获得了冠军。

D

六、判断下面句子的正误,对的画√,错的画×并改写正确。

1. 老师对我们通知考试的时间是下星期二。(　　)
2. 新来的老师对于学生很热情。(　　)
3. 这孩子把书包给丢了。(　　)
4. 留学生活给我的影响很大。(　　)
5. 请给我保持联系。(　　)
6. 我国向这次在地震中受灾的国家表示同情。(　　)
7. 运动员拣起足球,冲着球门踢了过去。(　　)
8. 由天气、资金、人员等多种因素,这项计划以失败告终。(　　)
9. 不按客观规律办事,就会犯错误。(　　)
10. 我们家的经济由于太太管理,我省心多了。(　　)
11. 年终报告呈送上级于昨日。(　　)
12. 他们公司照月发放工资给工人们。(　　)
13. 根据当事人说,这件事跟他毫无关系。(　　)
14. 家里有客人的时候,丁凡就常趁着乱跑出去打电脑游戏,回来总被爸爸骂。(　　)
15. 现在很多学校都引入了竞争制度,学生干部都要凭本事才能当选。(　　)
16. 在家靠父母,出门靠朋友。(　　)

七、连词成句。

1. 顾客　这个　对　不　服务员　客气　很

2. 是　孩子　快乐　6月1日　的　一个　来说　日子　对

3. 了　留下的　完　我　你　水果　给　把　吃

4. 表示　应该　会议　向　代表们　工作人员　的　感谢

5. 了　刚刚　小林　矛盾　跟　出租车　司机　发生　一点儿

6. 自己　爱丽思　靠　要　知道　活　力量　下去　的

八、选择介词,和括号里的词语共同完成对话。

趁、凭着、向、冲、跟、靠

1. A:最近你有小王的消息吗?
   B:没有,他毕业以后,____________________________。(联系)
2. A:今天天气不错,比昨天凉快多了。
   B:是啊,____________________________(凉快),我们去看场电影吧。
3. A:你一看怎么就知道是电脑主机出问题了呢?
   B:这可是____________________________(经验)才有这本事的。
4. A:你今天又迟到了。
   B:对不起,老师,我____________________________。(保证)
5. A:拜托,这件事真的很重要,你一定要帮帮我。
   B:好吧,____________________________(朋友),我一定尽力帮你。
6. A:你知道古代的思想家顾炎武是怎样“遍览(lǎn)群书”的吗?
   B:他是____________________________(抄写、书)做到这一点的。

参考答案

一、1. A 2. A 3. B 4. B 5. C 6. D 7. D 8. A 9. B 10. D 11. C 12. C 13. D 14. B 15. B 16. C 17. C 18. C 19. D 20. B 21. A 22. D 23. C 24. D 25. B 26. A 27. C 28. B 29. A 30. D 31. D 32. B

二、1. 于 2. 以 3. 由于 4. 根据 5. 由 6. 沿着 7. 以 8. 于 9. 以 10. 于 11. 由 由 12. 据 13. 以

三、1. D B 2. D A 3. B C 4. D C 5. D B 6. C A 7. C A 8. B C 9. B C 10. B A C

四、1. B 2. A 3. C 4. C 5. C 6. C 7. C 8. B 9. D 10. D

五、1. C “对于”换作“对”
2. C “由”换作“由于”
3. A “根据”换作“靠”
4. A “按照”换作“根据”
5. D “对于”换作“对”或“向”或“跟”
6. A “跟”换作“向”
7. D 改成“预计今日最高气温将高于10度”
8. B “向”换作“冲”或“冲着”
9. D “把”换作“以”

六、1. × 改:老师通知我们考试的时间是下星期二。
2. × 改:新来的老师对学生很热情。
3. √
4. × 改:留学生活对我的影响很大。
5. × 改:请跟我保持联系。
6. √
7. √
8. × 改:由于天气、资金、人员等多种因素,这项计划以失败告终。
9. √
10. × 改:我们家的经济由太太管理,我省心多了。
11. × 改:年终报告于昨日呈送上级。
12. × 改:他们公司按月发放工资给工人们。

13. × 改:据当事人说,这件事跟他毫无关系。

14. × 改:家里有客人的时候,丁凡就常趁乱跑出去打电脑游戏,回来总被爸爸骂。

15. √

16. √

七、1. 这个服务员对顾客很不客气。

2. 对孩子来说,6月1日是一个快乐的日子。

3. 我把你留下的水果给吃完了。

4. 会议的代表们应该向工作人员表示感谢。

5. 小林刚刚跟出租车司机发生了一点儿矛盾。

6. 爱丽思知道要靠自己的力量活下去。

八、1. A:最近你有小王的消息吗?

B:没有,他毕业以后, 我跟他就没有联系了 。

没有,他毕业以后, 我就再也没有跟他联系过 。

2. A:今天天气不错,比昨天凉快多了。

B:是啊, 趁(这么)凉快 ,我们去看场电影吧。

3. A:你一看怎么就知道是电脑主机出问题了呢?

B:这可是 凭着多年的维修经验 才有这本事的。

4. A:你今天又迟到了。

B:对不起,老师,我 向您保证再也不迟到了 。

5. A:拜托,这件事真的很重要,你一定要帮帮我。

B:好吧, 冲着你是我的老朋友/这么多年的朋友 ,我一定尽力帮你。

6. A:你知道古代的思想家顾炎武是怎样"遍览群书"的吗?

B:他是 靠抄写别人的书 做到这一点的。

·第四单元·

第一课　对　给

试一试

请用"对""给"填空,并想一想是哪个意义。(参考第三单元第一课)

1. 厂长匆匆忙忙地(　　)同事打了个招呼就走了。
2. 麻烦你(　　)他带个口信。
3. 以前的服务员(　　)顾客很冷淡,现在他们都很热情。
4. 这一年的留学生活(　　)宫野留下了美好的回忆!
5. 国家建设部决定(　　)部分城市的商品房实施新政策。
6. 王阿姨,(　　)您道喜了!
7. (　　)真正的球迷来说,球赛再晚都没有关系。
8. 那个钱包(　　)一位老奶奶拿到了派出所。
9. 这个问题你可以问问王博士,他(　　)这个方面比较有研究。
10. 小明把图书馆的书(　　)弄丢了。

(答案:1. 对$_1$　2. 给$_1$　3. 对$_2$　4. 给$_2$　5. 对$_3$　6. 给$_2$　7. 对$_4$　8. 给$_3$　9. 对$_3$　10. 给$_2$)

讲一讲

一、对

介词,引进动作的对象,宾语一般是人。关于"对",还有:

1. "对"可以和一些形式动词构成固定结构。这类用法比较正式,一般用于书面形式,主要有三类:

(1) 对 + 宾语 + 表示 + 动词。

这类动词主要是态度兴趣类的双音节动词,如"感激、满意、尊重、体贴、重视、关心、崇拜、佩服、同情、信任、怀念、不满、欢迎"等。如:

经理对小王的建议表示满意。

我们对您的遭遇表示同情。

(2) 对 + 宾语 + 充满/感到 + 动词。

这类动词主要是表示态度和兴趣的双音节动词，有“反感、灰心、陌生、热情、愤怒、恼火、绝望、冷淡、温柔、满意、不满、感激”等。如：

老师对学生们的表现感到不满。

他对班级活动充满热情。

提示

上面两种用法的“对”后面所带的宾语一般不是人，而是表示事件、活动或动作的。在前面第三单元第二课中，“向”也可以有这样的用法，但“向”后面的宾语一般是人或由人组成的单位机构等。如：

＊总书记向国际友人访问中国表示欢迎。

改：总书记对国际友人访问中国表示欢迎。

＊失忆以后，小夏向自己的人生充满了绝望。

改：失忆以后，小夏对自己的人生充满了绝望。

(3) 对 + 宾语 + 作/进行/加以/予以/给予/给以/展开 + 动词。

这个结构通过用“对”，将后一个动词的受事宾语提到“作、进行”等形式动词的前面，一方面突出受事，另一方面也强调对受事所采取的行动。形式动词后面的动词主要有下面几类：

① 对受事具有施加作用的行为动词，如“帮助、保护、报复、处理、调查、反抗、分析、改革、破坏、援助、监督、支持”等。如：

我们要对名胜古迹加以保护。（比“保护名胜古迹”更强调对“名胜古迹”的主动施加的意义）

公安局正在对这家公司进行调查。（比“调查这家公司”更突出对“这家公司”正在采取行动）

国家已经对受灾的居民展开了援助。（比“援助受灾的居民”更强调对“受灾的居民”采取行动，而且越来越深入与扩大）

② 用言语对受事宾语施加影响的动词，如“安慰、教育、警告、表扬、批评、说明、宣传、讨论、抗议、报道”等。如：

服务员正在对商品的作用加以说明。（与“说明商品的作用”的区别同上(1)例后说明）

你应该好好儿对学生进行安全教育。（与“教育学生”的区别同上(1)例后说明）

学校在各个年级对他见义勇为的行为展开了宣传。（与“宣传他见义勇为的行为”的区别同上(1)例后说明）

2. “对”字短语作定语。

“对”字短语作为介词短语，在句子中主要的用法是作状语，但有时候也可以作定语。主要有下面几种情况：

(1) “对”字短语一般修饰的是后面的动词，表示的是与动词相关的对象。被修饰的动词常见的有：

① 表示态度、兴趣类的动词，如“欢迎、满意、不满、热情、冷淡、爱、恨、同情、关心、真诚、

尊重、重视、珍惜”等。这类“对”是对待义,可以对待人也可以对待事物。如:

这是我对你的爱。

别把对他的同情表现在脸上。

他在尽情地发泄对这件事的不满。

② 表示主观评估类的动词,如“发表(意见)、看待、议论、评价、预测、估计、公认、肯定、否定、同意、赞成”等。这类“对”是针对义,针对某人或某事进行评估。如:

这是对他多年的努力最好的肯定。

对一个人的评价要看他多方面的表现。

专家们根据最近大气运动的情况,作出了对比赛期间天气情况的预测。

③ 对受事宾语施加作用或影响的言语动词或行为动词,如“保护、报复、处理、调查、反抗、分析、改革、破坏、援助、监督、支持、安慰、教育、警告、表扬、批评、说明、宣传、讨论、抗议”等。如:

我们可以从对这篇课文的分析中得到三个结论。

说明书上对产品的说明不太详细。

对“明星效应”的讨论还在继续当中。

(2)“对”字短语也可以作一些名词的修饰语。这些名词大部分可以出现在结构“对…有+名词”中,如“要求、感情、意见、好处、看法、印象、研究、信心、意思、办法、帮助、影响、作用、好处、坏处”等。此外,还有“感觉、期望、态度、报道”等名词。如:

请你谈谈对这部电影的印象。

他对家乡的感情很深。

我对他的感觉说不上好也说不上坏。

(3)“对”字短语和后面的动词一起作定语,修饰动词的宾语。这类动词主要是“表示、进行、展开、做出”等形式动词及“采取、实施、开放、报道”等动词。如:

这是对你进行的特殊教育。

感谢你对中国教育事业作出的贡献。

报纸上对这件事报道的篇幅很大。

这是一个对外开放的游泳池。

二、给

1. 特殊结构:给我+动词。这个结构用于命令句时,有两个意思:

(1) 替我,为我。就是第三单元中,“给”引进动作的接受者(“我”),通过动作使“给”的宾语(“我”)得到物质上的或精神上的好处。如:

回家的时候,给我留意一下今天电影院放什么电影。(替我)

请给我把练习带给王老师。(替我)

(2) 加强命令语气。表现了说话人强烈地要求对方听从自己的命令。如:

你这个不孝子,给我滚!(“给”不能换成“替”或“为”,仅表很强的命令语气,下同)

你的鞋子脏死了,快给我把鞋子脱了!

2. 引进事物或动作接受者的“给”字短语也可以和它前后的动词作定语一起修饰名词。如:

我给他买的衣服是名牌。

这是妈妈给我带来的东西。

爷爷给孙子起的名字很有意思。

我喜欢吃妈妈给我们做的饭。

他带给我的报纸是昨天的。

你交给我的钥匙不是办公室的。

提示

“给”和“对”的区别

(1) 介词“给”和“对”都是引进单向动作对象的介词。最大的区别特征就在于:“给”前后很多动作完成后,相关的事物会产生位移;而“对”后的动作完成后,相关的事物不产生位移。所以,用来表示事物接受者的“给$_1$”都不能用“对”(见第三单元“给$_1$”部分)。如:

他给我寄了一封信。(不能用“对”)

(2) “给”的宾语一般是人或由人组成的集团(如“学校”“公司”“国家”);“对”的宾语可以是人或由人组成的集团,也可以是事物。下面的句子就不能用“给”:

国家有关部门对产品质量进行检查。

对这个问题应该加以重视。

(3) 用于“对”后的一些动词如“鞠躬、介绍、解释、说明、献殷勤、拍马屁”等,可以使对方精神上得益,故可用在“给”后,强调这一特点。如:

他对铜像鞠了一躬。(因为是铜像,所以不用“给”)

她对老师鞠了一躬。(仅是客观描写“鞠躬”的动作)

她给老师鞠了一躬。(表示“鞠躬”能给老师带来精神上的愉快)

其他一些常用于“对”后的动词如“说、说谎、微笑、摇头、摆手、点头、发火、踢”等,无法使对方精神上获益,就不能用“给”。如:

他对我说:“你明天来吧。”(不能用“给”)

(4) “对……产生/失去/失掉/有＋名词”,“对……形式动词＋动词”,“对……来说”以及表示“对待、针对”义的“对”都不能换用“给”。而“给……带来/造成/留下＋名词”及引进施事者中的“给”也不能换用“对”。如:

你对一日复一日的家务劳动厌倦了吗?

这起恶性生产事故给这个小山村造成了无法挽回的损失。

“给”与“为”的区别

(1) 用“为”,后面动作的目的性很强。用“给”主要引进动作的接受者,而不是表示目的。下面的例句一般用“为”:

英雄们为保卫国家献出了自己的生命,人们特地为他们竖立了一座纪念碑。

学校专门为新来的学生举行了隆重的欢迎会。

他知道我爱喝白酒,每次总还要特地为我叫一小瓶茅台酒。

你能为我死? 我不相信。

(2) 当谓语是“打电话、写信、发邮件(传真、短信)”等信息传递类动词,或是“交、付、送、寄、留、发、借、带、卖”等交付类动词时,多用“给”。在有些不特别强调目的的动词前,也一般用“给”。“给”后的对象一般是可接受动作的人或动植物。如:

朋友们知道我今天生日,特意给我送来这盒蛋糕,这太让我感动了。

我特地给您寄去这封信，恳请您替我查找一下刘大明的下落。

应该给花浇水了。

(3) 用在介词“为”后的谓语常带的动词有“举行、举办、准备、预备、设计、设立、开办、开设、建立、建造、树立、提供、制作、创作、订做、订作、题词”等。“为”后的对象可以是人，也可以是与事件、活动有关的词或短语。如：

他们请市长为这次画展题了词。

几名画家专门为世界妇女大会创作了一幅100米长的画卷。

据介绍，这些服装是专为中国运动员设计制作的。

(4) 有一些动词前既可以用“为”，也可以用“给”，这类动词一般都能使介词后的宾语得到好处。比较起来，用“为”的语气比“给”重，更尊重对象，语气更正式。如：

该公司最近为公司职员建造了100套住宅。(用“为”比用“给”更正式，下同)

他给小狗做了一个窝(wō)。

东北天气冷，政府特地为生活贫困的人发了棉衣。

他们怕美国学生吃不惯中国菜，特地为他们另外准备了西餐。

王老师那天就留我在他家吃饭，还特地给我加了菜。

会场最前面空着两排座位，那是特意为贵宾们留出的位置。

这半个西瓜是孩子们特意给你留的。

(5) 下面例句中的谓语是使介词后的宾语难堪(只有少数几个较固定的用法)，用“给”而不用“为”。如：

老李认为这是小张故意给他难堪，很生气。

现在公司这么忙，你突然提出辞职，这不是故意给人出难题？

他怕给朋友添麻烦，所以一个人悄悄走了。

练一练

一、连线题。

对

给

他 + 加以警告

前途 + 感到灰心

公司 + 造成损失

这个问题 + 展开讨论

我们 + 留下了美好的回忆

质量 + 进行检查

大家 + 带来希望

将来 + 充满信心

二、HSK 仿真题：把下列句后括号里的词放在合适的位置。

1. 我没兴趣跟你去拿什么东西 D！你 B 快 C 出去 D！(给我)
2. A 那篇 B 边远地区孩子上学情况的报道 C 总编看过了吗？D 他有什么意见？(对)
3. 你 A 能 B 帮我 C 把这封信带 D 吗？(给她)
4. 这是 A 老师 B 借 C 许兰的书，她看完了要赶快还 D 的。(给)

三、HSK 仿真题:在 A、B、C、D 中选择唯一恰当的填入空格内。

1. 山下已经______老师承认了他的错误。

A. 向　　B. 给　　C. 为　　D. 朝

2. 老张一生气,就会______别人乱发脾气。

A. 给　　B. 为　　C. 对于　　D. 对

3. 日本女孩都很重视自己的成人礼,长田这次就是______成人礼回国的,连考试都放弃了。

A. 对　　B. 趁　　C. 为　　D. 给

4. 弟弟的作业本______撕坏了。

A. 把　　B. 给　　C. 为　　D. 对

5. 自从老李的妻子去世以后,他______生活失去了热情。

A. 跟　　B. 给　　C. 对　　D. 为

6. 假期还没结束,徐老师已经在______下学期的课程做准备了。

A. 对　　B. 为了　　C. 为　　D. 给

7. 我们应该重视学生______这种现象的态度。

A. 关于　　B. 对　　C. 给　　D. 为

8. 王老师,真对不起,我这儿子太调皮了,______您添了不少麻烦。

A. 为了　　B. 给　　C. 为　　D. 对

9. 这件事______他的一生都有影响。

A. 对　　B. 关于　　C. 为　　D. 给

10. 学校要求毕业班老师每天早自习要去班级,______学生解答问题。

A. 向　　B. 对　　C. 为了　　D. 为

11. 那个士兵______将军敬了一个礼,然后离开了。

A. 给　　B. 往　　C. 对于　　D. 为

12. 汉娜______小云的手艺佩服极了。

A. 对　　B. 为　　C. 给　　D. 凭着

13. 这个"放心班"是特地______双职工的孩子能安全过暑假设立的。

A. 根据　　B. 按照　　C. 为　　D. 对

14. 这个意外把所有的计划都______他破坏了。

A. 把　　B. 对　　C. 为　　D. 给

15. 面试时,______考官的第一印象很重要。

A. 对　　B. 给　　C. 为　　D. 冲

四、判断下面句子的正误,对的画√,错的画×并改写正确。

1. 他对球门踢了一脚。(　　)

2. 老师通知了我们元旦晚会的安排。(　　)

3. 经理对我们告诉一个好消息。(　　)

4. 他对足球入迷得很。(　　)

5. 各省市领导纷纷向灾区群众表示衷心的慰问。(　　)

6. 我对他有很好的关系。(　　)

7. 爸爸对我打了。(　　)

8. 他给姐姐送她喜欢的东西。(　　)

9. 我觉得外国人来说,中国又大人又多。(　　)

10. 老板对开发部这一年的工作感到很失望。(　　)

11. 对他,这个电影很没有意思。(　　)

12. 这次生产事故给公司带来了严重的后果。(　　)

参考答案

一、

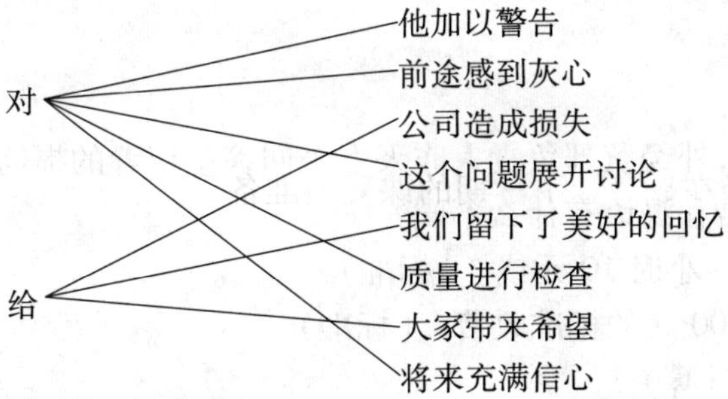

二、1. C　2. B　3. D　4. C

三、1. A　2. D　3. C　4. B　5. C　6. C　7. B　8. B　9. A　10. D　11. A　12. A　13. C　14. D　15. B

四、1. √

2. √

3. ×　改:经理告诉我们一个好消息。

4. √

5. √

6. ×　改:我跟他关系很好。

7. ×　改:爸爸打了我。

8. ×　改:他送给姐姐她喜欢的东西。

9. ×　改:我觉得对外国人来说,中国又大人又多。

10. √

11. ×　改:对他来说,这个电影很没有意思。

12. √

第二课 就 论 较 较之

试一试

一、请用"就""按"或"论"来填空。

1. (　　)这次双方经贸会谈,外经贸部负责人昨天下午回答了记者的提问。
2. (　　)表达方式而言,英语和汉语有什么不同?
3. 停车费(　　)小时计算,一小时 10 元钱。(标准)
4. HSK 辅导班(　　)每人 400 元的标准收费。(标准)
5. 你要(　　)时服药。(非计算)
6. 今年的西瓜大丰收,不(　　)斤卖,(　　)个卖。("卖"的单位)
7. 烟台到日本快速航线开通,以前(　　)天,现在(　　)小时。(时间单位)

(答案:1. 就　2. 就　3. 按　4. 按　5. 按　6. 论、论　7. 论、论)

二、用"较之"改写下面的句子。

北方的雨季较南方要来得迟一些。

(答案:北方的雨季较之南方要来得迟一些。或者:较之南方,北方的雨季要来得迟一些。)

讲一讲

一、就

介词。

1. 介绍行为的对象。后面的动词或动词短语多跟言说、认知活动等有关,用来表示这些言说、认知活动针对的对象是什么。常用的动词如"谈论、交换(意见)、讨论、发表(看法)、下结论、询问、征求(意见)、采取、实施"等。"就"字短语可以在谓语的前面,也可以在句首。如:

我国领导人 1994 年会晤了多国领导人,就共同感兴趣的问题进行了建设性的探讨。

就这次双方经贸会谈,外经贸部负责人昨天下午回答了记者的提问。

国家出版局就中美知识产权谈判失败发表了谈话。

三国首脑会议就实现广泛和公正的中东和平采取了客观的立场。

这里的"就"可以换用"对$_3$",但相比较而言,"就"的书面语色彩更浓、更正式,在新闻报道中常见。

2. 限制谈论的范围。常用结构是:就……来说/而言/而说/(来)看。如:

就表达方式而言,英语和汉语有什么不同?

酒的品种繁多，就生产方法而论，有酿造酒和蒸馏酒两类。

就北京(来)看，做一天的“无车日”是很难的。

这个牌子就质量来说还是可以的，但就价格而言就不太划算了。

“就”可构成固定短语，如“就事论事”。

提示

“就……而言(来说)”一般用于限制说明的范围。“对……来说”用来表示根据“对”后某人本身所具有的能力(经济能力、体力、接受力、理解力、承受力等)、水平、需求、爱好等方面来看待某一事物。两者的意义是不一样的。此外，“对”后面一般是表示人或机构团体等的名词或者代词，而“就”后面的宾语一般是表示事物范围的名词，很少用于人。如：

汉语的四声对外国人来说，是比较难的。

就外国人的生活习惯而言，像中国人一样18点吃晚饭太早了。

就我个人来说，我是不赞成用这种方法普及古典音乐的。

3. 表示借用有利或便利的条件或时机。结构为：就 + 名词/名词短语/形容词 + 动词。如：

我们公司一直实行“就地取材、就地生产、就地销售”的方针。

现在的孩子都是就近入学。

上完了菜，舅舅有了空闲儿，就手(～儿)又做了几个菜，给大家下饭。

鲁尼推了小小罗一下，小小罗就势倒地，裁判判了一张红牌。

小伙子饿坏了，就着点儿萝卜干把剩饭吃完了。

老人家高兴地就着沙发扶手在我拿出的照片上签了名。

就着这次去北京开会的机会，我打算去看看多年不见的老朋友。

如果后面是单音节时，用“就”；如果后面是多音节时，用“就着”。

二、论

1. 论 + 量词，表示计算的标准单位。如：

过期的报纸和杂志都是论斤卖。

小时候妈妈带我去那里买布匹，一大卷一大卷的布，论米买。

提示

“论”用于引入计算的单位，而“按”用于引入计算的标准。所以，如果后面都用量词，“按”和“论”意义不一样。此外，“按”表示遵从某一标准做事，这个标准可以是计量单位，也可以是其他要求。“论”后面一定要用计量单位。如：

你要按老师的要求做。(非计量单位)

2. 介绍从某个方面来评论、评价。后面可以加名词，也可以加动词短语。“论”字结构可在主语前，也可在主语后，但都用“，”隔开。“论”字结构可以单用，也可以多个并列使用。如：

别的我不敢说，论打篮球，你就肯定打不过我了！

老王想了想，论年纪，自己已五十有四，论能力，也没有突出之处，究竟该怎么办？

这两个人各有长处，论口语，山下绝对棒，但论语法，他就比不上石田了。

提示

固定结构

1.论起(……)来。如：

我们俩年纪相仿，但是论起行辈来，我可是他的阿姨。

论起武艺来，关公未必胜得过赵云。

论起来，甄子丹和李连杰还是同门师兄弟呢。

2. 论理(说)：按照通常的道理，下文常常说出相反的结果。如：

论理(说)，一分钱一分货，但常常贵的东西还没便宜的好用。

论理(说)，有人帮忙是好事，可他们倒好，越帮越乱。

论理，小张早就应该毕业了，可他英语考试就是过不了，迟迟拿不到毕业证书。

三、较

介词，引进比较对象，比。用于书面语。结构：A 较 B + 动词/形容词 +（其他成分）。如：

今年铁路运力较去年同期增长 20%。

北京的书种类齐全，价格也较香港便宜。

2005 年全国居民生活满意度较 2004 年有所下降。

四、较之

介词，基本同“较”，书面语色彩浓。

1. A 较之 B + 动词/形容词 +（其他成分）。如：

苏州的城市面貌较之几年前变化巨大。

举重运动较之足球、体操等，无疑更需要吃苦耐劳。

今年我厂产量较之去年大幅增长。

2. 较之 B，A + 动词/形容词 +（其他成分）。“较之……”后面要有“，”隔开。上面的句子都可以改写成：

较之几年前，苏州的城市面貌变化巨大。

较之足球、体操等运动，举重运动更需要吃苦耐劳。

较之去年，今年我厂产量大幅增长。

较之旧设备，新设备更安全。

提示

“较”没有这种用法，不能说：

较几年前，苏州的城市面貌变化巨大。

练一练

一、HSK 仿真题：把下列句后括号里的词放在合适的位置。

1. 在工作中，不能 A 想当然，B 要 C 实际情况 D 采取必要的措施。（就）

2. A 在学习方面，李立不如王新，B 在工作上，王新也比李立强，C 但 D 跟人交往，王新就要多向李立学习了。（论）

3. 据统计，A 今年秋季的留学生人数 B 去年 C 秋季 D 增加了 100 人。（较）

4. A 现在人们的生活水平虽然还不如 B 发达国家，C 但 D 过去已是有了很大的提高。（较之）

5. 宿舍熄灯后，A 张丹 B 在被窝里 C 手电筒的光 D 看小说。（就着）

二、HSK 仿真题：在 A、B、C、D 中选择唯一恰当的填入空格内。

1. ______读书，我肯定不如你，但是，______经验，你还得听我的。

A. 论　论　　B. 较　较　　C. 就　就　　D. 较之　较之

2. 赵淑子______这次本科生毕业论文检查的问题，询问了王江教授。

A. 论　　B. 就　　C. 较　　D. 关于

3. 小伙子下晚班后，______ 点儿萝卜干把剩饭都吃了。

A. 论　　B. 凭着　　C. 就着　　D. 靠

4. 我们家旁边就有一个小学，孩子以后可以______ 近入学，做家长的也放心。

A. 就着　　B. 就　　C. 靠　　D. 趁

5. 奶奶的病情已经开始出现转机，______上个月，现在她明显有精神多了。

A. 较　　B. 跟　　C. 比　　D. 较之

6. 估计未来几年留学生的人数______整体而言呈现上升趋势。

A. 对　　B. 拿　　C. 就着　　D. 就

7. ______理说，老同学七八年没见面，在一起会有说不完的话，可他什么也不说，一直沉默着。

A. 根据　　B. 论　　C. 拿　　D. 就

8. 别的地方租房子是______月算，可他是______天算。

A. 照　照　　B. 根据　根据　　C. 论　论　　D. 凭　凭

9. 一般来说，农村学生______城市学生更吃得苦。

A. 较　　B. 就　　C. 对　　D. 跟

10. ______我的观点来看，家教最重要的是四个字“因材施教”。

A. 在　　B. 对　　C. 就　　D. 就着

三、判断下面句子的正误，对的画√，错的画×并改写正确。

1. 就力量而言，王刚绝对是我们班数一数二的“大力士”。（　　）

2. 较其他体育项目，健美操运动有更广阔的市场。（　　）

3. 今年旅游节较之去年有过之而无不及。（　　）

4. 我们就月光连夜赶路。（　　）

5. 就中国历史，我最喜欢唐朝文化。（　　）

6. 宣传材料袋是论人数发放的，每人一份。（　　）

四、连词成句。

1. 重大　本报　从……起　将　有关专家　发表　就　请　国际事件　今天　评论

2. 这期　的　就……来看　杂志　挺　标题　有意思

3. 完成　这幅　书法家　酒劲(jìn)儿　了　作品　老　就着

4. 我　论起……来　多　做　家务　还　要　向　学习　长辈

5. 全国　今年9月　较之　高　往年同期　了　1.5度　平均气温

参考答案

一、1. C　2. D　3. B　4. D　5. C

二、1. A　2. B　3. C　4. B　5. D　6. D　7. B　8. C　9. A　10. C

三、1. √

2. ×　改:较之其他体育项目,健美操运动有更广阔的市场。

3. √

4. ×　改:我们就着月光连夜赶路。

5. ×　改:就中国历史而言,我最喜欢唐朝文化。

6. ×　改:宣传材料袋是按人数发放的,每人一份。

四、1. 从今天起,本报将请有关专家就重大国际事件发表评论。

2. 就标题来看,这期杂志挺有意思的。

3. 老书法家就着酒劲儿完成了这幅作品。

4. 论起做家务来,我还要多向长辈学习。

5. 今年9月全国平均气温较之往年同期高了1.5度。或:较之往年同期,今年9月全国平均气温高了1.5度。

第三课 依 依照 本着

讲一讲

一、依

1. 依＋名词＋动词。

表示动作的依据。“依”后面可以加“着”。如：

校长先生接到一个电报。依习惯先看首页，写着“教育厅”三个字。

我依父亲的话喝了满满的一杯。

不依着她的意思去办，她肯定会跟你闹。（相当于“顺着”）

他依着老陈的劝告，去找他们领导了。

“依着”后面不能跟单音节名词，而“依”后面常常跟单音节名词组成固定短语。如：依法办事／依此类推／依次就座。

2. 依＋名词＋看/说，表示某人对某事产生某种看法，只能放在句首。如：

依我看，这件事没那么简单。

依你说，该怎么办？

提示

“依”与“照”的区别

(1)“照”后可以跟单音节动词，表示动作按某种既定的方式进行，不作任何改动，如“照念”“照做”等。“依”没有这样的用法。

(2)“依”后可以跟单音节名词，表示动作的依据，如“依法办事”、“依此类推”等。“照”没有这样的用法。

(3)“照”还有模仿、临摹的意思，“依”没有。

(4)“依”与“照”都可以跟“某人看”或“某人说”，放在句首，表示某人对某事的主观看法。

二、依照

依照＋名词＋动词，表示动作的依据，意思与“依”相同，但书面语色彩比较浓，经常出现在法律条文中。如：

在赛车游戏中出现的美女，有些就是依照现实中的人物来量身定做的。

请你依照课程表上规定的时间去上课。

依照学校章程，法学院的学生应该在物理、化学、生物三门课中选修一门。

提示

"依"与"依照"的区别

(1)"依照"没有"依"的第二种用法,不能表示某人对某事产生某种看法。

(2)当表示动作的依据时,"依照"经常出现在法律条文中,一般用于书面语,而"依"一般用于口语。

(3)"依照"后不能跟单音节名词,而"依"后既可以跟单音节名词也可以跟多音节名词,且经常跟单音节名词。如:

*我们必须依照法办事。

改:我们必须依法办事。/我们必须依照法律办事。

"依照"与"按照"的区别

"按照"表示根据某一原则或某一标准来处理某一件事,处理的实际情况与它所根据的原则可能会有些差别;而"依照"是完全照办、不能有变动的,所以在法律条文中一般都用"依照",不用"按照"。试看《中华人民共和国宪法》,其中都用"依照"。如:

依照法律服兵役和参加民兵组织是公民的光荣义务。(第五十八条)

人民法院审判案件,依照法律的规定实行群众代表陪审的制度。(第四十一条)

三、本着

本着+名词+动词,表示动作遵循某种准则,书面语色彩比较浓。如:

治理长江污染,应本着"谁污染,谁掏钱"的原则治理。

本着真诚合作的精神,两家公司签订了合作协定。

本着认真负责的态度,我们对该工厂进行了实地考察。

我们本着勤俭建国的方针,节约了大量资金。

警方表示,将会本着人道主义与国际法处理此事。

提示

"本着"与"根据"的区别

(1)"本着"后面的宾语,一般是行动所遵循的原则或准则,用"本着……"表示动作者按照对本身有约束力的原则行事,有时是自觉的;而"根据"更多地用于判断、推理。像下面的例句只能用"根据":

考古专家可以根据出土的头骨判断出墓主人的年龄和性别。

根据我多年的经验,我可以告诉你,你以后一定会后悔的。

(2)用于"本着"后的名词很少,一般只有"原则、精神、态度、方针、指示"等少数抽象的双音节名词,而且名词前一般都有定语;而"根据"所带的宾语或宾语的中心词可以是一般抽象的双音节名词或动词,也可以是表示具体意义的双音节名词或动词。

(3)"本着"书面语色彩较浓,故一般出现在较正式的文体中,用于陈述某个较正式的行动的句子之前;"根据"既可以出现在正式的文体中,也常用于口语。

练一练

一、HSK 仿真题：把下列句后括号里的词放在合适的位置。

1. 节日活动要 A 举办烟火晚会或大型烟火燃烧活动的，B 法律规定，主办单位应 C 向县级以上政府 D 申报。（依照）

2. 评委们 A 公平、公正、公开的 B 原则，C 对 46 部作品进行了认真审阅，评出 D 一等奖 13 项，二等奖 20 项，三等奖 13 项。（本着）

二、HSK 仿真题：在 A B C D 中选择唯一恰当的填入空格内。

1. 两国领导人______求同存异的原则，坦率地交换了意见。
A. 凭着　B. 本着　C. 根据　D. 按照

2. 中国各级教育行政部门和各级各类学校都要______《教育法》的规定办学。
A. 凭着　B. 本着　C. 依照　D. 照

3. 现在也没有别的办法，就______你的主意办吧。
A. 依　B. 根据　C. 本着　D. 随着

4. 我们要______“治病救人、与人为善”的精神去进行批评和自我批评。
A. 凭着　B. 本着　C. 根据　D. 按照

5. 政府官员必须______法办事，这样人民群众才会信赖政府。
A. 根据　B. 凭　C. 依　D. 依照

6. ______合同有关条例，贵公司应该向我公司赔偿一切损失。
A. 凭着　B. 凭　C. 本着　D. 依照

7. 北京______实用节约的原则办好奥运会。
A. 本着　B. 凭着　C. 顺着　D. 沿着

8. 使用麻醉药品和精神药品，必须______ 有关法律、行政法规的规定执行。
A. 凭着　B. 依照　C. 靠　D. 趁

9. ______我的经验，这些工作至少需要三天才能完成。
A. 凭着　B. 本着　C. 根据　D. 趁着

10. 这次旅行我们就是______ 两人一个房间计算，大概也得需要 10 个房间。
A. 凭着　B. 本着　C. 根据　D. 按照

三、判断下面句子的正误，对的画√，错的画×并改写正确。

1. 执法人员必须依照法办事。（　　）
2. 我依照上级领导的指示，对你进行调查。（　　）
3. 我们一向本着为民、亲民、利民的原则来办事。（　　）
4. 依着我看，现在形势比较严峻，你必须亲自出马。（　　）
5. 本着医生的说法，她活不了几天了。（　　）
6. 监狱的每一项活动、每一个环节，都要严格依照《监狱法》办事。（　　）

四、用指定的词语完成对话。

1. A：你觉得他俩能成吗？
B：____（依……看）

2. A. 事情发展到这个地步，已经没有挽回的余地了，结果会怎样，很难想象。
   B：______________________________（依……说）

参考答案

一、1. B 2. A

二、1. B 2. C 3. A 4. B 5. C 6. D 7. A 8. B 9. C 10. D

三、1. × 改：执法人员必须依法办事。
   2. √
   3. √
   4. × 改：依我看，现在形势比较严峻，你必须亲自出马。
   5. × 改：根据医生的说法，她活不了几天了。
   6. √

四、1. 依我看，他俩性格不合，估计没戏。
   2. 依我说，事情既然已经到这一步了，何不赌一把。

第四课　归　管　奔　因

讲一讲

一、归

A 归 B＋动词。用于明确职责分工，表示事物或事情 A 的负责人是 B。如：

我们公司归园区管委会管。

这个公司倒闭了，它的财务情况归政府处理。

这些事情不归我管，别问我。

提示

"归"与"由"的区别

"归"只用于明确职责分工，"由"既可以用于明确职责分工(用"归"的句子可以用"由")，也可以用于其他方面，如宣布动作的承担者、决定者(并不一定要承担什么职责)等。如"这件事由小王去办，你就别管了"，"资金问题由我们来解决"，都不能用"归"。

二、管

管 A 叫/叫做 B。A 一般是人或事物，表示对人或事物的称谓。如：

古人管脚叫"足"。

我们家的人都管我叫"妞妞"。

三、奔

奔＋方位词、处所词、表示目标的名词＋动词，表示动作的具体方向或目标。有比较浓的方言色彩。如：

别拐弯儿，一直奔西走。(动作的具体方向)

他笑着，头也不回，奔着村外跑去了。(动作的具体方向)

大家都是奔着胜利来的。(抽象的目标)

我是奔着钱去的。(抽象的目标)

农民天天奔着小康走，才会出现今天这样繁荣的景象。(抽象的目标)

提示

(1)"奔"后跟方位词时，不能加"着"。

(2)"奔"和"往""向""朝"都可以表示动作的具体方向，但"奔"后只能跟表示行走意义的动词，而"往""向""朝"没有这个限制，如"往/向/朝下看"都可以说，但不能说"奔下看"。

(3)“奔着”与“向”后都可以跟表示目标意义的名词，但“奔着”后一般只能跟“来”“去”“走”这些动词，而“向”后可以跟的动词比较多(见第二单元第二课)；“往”“朝”后不能跟表示目标意义的名词。

四、因

1. “因＋名词”可以放在主语前，也可以放在主语后、动词前，表示动作的原因。如：

他因这件事被撤了职。

因天气的关系，飞机不能按时起飞，请各位旅客原谅。

会议因故改期。

2. “因＋名词/动词/小句＋而＋动词”组成一个动词短语。如：

我们必须因对象的不同而做出不同的反应。(这里的“因”相当于“根据”)

我们不能因遇到一些困难而轻易放弃。(这里的“因”相当于“因为”)

那名战士因伤势过重而去世。(这里的“因”相当于“因为”)

提示

介词“因”常用于一些成语。如：

因人而异(根据不同的对象采取不同的方法)

因地制宜(根据不同地区的具体情况制定不同的办法)

因材施教(根据不同对象的具体情况，采取不同的教育方法)

因循守旧(按照老一套传统，不改变)

因势利导(顺着事物发展的趋势很好地来引导)

练一练

一、HSK 仿真题：把下列句后括号里的词放在合适的位置。

1. A 职员请假，B 向来是 C 主任管的，你不该来 D 问我。(归)

2. A 这块石头 B 叫老虎石，C 大概是因为 D 它的形状极像一只老虎卧在那里的缘故吧。(管)

3. 他是 A 开创事业的机会才 B 只身一人 C 来到上海，可不是看中 D 这里的花花世界。(奔着)

4. A 来参加这次登山比赛的陈先生，虽然 B 在这之前 C 打球伤了脚，但 D 对本次比赛，他还是充满信心的。(因)

二、HSK 仿真题：在 A、B、C、D 中选择唯一恰当的填入空格内。

1. 招聘单位是______我们来的。

A. 奔　　B. 由　　C. 归　　D. 管

2. 这个小区的绿化到底______ 谁管？

A. 奔　　B. 因　　C. 归　　D. 管

3. 这次会议______ 气候恶劣而被取消。

A. 奔　　B. 因　　C. 归　　D. 管

4. 四川人______白薯叫做红苕。

A. 奔　　B. 由　　C. 归　　D. 管

5. ______急需 3 万元,小张把他新买的汽车给卖了。

A. 奔　　B. 由　　C. 归　　D. 因

6. 在他们家,一切有关财政方面的事都______爸爸处理,妈妈不需要为此操心。

A. 奔着　　B. 由　　C. 归　　D. 因

7. 一位好的教师应该懂得如何______材施教。

A. 归　　B. 由　　C. 因　　D. 管

8. 怕他们不习惯,食堂特地______这批留学生单独准备了适合他们口味的饭菜。

A. 因　　B. 由　　C. 奔　　D. 为

9. 你下了山就一直______南走,大约走半个小时就可以看到一条大马路了。

A. 奔　　B. 由　　C. 归　　D. 管

10. 他是______病请假,不是无故缺席。

A. 奔　　B. 由　　C. 归　　D. 因

三、判断下面句子的正误,对的画√,错的画×并改写正确。

1. 他拿了一大堆首饰,冲出大门,直奔着北面跑了。(　　)
2. 领导们开会决定财务部经理暂时归你担任。(　　)
3. 只见对面房子里的一个人直奔这边叫。(　　)
4. 他俩因性格不合而离婚。(　　)
5. 你的任务已经完成了,下面的事就归我来处理吧。(　　)

参考答案

一、1. C　2. A　3. A　4. C

二、1. A　2. C　3. B　4. D　5. D　6. B　7. C　8. D　9. A　10. D

三、1. ×　改:他拿了一大堆首饰,冲出大门,直奔北面跑了。

2. ×　改:领导们开会决定财务部经理暂时由你担任。

3. ×　改:只见对面房子里的一个人直朝这边叫。

4. √

5. ×　改:你的任务已经完成了,下面的事就由我来处理吧。

单元练习

一、HSK 仿真题:在 A B C D 中选择唯一恰当的填入空格内。

1. 他______我有意见。

A. 对　B. 向　C. 给　D. 跟

2. 这个菜是专门______你做的,你一定要捧场哦!

A. 就　B. 对　C. 为　D. 对于

3. 人才的缺乏,______我们公司的发展带来了很大的困难。

A. 对　B. 给　C. 对于　D. 就

4. 天真的孩子______他们所不知的一切都有着浓厚的兴趣。

A. 给　B. 就　C. 就　D. 对

5. 你太让我失望了,______我滚出这个家!

A. 对　B. 给　C. 让　D. 跟

6. 小说中的女主人公很爱男主人公,甘愿______他做一切事情。

A. 对　B. 给　C. 为　D. 向

7. 外交部发言人______目前中国的经济情况回答了国内外记者的提问。

A. 就着　B. 就　C. 对于　D. 向

8. ______常人,我记人的名字相貌要快得多。

A. 比　B. 相比　C. 较之　D. 较

9. 开学后,学院的领导和老师们来到学生宿舍,______地解决学生们最关心的问题。

A. 在　B. 从　C. 当　D. 就

10. 新华社报道,多国领导人将于近期______我国进行正式友好访问。

A. 给　B. 对于　C. 对　D. 向

11. 这支球队虽然踢得不错,但是______实力和经验来说,还稍稍差了一点儿。

A. 就　B. 就着　C. 对于　D. 对

12. 我们大学校庆的时候,总书记亲自______我们题词,并发来贺电。

A. 给　B. 为　C. 对　D. 向

13. 由于他在这部电视剧里扮演皇帝,在现实生活中也会习惯性地______自己叫"朕"。

A. 拿　B. 向　C. 管　D. 对

14. ______察,这次事故是由于施工人员不注意生产安全造成的。

A. 按照　B. 按　C. 根据　D. 据

15. 不______客观规律办事,就会犯错误。

A. 本着　B. 按　C. 因　D. 据

16. 这位赛车老将是去年汽车组的冠军得主,他今年毫无疑问又是______冠军而来的。

A. 奔着　B. 本着　C. 因　D. 就

17. 现在这个工程已经不______上海市体育局管了,现在负责的是市交通局。

A. 依　　B. 归　　C. 因　　D. 管

18. 这起案子是一起______使用信用卡不当而涉嫌犯罪的典型案例。

A. 据　　B. 按　　C. 依　　D. 因

19. 中韩两国应该______向前看的精神,面向 21 世纪,保持友好合作的关系。

A. 本着　　B. 奔着　　C. 因　　D. 就

20. 既然甲乙双方已经签订合同,甲方就应当______合同来付工程款。

A. 就　　B. 论　　C. 依照　　D. 本着

二、选择合适的介词填入空格内。

奔　归　依照　按照　本着　根据　管……叫……　因……而……

1. 她一向______这种人______“书虫”。

2. 他______故意伤人罪______被判处有期徒刑 3 年。

3. 他们从教室出来就直______食堂跑去。

4. 我们相信,中葡两国将继续________友好合作的精神,顺利完成澳门的交接。

5. 我们都亲切地________他母亲________“老妈妈”。

6. 本公司产品种类繁多,可________客户的不同要求进行加工生产。

7. 交通警察必须______交通法规对违章行为进行处罚。

8. 外经贸部部长强调,中日经济合作来之不易,希望双方______互惠互利的原则,共同促进彼此的繁荣与发展。

9. 差旅费报销的事情向来是______财务处管的。

10. 我公司______国际人道主义精神为印度洋地震和海啸的受灾国提供力所能及的帮助。

11. 中国人主要是______字义来取名,这是中国人起名的一个传统习俗。

12. ______每人分发两张票来算,一共需要 120 张票。

三、选择合适的成语填空。

依此类推　因材施教　因人而异　因循守旧

1. 如今,市场上啤酒种类繁多,这些啤酒的成分不同,而人的体质也有所不同,所以喝啤酒要____________。

2. 本次比赛两人一组,按抽签顺序,1 号对 30 号,2 号对 29 号,____________。

3. 谁的军事思想保守,____________,谁在战争中就必定要吃亏,要打败仗。

4. 每个学生的情况都不一样,所以老师应该____________,针对不同的学生采用不同的教学方法。

四、在 A、B、C、D 中选择恰当的介词填入空格内。

1. 我们夫妻俩都要上班,可______学校规定家长应每个月去学校听一次课,这不是______我们出难题吗?

A. 为　　B. 给　　C. 按　　D. 本着

2. 在讨论问题的时候,请______事______事,不要谈到其他的地方去。

A. 依　　B. 论　　C. 较　　D. 就

3. 中国很大,一般来说,去很远的地方,飞机______火车方便快捷,但如果从上海去北京的话,______飞机,火车更方便舒适,而且便宜,在火车上睡一晚即到。

A. 就　　B. 于　　C. 较之　　D. 对于

4. 他______小路直______那山头。

A. 奔　　B. 归　　C. 对　　D. 沿着

5. ______中国，孩子们______老人叫爷爷或奶奶。

A. 从　　B. 在　　C. 管　　D. 归

6. ______买纸以外，大部分的稿子和杂务都______他做，如编辑、制图、校对等。

A. 除了　　B. 为了　　C. 由　　D. 管

7. 先______班长致欢迎词，再______我们班部分同学表演节目。

A. 奔　　B. 由　　C. 归　　D. 管

8. 参赛者______报名顺序______次进行比赛，每人赛 2 场，以得分高低排序，前 24 位进入预赛。

A. 据　　B. 依　　C. 以　　D. 按

9. 飞机______出了故障不能______时起飞，估计要______后推迟半个小时。

A. 按　　B 往　　C. 为了　　D. 由于

10. 我们______公开、公平、公正的原则来举办这次入学考试，______认真地选拔面试，______考生的面试成绩排序，现录取前 90 名学生。

A. 据　　B. 本着　　C. 按照　　D. 通过

五、HSK 仿真题：把下列句后括号里的词放在合适的位置。

1. A 我 B 刚洗的衣服又 C 孩子 D 弄脏了。（给）

2. 听爷爷说，他小时候家里 A 很穷，晚上没有钱点 B 电灯，要看书常 C 到大街上，D 昏暗的路灯看书。（就着）

3. A 去年年初的 B 一份调查表明，C 76% 的学生 D 学校的学风感到满意。（对）

4. A 校长 B 非常感谢这些年来 C 贵单位 D 本校的支持。（对）

5. 奶奶常教育 A 我，做人要善良，要多 B 想着 C 别人，不要 D 人出难题。（给）

6. 这座雕塑（diāosù）是 A 300 年前 B 市民 C 纪念 D 当地的一位伟人而建造的。（为）

7. A 工作上，虽然 B 我们花的时间 C 很多，但是 D 效率，却并不令人满意。（论）

8. A 他考试不及格，B 叫 C 爸爸 D 狠狠地批评了一顿。（给）

9. 这次会议 A 明年的 B 教育改革 C 进行了 D 研究。（就）

10. A 女儿找一个什么样的人做丈夫，B 他的家族来说，C 是一个 D 非常重要的问题。（对）

11. A 事态 B 如何发展还不明朗，C 目前来说，还是 D 充满乐观的。（就）

12. 中国的孩子读大学，A 国外，B 生活费学费 C 一般 D 要低得多。（较之）

六、HSK 仿真题：找出下列每段话中有错的一部分。

1. 方晓平时给人的印象很内向，对人很有礼貌，而且好像怕为人带来麻烦似的，很少向别人要求什么。

A　方晓平时给人的印象很内向
B　对人很有礼貌
C　而且好像怕为人带来麻烦似的
D　很少向别人要求什么

2. 拿苏州市交通法规来说，你们不能在这里停车，前面路口右拐有一个停车场，你们可以把车停在那儿。

A　拿苏州市交通法规来说
B　你们不能在这里停车
C　前面路口右拐有一个停车场
D　你们可以把车停在那儿

3. 色彩对人的心情会有影响。就冬季而言，较其他颜色，我更喜欢穿让人感觉喜悦(yuè)

A　　　　B　　　　C

的红色冬装。

D

4. 现在我们开始给这个汉字拼音转化软件进行讨论。此软件是专门为留学生设计的，目的

A　　　　B

是希望能帮助他们减少汉字认读困难。下面请大家谈谈对这个产品的看法。

C　　　　D

5. 关于产品的性能设计，我不能给你们带来太多的帮助，但是论产品的包装宣传，我一定

A　　　　B　　　　C

会按照你们的愿望全力做好！

D

6. 本公司根据以诚信为本、以质量兴业的企业信念，希望与广大生产厂家、企业建立双

A

赢的合作关系，更欢迎有识之士的加盟(méng)，使企业更上一个新台阶。

B　　　　C　　　　D

7. 按法应当登记的非机动车的种类，由省、自治区、直辖市人民政府根据当地的实际情

A　　　　B

况规定，对不同种类的非机动车作出不同处理。

C　　　　D

七、判断下面句子的正误，对的画√，错的画×并改写正确。

1. 老孙一直对老马当年的帮助充满感激。(　　)
2. 就留学生来说，语言环境是很重要的。(　　)
3. 国家领导高度赞扬了这几家大型企业对教育事业的支持。(　　)
4. 这是一次给本院学生生活现状展开的调查活动。(　　)
5. 论起价格来，这台空调不算贵。(　　)
6. 上次小琴来玩的时候，顺便为我带了些她在北京买的土特产。(　　)
7. 那位电影明星非常生气，忍不住给在场的记者发火了。(　　)
8. 大会主席对全体工作人员的辛勤工作表示感谢。(　　)

八、选择合适的介词，和括号里的词共同完成句子。

对　给　就　论　就着　较之

1. 我们________________________________。(您的来访、欢迎)
2. 欢迎广大学生________________________________。(老师们的教学、监督)
3. 每个人的心中都充满了________________________。(大自然、爱)
4. 你太令我生气了，________________________________！(我、出去)

5. 这次台风______________________ 无法估计。(浙江省、损失)

6. 云南昆明有一个花卉(huì)市场,那儿的鲜花不是__________(枝、卖),而是__________(斤、卖),可便宜了。

7. ______________________(故事情节),这部小说还是不错的,就是语言差了点儿。

8. 快考试了,许多同学______________________(灯)通宵复习。

9. 据统计,我厂今年一季度生产电视 200 万台,去年一季度生产电视 180 万台,今年一季度的产量______________________________。(增加)

10. ______________________(个性),他很诚实,绝对不会做这样的事情!

参考答案

一、1. A 2. C 3. B 4. D 5. B 6. C 7. B 8. C 9. D 10. C 11. A 12. B 13. C 14. D 15. B 16. A 17. B 18. D 19. A 20. C

二、1. 管……叫…… 2. 因……而……
3. 奔 4. 本着
5. 管……叫…… 6. 根据
7. 依照 8. 本着
9. 归 10. 本着
11. 根据 12. 按照

三、1. 因人而异 2. 依此类推
3. 因循守旧 4. 因材施教

四、1. C B 2. D B 3. C C 4. D A 5. B C 6. A C 7. B B 8. D B 9. D A B 10. B D C

五、1. C 2. D 3. D 4. D 5. D 6. C 7. D 8. D 9. A 10. B 11. C 12. A

六、1. C "为"换作"给" 2. A 改为"依照苏州市交通法规"
3. C "较"换作"较之" 4. A "给"换作"就"或"对"
5. C "论"换作"就"或"对于" 6. A "根据"换作"本着"
7. A "按"换作"依"

七、1. √
2. × 改:对留学生来说,语言环境是很重要的。
3. √
4. × 改:这是一次对本院学生生活现状展开的调查活动。
5. √
6. × 改:上次小琴来玩的时候,顺便给我带了些她在北京买的土特产。
7. × 改:那位电影明星非常生气,忍不住对在场的记者发火了。
8. √

八、1. 我们 对您的来访表示欢迎 。
2. 欢迎广大学生 对老师们的教学进行监督 。
3. 每个人的心中都充满了 对大自然的爱 。
4. 你太令我生气了, 给我出去 !
5. 这次台风 给浙江省带来/造成的损失 无法估计。
6. 云南昆明有一个花卉市场,那儿的鲜花不是 论枝卖 ,而是 论斤卖 ,可便宜了。

7. 论故事情节/就故事情节而言，这部小说还是不错的，就是语言差了点儿。

8. 快考试了，许多同学就着走廊上的灯通宵复习。

9. 据统计，我厂今年一季度生产电视 200 万台，去年一季度生产电视 180 万台，今年一季度产量较之去年同期增加了 20 万台。

10. 就个性而言/来看/来说，他很诚实，绝对不会做这样的事情！

下篇 代词

总　说

一、主要内容

本册下篇是为了帮助外国人掌握汉语常用代词而编写的综合习题。相对其他词类来说，汉语代词的数量并不多，但自成系统，使用频率很高。

二、代词的种类和特点

现代汉语常用代词大体可以分成以下几类：

1. 人称代词。如：

　　我　咱　你　您　他　她　它

　　我们　咱们　你们　他们　她们　它们

　　自己　本人　别人　旁人　他人　人家　大家　大伙儿

2. 指示代词。如：

　　这　这儿　这里　这会儿　这么　这样

　　那　那儿　那里　那会儿　那么　那样

3. 疑问代词。如：

　　谁　什么　哪　哪儿　哪里　几　多少　怎么　怎么样　怎样

4. 几个特殊的指示代词。如：

　　每　各　某

汉语的人称代词和大部分的指示代词、疑问代词最常见的是作主语、宾语或定语。“这么、那么、这样、那样、怎么”等常作状语，“怎么样”等常作谓语。指示代词“这、那”所指示的近指和远指，基本上是空间或时间上的，也往往是心理上的距离。疑问代词除了表示有疑而问（询问）外，还可以表示无疑而问（反问）。此外，代词还有一些活用的情况，如人称代词、指示代词表示虚指，疑问代词表示任指和虚指等。

三、学习代词的方法

要想学好代词，应注意以下方法：

1. 现代汉语代词的数量不多，系统性较强。学习者可以先认真阅读每一课的讲解部分，理解每一个代词的主要意义和用法。讲解部分中有不少是对错句的辨析，这些句子都是留学生常见的偏误。课后的练习可以帮助学习者检验学习效果。

2. 不同语言的代词系统有所差异，比如日语、韩语的指示代词是远指、中指和近指三分，而现代汉语则是远指和近指两分。学习者要充分注意汉语与自身母语代词之间的差异，重视对讲解部分典型例句的掌握，尽量避免受到母语的影响。

3. 代词有一些活用的情况，多用于口语，学习者要根据具体语境正确理解和使用。

4. 有的代词在一些句式或结构中常常和某些词语组合，形成比较固定的搭配，如人称代词表示处所时后面要加“这儿”或“那儿”、疑问代词表示任指时后面常带副词“都”或“也”

（“也”用于否定句）、“每”后面常带“都”等等。这些用法往往是汉语代词所特有的，要特别予以重视。

四、使用方法

这本代词分册分三个单元。每一单元下又分数课。每课下都有“讲一讲”、“练一练”两大部分。每一课“讲一讲”部分一般对几个常用代词的意义和用法进行解释说明。

在“提示”部分常有与相近代词的对比辨析。有的课前还有“试一试”，目的在于让读者先试着使用一些代词，对自己已有水平进行一下测试。如有不明白的地方，可以从下面“讲一讲”中寻找答案。

希望读者首先要认真阅读、理解并记忆“讲一讲”部分的内容、提示及正确的例句，然后再做“练一练”下的练习。只有这样，才能达到较好的学习效果。

每一单元后都有单元练习，读者可以通过这一部分了解自己对该单元代词知识掌握的情况，在成绩较为理想的情况下再开始下一单元的学习与练习。如果前一单元成绩不够理想，最好在进一步复习、练习之后再开始下一单元的学习。

本书附有各课练习与单元练习的参考答案，供读者参考。

·第一单元·

第一课　我　你(您)　他(她、它)　咱　咱们

讲一讲

一、我、你(您)、他(她、它)

1. “我”“你(您)”“他(她、它)”是汉语里最常见的人称代词。

“我”是第一人称单数,代表说话的人。“你”是第二人称单数,代表听话的人。“您”是“你”的尊称。“他(她、它)”是第三人称单数,代表其他的人或事物。如:

你好,我叫张明。

李教授(jiàoshòu),您好!

他是我的哥哥,她是我的妹妹。

这是我家的小狗,它叫“乐乐”。

提示

(1) 第三人称“他”“她”和“它”的发音一样,都是 tā。在书面语里,“他”指男性,“她”指女性,“它”指人以外的生物和事物。下面的句子是错的:

*他是王老师的女儿。(“他”应改作“她”)

*这只小熊猫(xióngmāo)真可爱,我可以抱(bào)他吗?(“他”应改作“它”)

(2) 如果不知道性别或没有区分的必要时,用“他”,不用“她”。如:

写这本书的人叫李方,我不知道他是男的还是女的。

那个年轻人留着长发,从身后看不出他是男是女。

(3) 对“祖国、山河、国旗、家乡”一类的名词,有时可以用“你”“她”来称呼,表示敬爱,一般用于书面语。如:

祖国,我们爱你!

黄河是我们的母亲河,是她养育(yǎngyù)了中华民族(Zhōnghuá Mínzú)。

我很喜欢苏州,她是我的家乡,也是一个非常美丽的城市。

(4) 人称代词在句子里常常作主语和宾语。当前后两个句子没有主语,不知道说的是谁;或后面一句的主语(包括作宾语的主谓短语中的主语)已经改变时,主语不能省略。人称代词的缺漏是比较常见的偏误。下面的句子是错的:

*只学了一点汉语,所以说得不好。

改：我只学了一点汉语，所以说得不好。

*玛丽性格(xìnggé)很好，我从没见过生气。

改：玛丽性格很好，我从没见过她生气。

如果及物动词后缺少宾语，又不知道指的是谁，就不能省略。下面的句子是错的：

*杰克告诉他在北京大学学习汉语已经三年了。

改：杰克告诉我他在北京大学学习汉语已经三年了。

2. "们"用在人称代词后面，表示复数。如：

我们都是苏州大学的学生。

你们好，欢迎(huānyíng)来到中国！

我有两个哥哥，他们都喜欢踢(tī)足球。

这些小动物真可爱，它们好像能听懂我说的话。

提示

(1) "您"后面很少用"们"，特别是在问候时，一般用"你们"，不用"您们"。如：

尊敬(zūnjìng)的客人们，你们好！

在商店、饭店里，售货员、服务员常用"您二位""您几位"表示尊称，但不说"您几位好"。如：

您二位想买什么？(商店售货员问顾客)

您几位想点些什么菜？(饭店服务员问顾客)

欢迎光临(guānglín)，请问，您几位？(与前两句不同，这是饭店服务员问顾客一共有几个人)

(2) 如果第三人称复数中有男性，也有女性时，用"他们"，不用"她们"。"她们"只指女性。下面的句子是错的：

*王老师有一个儿子和一个女儿，她们都喜欢画画儿。("她们"应改作"他们")

*她们班有15个男生和20个女生。("她们"应改作"他们")

(3) "们"可以用在指人的名词后面，表示复数，如：老师们、同学们、先生们，但前面不可以加数量短语。下面的句子是错的：

*昨天我和四个同学们一起参加了汉语演讲(yǎnjiǎng)比赛。

改：昨天我和四个同学一起参加了汉语演讲比赛。

*大卫告诉我他的两个朋友们下个月要来中国旅行。

改：大卫告诉我他的两个朋友下个月要来中国旅行。

3. 人称代词作定语，后面常加助词"的"，表示领属关系。如：

这是我的书。

我不知道他的名字。

当人称代词作亲属名词、所属单位等的定语时，一般可以不用加"的"，这些都是经常出现的组合。如：

我爸爸是医生，我妈妈是老师。

她家离学校不远。

他们公司不太大。

我们学校留学生很多。

提示

在使用人称代词时，不同语言、文化背景的人会有一些差异。试比较以下两句话：

在我出生后，为了他的家，我的父亲努力工作。（美国学生的造句）

在我出生后，为了我们家，我的父亲努力工作。（中国学生的修改）

前一句“为了他的家”，语法上没有问题，但明显受到了英语表达方式的影响。第二句改成了“为了我们家”，显得父子间更亲密一些，更符合汉语的表达习惯。

4. 第三人称“他”“她”“他们”“她们”等可以和人名连用，用在人名后面，表示复指，多用于说话人与听话人都知道的人名之后。如：

大卫在吗？——大卫他下课以后就走了。

老王、老李在哪儿？——老王、老李他们在房间里聊天呢。

有时“他们”“她们”前面可以只有一个人名，表示包括这个人在内的“他们”或“她们”。如：

王刚他们昨天才回到学校。

玛丽他们学校 7 月 20 号才放假。

二、咱、咱们

“咱”“咱们”也是第一人称代词，只用于口语，在北方地区用得比较多。

1. “咱们”指代说话人和听话人双方。如：

已经 10 点了，咱们回家吧。

张明有两张电影票，问咱们要不要。

提示

“我们”和“咱们”的区别

“我们”一般指说话人，但有时也包括听话人在内，在口语和书面语里都可以用，比较正式。用“咱们”时，说话人和听话人都包括在内，只用于口语。如：

我们的想法和你们的不一样。（不包括听话人在内）

小王、小李，我们/咱们一起去看电影吧！（包括听话人在内）

2. 根据说话时的不同语境，“咱”有时相当于“我”，有时相当于“我们”或“咱们”。如：

修(xiū)计算机，可别找我，咱不懂。（“咱”指代前面出现的“我”）

要是他不同意咱的想法，咱几个就去找他谈谈。（“咱几个”说明“咱”指“咱们”）

你们能做的事情，咱也能做。（“咱”与“你们”相对，指“我”或“我们”）

练一练

一、选择合适的代词填空。

他　她　它　他们　她们

1. 我们的汉语老师是一位男老师，我们都很喜欢________。

2. 这种菜很香(xiāng),人们都叫________“香菜”。
3. 这篇小说不太长,但________的内容很有意思。
4. 你认识大卫吗?你知道________家在哪儿吗?
5. 我们现在都爱用这本词典,因为________查(chá)起来很方便。
6. 我姐姐对我说________打算大学毕业(bìyè)以后去公司工作。
7. 这支女子篮球队有 12 个队员,________都是大学生。
8. 杰克给他的父母买了一些礼物(lǐwù),请我带给________。

二、在下面的 A、B 中选择唯一正确的答案。

1. 你来我家,我们全家人都很高兴。
“我们”的意思是:A. 说话人 + 听话人　　B. 说话人
2. 小张,明天下午我们一起去逛街(guàngjiē),好不好?
“我们”的意思是:A. 说话人 + 听话人　　B. 说话人
3. A:下星期六我们去长城,你想和我们一起去吗?
B:好呀,那咱们什么时候出发?
“我们”的意思是:A. 说话人 + 听话人　　B. 说话人
“咱们”的意思是:A. 说话人 + 听话人　　B. 说话人
4. 这些邮票(yóupiào)是张教授送给咱们的,这两张是你的,那两张是我的。
“咱们”的意思是:A. 说话人 + 听话人　　B. 说话人

三、判断下面句子的正误,对的画√,错的画×并改写正确。

1. 刚来中国的时候,不太习惯(xíguàn)吃中国菜。(　)
2. 杰克是一个非常有趣的人,我很高兴认识。(　)
3. 我的汉语不太好,你能帮助(bāngzhù)吗?(　)
4. 王老师家里养(yǎng)了一只小猫,他的眼睛非常大。(　)
5. 我妈妈是大学教师。(　)
6. 他家有四口人。(　)
7. 玛丽他们都是第一次来中国。(　)
8. 他们学校女学生很多,我们学校女学生不多。(　)

四、用本课所学习的人称代词填空。

1. 我们学校有一个女同学家里很困难(kùnnan),最近有人寄(jì)钱给______,让______交学费(xuéfèi),但是没有人见过这个人,也不知道________是男是女。

2. 老师:大卫今天没来上课,________病了吗?
学生 A:________不知道。________昨天还和________一起打球呢。
学生 B:大卫的父母今天要来,________要去机场(jīchǎng)接__________。__________让我向________请假(qǐngjià)。

参考答案

一、1. 他　2. 它　3. 它　4. 他　5. 它　6. 她　7. 她们　8. 他们
二、1. B　2. A　3. B;A　4. A
三、1. ×　应改为“刚来中国的时候,我不太习惯吃中国菜”。或:“我刚来中国的时候,不太习惯吃中国菜”。

2. × 应改为“杰克是一个非常有趣的人，我很高兴认识他”。
3. × 应改为“我的汉语不太好，你能帮助我吗？”
4. × 应改为“王老师家里养了一只小猫，它的眼睛非常大”。
5. √
6. √
7. √
8. √

四、1. 她 她 他
2. (老师)他 (学生A)我 他 我们/我 (学生B)他 他们 他 您

第二课　这　那(一)

讲一讲

“这”“那”是汉语里最常见的指示代词,“这”指代离说话人比较近的人或事物,“那”指代比较远的人或事物。“这”“那”所指示的近指和远指,基本上是空间或时间上的,也往往是心理上的距离。

1. “这”“那”单独使用,作主语,指代人或事物。如:

这是什么?——这是词典。(指代事物)

那是谁?——那是大卫。(指代人)

“这”“那”也可以指代前面已经出现的事物或事件。如:

外国人很喜欢去洋洋饺子馆(jiǎozi guǎn)吃饭,那是苏州很有名的饭店。(指代事物)

张明和他的女朋友分手了,这让他很难过。(指代事件)

提示

“这”“那”作主语指代人或事物的时候,一般用在“是”字句里。下面的句子是错的:

*我来介绍一下,这我妹妹王丽。(“这”改为“这是”)

*那张医生,他是我的同事。(“那”改为“那是”)

*那我的手机。(“那”改为“那是”)

2. 当“这”“那”所指代的事物前面已经出现过,“这”“那”可以作宾语,常用于对话。如:

王丽有男朋友了吗?——你问这干什么?(“这”指代“王丽有男朋友了吗”)

我给你买了一些水果。——你买那干嘛?(“那”指代“一些水果”)

3. “这”“那”常作定语,后面带量词或数量短语修饰名词。如:

我很喜欢看这部电影。

那场比赛我们输了。

这两件衣服都很漂亮。

(1) 需要注意的是,“这、那”在修饰名词时,往往要根据不同的名词选用不同的量词。这种用法对外国人来说是很难的,学习者常会出现用“这个、那个”来修饰各种名词的情况。下面的句子是错的:

*我觉得这个旅行很有意思。(“这个旅行”改为“这次旅行”)

*那个电视机有点儿贵。(“那个电视机”改为“那台电视机”)

(2) 在口语里,“这”“那”经常修饰的名词,如“人、事儿、孩子、地方、问题”等,有时可以不用量词。如：

这（件）事儿很好办。

那（个）孩子很聪明。

(3) “这”“那”也可以直接修饰双音节方位词。如：

你的衣服可以挂（guà）在这上面。

这个盒子（hézi）真漂亮，我想知道这里面是什么。

提示

“这”“那”和其他修饰语一起修饰名词的时候，要注意“这”“那”的位置。

(1) 当名词的修饰语是形容词时，“这”“那”一般要放在形容词的前面。如：

我喜欢这个美丽的地方。

那个可爱的女孩就是玛丽。

(2) 当名词的修饰语是带有区别性的形容词短语或动词短语（后面要带“的”）的时候，“这”“那”的位置有两个。

要强调区别性时，“这”“那”一般在这类修饰语之后，离名词比较近。如：

穿红衬衫（chènshān）的那个人是我哥哥，穿白衬衫的不是。

我喜欢颜色（yánsè）淡（dàn）一点的那条裙子（qúnzi），深颜色的我不喜欢。

你想买哪辆自行车？——我想买蓝色的那辆（自行车）。

不特别强调区别性时，“这”、“那”在这类修饰语之前，离名词比较远。如：

她买了那条颜色淡一点儿的裙子。

他站在这个穿戴（chuāndài）漂亮的女孩面前，觉得非常紧张（jǐnzhāng）。

(3) 当名词前有领属性修饰语的时候，“这”“那”放在领属性修饰语后面，在口语里常常不带“的”。如：

他（的）这本书上个月刚刚出版（chūbǎn）。

你（的）那件衣服放在哪儿了？

(4) 当名词前有方位名词的时候，“这”“那”一般放在方位名词后。如：

门口的这辆车是你的吗？

王老师旁边的那个人是谁？

商店里的那件衣服真漂亮。

(5) 当名词前有主谓短语作修饰语的时候，“这”“那”一般放在主谓短语的后面。如：

杰克住的那个宿舍楼（sùshèlóu）离教室很近。

等你比赛的那天，我一定去给你加油。

4. “这”“那”的复数形式是“这些”“那些”。如：

这些留学生都来自韩国。

你别忘了把那些书带走。

提示

"这""那"单用作主语的时候，也可以表示"这些""那些"，后面常常带副词"都"。如：

这/这些都是学生画的画儿。

那/那些都是我们公司的产品(chǎnpǐn)。

"这""那"的其他用法，请参见第二单元第二课。

练一练

一、HSK仿真题：将下面句后括号中的词语放在唯一合适的地方。

1. A我们的B房间在C楼的二楼。[这幢(zhuàng)]
2. A桌子上的B书C是谁的？(这本)
3. A他B讲的C笑话我以前听过。(那个)
4. A我们B地区有很多C公园。(这个)
5. 我忘不了A她B可爱的C笑容(xiàoróng)。(那)
6. A我的中国朋友对我非常好，B让我很C感动。(这)

二、模仿下面的句子，用"这"或"那"填空(需要加量词的也要加上量词)。

例：__那__天小明在公园里散步，看到一种不认识的花，问爸爸："__这__是什么花？"

1. ________天我去朋友家玩，朋友给我泡(pào)了一杯茶，我喝了一口，觉得________茶很香，就问他："________茶是什么茶？"
2. 今天玛丽读课文的时候，有一个字不认识，就问老师："________是什么字？"
3. 去年我和哥哥在________饭店吃过饭，这儿的菜很不错。
4. 上星期六我去商店买手机，______商店的售货员向我介绍了三种手机，说："________手机都又好又便宜。"
5. 刚才跟你说话的________人是大卫吗？
6. 我告诉外国朋友________鱼叫大头鱼，他们都说________名字很有意思。

三、判断下面句子的正误，对的画√，错的画×并改写正确。

1. 这旅馆很大很漂亮。(　　)
2. 这地方我来过。(　　)
3. 人们都很喜欢可爱的这个孩子。(　　)
4. 这两种的照相机都非常小，很适合(shìhé)女孩子用。(　　)
5. 那些都是我爸爸的书。(　　)
6. 那个照片墙(qiáng)上的是我拍的。(　　)
7. 那首(shǒu)歌王老师教我们的很好听。(　　)
8. 穿红裙子的那个女孩是玛丽，穿白裙子的是她妹妹。(　　)
9. 等你回国的那天，我去机场接你。(　　)
10. 照片上的这个女孩是你女朋友吗？(　　)

四、将下列词语组成正确的句子。

1. 的　那　自行车　吗　是　大卫

2. 个　里面　巧克力(qiǎokèlì)　盒子　这　是　的

3. 工作　在　杰克　不　这　公司　家

4. 件　衣服　这　很　你　的　穿　漂亮

5. 的　这些　都　东西　是　玛丽　桌子上　的

参考答案

一、1. C　2. B　3. C　4. B　5. B　6. B

二、1. 那;这;这/这种　2. 这　3. 这家　4. 那家;这些　5. 那个/那　6. 这种/这;这个/这

三、1. ×　应改为“这家旅馆很大很漂亮”。
2. √
3. ×　应改为“人们都很喜欢这个可爱的孩子”。
4. ×　应改为“这两种照相机都非常小,很适合女孩子用”。
5. √
6. ×　应改为“墙上的那张照片是我拍的”。
7. ×　应改为“王老师教我们的那首歌很好听”。或“那首歌是王老师教我们的,很好听”。
8. √
9. √
10. √

四、1. 那是大卫的自行车吗?
2. 这个盒子的里面是巧克力。
3. 杰克不在这家公司工作。
4. 你穿的这件衣服很漂亮。
5. 桌子上的这些东西都是玛丽的。

第三课 这儿 那儿 这里 那里

讲一讲

指示代词“这儿”“那儿”和“这里”“那里”的意思和用法一样。“这儿”“这里”指代比较近的处所,“那儿”“那里”指代比较远的处所。在口语里常常用“这儿”“那儿”。

1. “这儿”“那儿”和“这里”“那里”常作主语或宾语。如:

这里就是天安门广场(guǎngchǎng)。

这儿是餐厅(cāntīng),那儿是宿舍。

我去过那儿好几次了。

2. “这儿”“那儿”和“这里”“那里”作定语,修饰名词,通常要带“的”。如:

这儿的人对我们很热情。

学校附近(fùjìn)有一家饭店,那里的饭菜味道不错。

3. 在对话中,“这儿”“那儿”有时可以与介词“在”一起在句中作状语,或用于“到”之后表示移动的目的地。如:

你在这儿做作业吧。

那儿热,这儿凉快,就(在)这儿坐吧。

我们到那儿去吧。

4. “这儿”“那儿”和“这里”“那里”常放在人称代词或名词后,表示处所。如:

你有自行车吗?——有,不过我的自行车现在不在我这儿,在杰克那儿。

这本书是我从大卫那里借(jiè)来的。

门那儿有一双拖鞋(tuōxié),你可以穿。

提示

汉语里人称代词或表示人的名词不能直接用来指代处所,但在有的语言如韩语里可以,所以学习者比较容易出现缺漏处所指示代词“这儿、那儿”的情况。下面的句子是错的:

*上次和朋友去北京的时候,我把朋友放在我的包丢(diū)了。

改:我把朋友放在我这儿的包丢了。

*孩子们可以从自己的父母或长辈(zhǎngbèi)学到很多人生经验(jīngyàn)和教训(jiàoxun)。

改:孩子们可以从自己的父母或长辈那儿学到很多人生经验和教训。

*来中国以后,我只能从姐姐得知玛丽的一些消息(xiāoxi)。

改:我只能从姐姐那儿得知玛丽的一些消息。

练一练

一、使用“这儿”或“那儿”填空。

1. 听说黄山的景色非常美，我们一起去________旅行(lǚxíng)吧。
2. 我常来这家饭店，我很喜欢________的中国菜。
3. 张明不在宿舍，他去大卫________了。
4. 你的车票不在我________，在小王________。
5. 听说你去过北京，________什么最有名？
6. 前天我在老师________看到一本很有意思的书。

二、判断下面句子的正误，对的画√，错的画×并改写正确。

1. 这儿图书馆，我经常来这儿借书。(　　)
2. 这里老师都对我很好。(　　)
3. 这儿有点冷，我们去那儿坐一会儿吧。(　　)
4. 我从小王借了一本词典。(　　)
5. 你昨天晚上是不是去杰克那儿了？(　　)
6. 大卫，去我那儿玩玩儿吧！(　　)

参考答案

一、1. 那儿　2. 这儿　3. 那儿　4. 这儿、那儿　5. 那儿　6. 那儿

二、1. ×　应改为“这儿是图书馆，我经常来这儿借书”。

2. ×　应改为“这里的老师都对我很好”。

3. √

4. ×　应改为“我从小王那儿/那里借了一本词典”。

5. √

6. √

第四课　谁　什么　哪　哪儿　哪里

试一试

模仿例子，就画线部分提问。

例：这是我的笔。（谁）

这是谁的笔？

1. 王丽是王老师的女儿。（谁）

2. 烤鸭（kǎoyā）最好吃。（什么）

3. 我找张教授。（谁）

4. 杰克喜欢旅游。（什么）

5. 那是李经理（jīnglǐ）的汽车。（谁）

6. 我叫张明。（什么）

7. 玛丽和杰克都是我的同学。（谁）

8. 我买了苹果和香蕉（xiāngjiāo）。（什么）

（答案在下面“讲一讲”里）

讲一讲

一、谁、什么

“谁”用来问人，“什么”用来问事物，可以作主语、宾语和定语，没有单数和复数的区别。有时“什么”前可以带“些”表示复数。如：

谁是王老师的女儿？	什么最好吃？（作主语）
请问，你找谁？	杰克喜欢什么？（作宾语）
那是谁的汽车？	你叫什么名字？（作定语）

谁是你的同学？——玛丽和杰克都是我的同学。（回答是复数）

你买了（些）什么？——我买了苹果和香蕉。（回答是复数）

提示

(1)“谁”有两个读音：shuí、shéi，两个读音意思一样，一般读 shuí，在口语里也可以读 shéi。

(2)“谁”作定语的时候，后面要带“的”。“什么”作定语的时候，后面不带“的”。如：

这是谁的词典？——这是玛丽的词典。

谁唱的歌最好听？——杰克唱的歌最好听。

你在看什么书？——我在看小说。

你喜欢什么运动？——我喜欢打篮球。

(3)“什么”和“时候”“地方”一起，可以组成“什么时候”“什么地方”，用来问时间、处所，常作状语或宾语。如：

你什么时候有空？

张老师什么时候去日本？

这儿是什么地方？

你住在什么地方？

(4)“什么”和介词“为”一起组成副词“为什么”，用来询问原因。如：

你今天为什么迟到？——因为路上堵（dǔ）车了。

你为什么不和同学们一起去旅行？——因为我最近身体不太好。

二、哪

疑问代词“哪”在问句中，常跟量词连用，用来询问人或者事物，表示要求在同类事物中加以确指，可以作主语、宾语和定语。回答的时候常要用表示确指的指示代词“这”、“那”或专用名词。如：

杰克是哪国人？——他是美国人。

这儿有各种各样的自行车，你喜欢哪辆？——我喜欢红色的那辆。

一年有四个季节（jìjié），你最喜欢哪个季节？——我最喜欢春天。

请问，哪位是张医生？——戴（dài）帽子的那位就是张医生。

玛丽在哪所大学学习汉语？——她在北京大学学习汉语。

提示

(1)“哪”有两个读音：nǎ、něi。“哪”作疑问代词用于一般询问时，两个读音意思一样，一般读作 nǎ，在口语里也可以读 něi。

(2)“哪”和“年、天”等一起，可以用来问具体的年、日。如：

你的生日是哪天？——我的生日是 11 月 20 号。

你是哪年大学毕业（bìyè）的？——我是去年毕业的。

问月份的时候，不能说“哪月”，“哪”后面要带量词“个”。口语里一般用“几月”，“哪个月”不常用。下面的句子是错的：

*去北京旅游最好的月份是哪月？

改：去北京旅游最好的月份是哪个月？或：去北京旅游最好的月份是几月？

(3) 在表示单数时，“哪”常要和量词连用。在表示复数时，用“哪些”，后面不用加量词。如：

哪支笔是我的？（单数）

哪些书是你的？（复数）

这个周末哪些同学去上海？（复数）

你还有哪些问题不明白？（复数）

三、哪儿、哪里

“哪儿”“哪里”用来问处所，它们的意思和用法一样，可以作主语、宾语和定语。在口语里常用“哪儿”。如：

你身上哪儿/哪里不舒服？

请问，中国银行在哪儿/哪里？

玛丽不在宿舍，她去哪儿/哪里了？

哪儿/哪里的茶叶最有名？

疑问代词的其他用法，请参见第三单元第四、五课。

练一练

一、选择合适的代词填空。

谁　什么　哪　哪儿

1. 昨天的比赛________个队赢(yíng)了？
2. 你看的这张报纸是________天的？
3. 你昨天在超市(chāoshì)买了些________？
4. 你在给________写信呢？
5. 杰克最喜欢________运动？
6. 你们班________的汉字写得最好？
7. 你现在在________地方？
8. 玛丽________时候去北京？
9. 这个暑假(shǔjià)你打算去________旅游？
10. 大卫，你已经去过中国的很多地方了，能告诉我你最喜欢________吗？

二、就画线部分用疑问代词提问。

1. 我买的是明天下午3点的火车票。

2. 李老师教我们汉语。

3. 这是杰克买的啤酒(píjiǔ)。

4. 山东的苹果最好吃。

5. 我明年7月回国。

6. 那支红色的笔是我的。

7. 我最喜欢吃鱼(yú)。

8. 我姐姐在上海工作。

9. 我想买那件白色的衬衫。

10. 玛丽住在201房间。

11. 这个字写错了。

12. 这本书我是从王老师那儿借来的。

参考答案

一、1. 哪 2. 哪 3. 什么 4. 谁 5. 什么 6. 谁 7. 什么 8. 什么 9. 哪儿 10. 哪儿

二、1. 你买的是什么时候的火车票?
2. 李老师教你们什么?
3. 这是谁买的啤酒?
4. 哪儿/哪里的苹果最好吃?/什么地方的苹果最好吃?
5. 你什么时候回国?
6. 哪支笔是你的?
7. 你最喜欢吃什么?
8. 你姐姐在哪儿/哪里工作?/你姐姐在什么地方工作?
9. 你想买哪件衬衫?
10. 玛丽住在哪个房间?
11. 哪个字写错了?
12. 这本书你是从哪儿借来的?

第五课 几 多少

讲一讲

疑问代词“几”和“多少”都可以用来询问数量，但在用法上有些不同。

一、“几”和“多少”用于疑问句

“几”用来问估计回答在“十”以下的数字。如：

3 加(jiā)2 等于几？——5。

你儿子今年几岁？——他 5 岁了。

这套(tào)房子有几个房间？——3 个房间。

“多少”用来问估计回答在“十”以上或者不清楚到底有多少的数字。如：

5 乘(chéng)9 等于多少？——45。

这家旅馆有多少个房间？——80 个房间。

你有多少钱？——我有 200 块。/我只有 5 块钱。

今天开会来了多少人？——来个 30 个人。/只来了 5 个人。

提示

(1) 在问时间的时候，用“几点(钟)”“几月(份)”“几号”“星期几”，不用“多少”。如：

请问，现在几点(钟)？——九点半。

几月几号是中国的国庆节(guóqìngjié)？——10 月 1 号。

张经理星期几去北京？——他星期五去北京。

你的生日是在几月(份)？——11 月。

(2) 修饰名词时，“几”通常要带量词；“多少”常常不带量词，有时也可以带量词，不带的情况更多些。如：

你要买几斤苹果？

一间宿舍住几个学生？

你们公司有多少人？

这条裙子要多少钱？

这个工厂去年生产了多少辆汽车？

(3) 在询问动作的次数时，“几”和“多少”一般都要带动量词。如：

你去过上海几次？

一个星期你去游(yóu)几次泳(yǒng)？

你心跳每分钟多少下？

(4)“几”不能单独作宾语，后面必须要带量词；“多少”可以单独作宾语。如：

你这儿有香蕉(xiāngjiāo)卖吗？——有，你要买几斤？/你要买多少？

她一个月的工资(gōngzī)是多少？

(5)“几”的前面可以用疑问代词“哪”，要求确定的回答。“多少”前面不可以加“哪”。如：

你学过哪几门外语？——我学过英语和日语。

哪几个同学想学习太极拳(tàijíquán)？——玛丽、杰克和我都想学习太极拳。

(6)“几”可以用在位数“十、百、千、万、亿”的前面和“十”的后面。如：

你的这篇(piān)论文(lùnwén)一共几千字？

圣诞节是12月二十几号？

“多少”只能用在“亿”“万”两个位数前。有时“多少”在“亿”前还可以插入“个”。如：

这条地铁的造价是多少(个)亿？

(7)副词“多”可用于疑问句中，后面加上形容词，询问数量或程度。“多”后面一般是单音节形容词。作谓语的时候，“多”的前面常常用“有”。“多少”和“几”没有这种用法。如：

你今年多大？

姚明有多高？

这儿离学校有多远？

二、“几”和“多少”用于陈述句

“几”和“多少”除了用在疑问句以外，还可以表示不确定的数量，用在陈述句中，“几”后面一般要有量词。如：

这次考试很难，通过考试的学生只有几个。

二十几年来，中国发生了巨大(jùdà)的变化。

我身边没有多少钱，只有几十块钱。

张明没花多少时间，就把电视机修(xiū)好了。

我知道多少，就告诉你多少。

提示

“几”的前面可以加副词“好”，强调数量多，“多少”没有这样的用法。如：

小王好几天没来上班了。

汉字有好几千年的历史(lìshǐ)了。

练一练

一、HSK仿真题：在下面A、B、C、D中选择唯一正确的填入空中。

1. 杰克现在读大学______年级(niánjí)？

A. 几　　B. 多少　　C. 哪　　D. 多

2. 你有______个兄弟(xiōngdì)姐妹？

A. 几　　B. 多　　C. 哪　　D. 多少

3. 一年有______天？

A. 多　　B. 多少　　C. 几　　D. 哪

4. 这个幼儿园(yòuéryuán)有______个孩子？

A. 几　　B. 多少　　C. 哪　　D. 多

5. 你来过中国______次？

A. 几　　B. 多　　C. 多少　　D. 哪

6. 现在______点了？

A. 几　　B. 哪　　C. 多少　　D. 多

7. 你买这个手机花了______钱？

A. 几　　B. 多少　　C. 哪　　D. 多

8. 你最喜欢______个电影明星(míngxīng)？

A. 多　　B. 几　　C. 哪　　D. 多少

9. 你知道世界人口有______亿吗？

A. 几　　B. 多少　　C. 哪　　D. 多

10. 玛丽住在______个房间？

A. 多　　B. 几　　C. 哪　　D. 多少

11. 短短的______天，杰克就学会了开飞机。

A. 几　　B. 多　　C. 多少　　D. 哪

12. 今天我们班来了好______个新同学。

A. 几　　B. 多少　　C. 这些　　D. 多

13. 他有______钱，就花______钱。

A. 几　　B. 多　　C. 多少　　D. 什么

14. 昨天晚上那场足球比赛的观众(guānzhòng)有好______万人。

A. 几　　B. 多少　　C. 多　　D. 哪

15. 火车快开了，没有______时间了，我们快上车吧。

A. 多　　B. 多少　　C. 几　　D. 哪

16. 这座山有______高？

A. 几　　B. 多少　　C. 多　　D. 哪

二、就画线部分用疑问代词提问。

1. 这辆汽车卖 10 万元。

2. 蜜蜂(mìfēng)最多可以活 6 个月。

3. 教室里有 15 张桌子。

4. 我们明天上午 8 点出发。

5. 5 月 1 号是国际劳动节。

6. 一年有 365 天。

7. 我家有5口人。

8. 一斤香蕉3元钱。

9. 我们星期五去北京。

10. 玛丽打算今年7月回国。

参考答案

一、1. A　2. A　3. B　4. B　5. A　6. A　7. B　8. C　9. B　10. C　11. A　12. A　13. C;C　14. A　15. B　16. C

二、1. 这辆汽车卖多少钱?
2. 蜜蜂最多可以活几个月?
3. 教室里有多少张桌子?
4. 我们明天上午几点出发?
5. 几月几号是国际劳动节?
6. 一年有多少天?
7. 你家有几口人?
8. 一斤香蕉多少钱?
9. 你们星期几去北京?
10. 玛丽打算今年几月(份)回国?

单元练习

一、选择合适的代词填入空格内。

（一）他　她　它　他们　她们　它们

1. 我很喜欢这部电影的女主角（zhǔjué），听说________很年轻，才 15 岁。
2. 这幢（zhuàng）楼有 28 层，从很远的地方就能看到________。
3. 一个人如果不努力（nǔlì）工作，________就不可能取得成功（chénggōng）。
4. 每个中国人都热爱黄河，因为________是我们的母亲河。
5. 我没见过玛丽的男朋友，也不知道________的名字。
6. 这个中学的学生都是女孩子，________学习都很认真。
7. 如果你想你父母，那就给________打电话吧。
8. 我在美国的时候就认识大卫和玛丽，________是我的大学同学，也是我的好朋友。
9. 我去过北京和上海，________都是很大的城市，人非常多。
10. 昨天是妈妈的生日，我给________买了生日蛋糕和一束（shù）花。

（二）谁　什么　哪　哪儿

1. 你身上________不舒服？
2. 小王，我想请你帮我修一下电视机，你________时候有空？
3. 你住在________间宿舍？
4. 请问，新华书店在________？
5. 你们班________的汉语说得最好？
6. 周末你打算做________？
7. 请问，________位是张教授？
8. 毕业以后你想找________工作？
9. 你觉得________动物最聪明？
10. 你想去________家饭店吃饭？

（三）几　多少

1. 今天下午________点开会？
2. 你们学校有________学生？
3. 这件衣服________钱？
4. 你每周去________次健身房（jiànshēnfáng）？
5. 这孩子今年________岁？
6. 这儿有苹果卖，你想买________？
7. 王老师给你们上哪________门课？
8. 火车快开了，没________时间了，我们快上车吧。
9. 他好________个月没给我写信了。

10. 这儿离学校很近,走________分钟就能到。

二、用本单元所学的代词填空。

（一）

A:请问,您找________?

B:我找张经理。

A:________不在。

B:他去________了?

A:去银行了。

B:他________时候回来?

A:我不知道,你还是给________打个电话吧。

B:好的,谢谢。

A:不客气。

（二）

王刚:张老师,________好!

张老师:________好,王刚。现在都放暑假(shǔjià)了,你为什么不回家?

王刚:因为________妹妹过来看我,我想带________出去玩玩儿。________就是我妹妹,________叫王丽。

王丽:________好,张老师。

张老师:________好! 咦(yí),________只小狗是________的?

王丽:是我的。________叫乐乐。

张老师:好可爱啊! 祝________玩得愉快(yúkuài)!

王刚、王丽:谢谢。

（三）

A:快放暑假了,你想去________玩儿?

B:还没想好,可能要回家,你呢?

A:我妈妈要来中国看我,我想陪________去杭州看看。

B:太好了,________可漂亮呢。

A:你去过? 快介绍介绍那儿________地方最好玩儿?

B:杭州最美的地方就是西湖了,________不仅漂亮,而且还不要门票。

A:那我请________做我们的导游(dǎoyóu)吧! ________三个人一起去,________带路。

B:好呀,就是不知道到时候________有没有空儿。

（四）

售货员:您好,您想买________?

顾客:我想买点儿茶叶(cháyè)。

售货员:要________种? 绿茶(lǜchá)还是红茶(hóngchá)?

顾客:绿茶,这儿有龙井茶(lóngjǐngchá)吗?

售货员:对不起,________没有龙井茶。

顾客:哦,真遗憾(yíhàn)! 这种茶叶是________茶?

售货员:这是苏州最有名的碧螺春(bìluóchūn),是今年的新茶。

顾客:碧螺春________钱一斤?

售货员:780 块钱一斤。

顾客:那来半斤吧。给________钱。请问,附近________卖扇子(shànzi)?

售货员:您去对面的商店看看吧。

顾客:谢谢。

售货员:不客气,您慢走。

三、判断下面句子的正误,对的画√,错的画×并改写正确。

1. 我有一个哥哥和一个姐姐,她们都很疼(téng)我。(　　)
2. 我丈夫是医生,他就在前面路口的那家医院上班。(　　)
3. 各位老师,您们好!(　　)
4. 我来介绍一下,这我妈妈。(　　)
5. 那儿是我常去的地方。(　　)
6. 我看不懂这电影。(　　)
7. 词典不在我这儿,在玛丽那儿。(　　)
8. 我在苏州生活了三年,我喜欢美丽的这个地方。(　　)
9. 他们学校的留学生很多,我们学校的留学生不多。(　　)
10. 我觉得王丽工作很出色,听说是去年刚从北京大学毕业的。(　　)
11. 小明没做作业,老师批评(pīpíng)了。(　　)
12. 妈妈,您别担心(dānxīn),我在这儿打工,挣(zhèng)的这些钱够用了。(　　)
13. 石油(shíyóu)是非常重要的能源(néngyuán),人们的生活离不开。(　　)
14. 这个我的女儿和男孩子一样淘气(táoqì)。(　　)
15. 爷爷非常喜欢喝酒,我们劝(quàn)他戒酒(jièjiǔ),他也不听。(　　)

四、HSK 仿真题:将下面句后括号中的词语放在唯一合适的地方。

1. 杰克 A 告诉 B 星期六上午他去 C 老师家 D 做客了。(我)
2. 妈妈,今天我有空儿,A 让 B 来帮你 C 做饭 D 吧。(我)
3. A 王老师 B 上了一堂 C 生动有趣的中国文化课 D。(给我们)
4. A 桌子上的 B 杂志是我以前读大学的时候买的 C,你喜欢的话,就送给你 D 吧。(那些)
5. A 考试前的 B 几天,我们 C 都在认真复习 D。(那)
6. A 他 B 讲的 C 故事 D 我以前听说过。(那个)
7. 玛丽 A 没有自行车,B 她 C 刚从我 D 借了一辆。(这儿)
8. 那家商店 A 不太远,B 就在学校 C 旁边,我刚刚路过 D。(那儿)
9. 王经理出去 A 了,你 B 坐 C 等一会儿 D 吧。(这儿)
10. 张明 A 打电话说 B 有急事,叫我 C 赶快去他 D。(那儿)
11. 玛丽,A 你觉得 B 你们班 C 的汉语说得 D 最流利(liúlì)?(谁)
12. 王老师,请您告诉我 A 做 B 练习才能提高(tígāo)C 我的 D 汉语水平。(什么)

五、连词成句。

1. 谁　老师　你　的　是　汉语

2. 我们　电视机　台　那　坏　了　宿舍　的

3. 画儿　墙上　的　幅(fú)　漂亮　真　那

4. 什么　放　时候　你们　寒假(hánjià)

5. 那　我　笔　请　支　把　给

6. 那儿　词典　我的　玛丽　在

六、就画线部分用疑问代词提问。

1. 我正在看电视。

2. 这本杂志(zázhì)是张明的。

3. 大卫是我们班班长。

4. 杰克在北京大学学习汉语。

5. 这个包里有几本书和一个钱包。

6. 王刚是1985 年出生的。

7. 我喜欢这条红色的裙子。

8. 我们打算星期四去上海。

9. 王老师送给玛丽一套(tào)中国邮票。

10. 我买这件衣服花了200 元。

七、HSK 仿真题：找出下列句子中有错的地方。

1. 去年"十一"长假的时候，我和三个朋友们一起去南京旅游了。火车开得非常快，从苏州到南京才花了一个半小时。

A　B　C　D

2. 导游(dǎoyóu)给我们介绍了藏族(Zàngzú)的生活习惯，然后一边吃饭，一边欣赏(xīngshǎng)藏族的歌舞，最后还一起拍了照片。

A　B　C　D

3. 那晚上我和朋友们一起吃饭，除了我以外，朋友们都喜欢喝酒，他们喝了很多酒。

A　B　C　D

4. 在中国生活的一年半时间里，我去过的地方很多，我很高兴告诉我去过哪些地方，愿意

A　　B　　C

（yuànyì）和你一起分享（fēnxiǎng）这些城市带给我的东西。

D

5. 经过四天旅行以后，我从北京回到了家里。虽然这次旅行很累，可是帮助了解了很多

A　　B　　C

中国文化。

D

6. 我听老李说，西安的明代城墙是现存城墙中保存（bǎocún）最好的，我同意这个看法，

A　　B　　C

看起来不像古代的城墙。

D

7. 荆州（Jīngzhōu）的城墙很古老，可是非常气派（qìpài）堂皇（tánghuáng），留下了深刻

A　　B

（shēnkè）的印象（yìnxiàng），特别是“射击台”。

C　　D

8. 我很喜欢流行音乐，虽然我的年纪已经不小了。我妹妹对我说：“流行音乐已经不适合你了。”

A　　B　　C

但还是不能不爱它。

D

9. 崂山（Láoshān）是国内有名的旅游胜地，人们常作为神仙（shénxiān）居住地来崇拜（chóngbài），

A　　B

这儿一年四季的游客都很多，特别是春天和夏天。

C　　D

10. 我小时候有点儿怕我的父亲，他对我非常严厉，也从不买礼物给我。不过，现在我发现

A　　B　　C

我从他学到了很多的东西。

D

参考答案

一、（一）1. 她　2. 它　3. 他　4. 她　5. 他　6. 她们　7. 他们　8. 他们　9. 它们　10. 她

（二）1. 哪儿　2. 什么　3. 哪　4. 哪儿　5. 谁　6. 什么　7. 哪　8. 什么　9. 什么　10. 哪

（三）1. 几　2. 多少　3. 多少　4. 几　5. 几　6. 多少　7. 几　8. 多少　9. 几　10. 几

二、(一) 谁 他 哪儿 什么 他
(二) 您 你 我 她 这/她 她 您 你 这 谁 它 你们
(三) 哪儿 她 那儿 什么 那儿 你 我们/咱们 你 我
(四) 什么 哪 这儿/我们 什么 多少 您 哪儿

三、1. × 应改为“我有一个哥哥和一个姐姐,他们都很疼我”。
2. √
3. × 应改为“各位老师,你们好!”
4. × 应改为“我来介绍一下,这是我妈妈”。
5. √
6. × 应改为“我看不懂这部电影”。
7. √
8. × 应改为“我在苏州生活了三年,我喜欢这个美丽的地方”。
9. √
10. × 应改为“我觉得王丽工作很出色,听说她是去年刚从北京大学毕业的”。
11. × 应改为“小明没做作业,被老师批评了。/小明没做作业,老师批评了他”。
12. √
13. × 应改为“石油是非常重要的能源,人们的生活离不开它”。
14. × 应改为“我的这个女儿和男孩子一样淘气”。
15. √

四、1. B 2. B 3. B 4. B 5. B 6. C 7. D 8. D 9. C 10. D 11. C 12. B

五、1. 谁是你的汉语老师? 或:你的汉语老师是谁?
2. 我们宿舍的那台电视机坏了。
3. 墙上的那幅画儿真漂亮。
4. 你们什么时候放寒假?
5. 请把那支笔给我。
6. 我的词典在玛丽那儿。

六、1. 你正在干什么?
2. 这本杂志是谁的?
3. 谁是你们班班长?
4. 杰克在哪儿学习汉语?
5. 这个包里有什么?
6. 王刚是哪一年出生的?
7. 你喜欢哪条裙子?
8. 你们打算星期几去上海?
9. 王老师送给玛丽什么?
10. 你买这件衣服花了多少钱?

七、1. B 改:“我和三个朋友一起去南京旅游了”
2. B 改:“然后我们一边吃饭”
3. A 改:“那天晚上我和朋友们一起吃饭”
4. C 改:“我很高兴告诉你我去过哪些地方”
5. D 改:“可是帮助我了解了很多中国文化”
6. D 改:“它看起来不像古代的城墙”
7. C 改:“给我留下了深刻的印象”
8. D 改:“但我还是不能不爱它”
9. B 改:“人们常把它作为神仙居住地来崇拜”
10. D 改:“现在我发现我从他那里学到了很多的东西” 或:“现在我发现我从他身上学到了很多的东西”

·第二单元·

第一课 怎么 怎样 怎么样

讲一讲

疑问代词“怎么”“怎样”“怎么样”的意思和用法很接近，但也有不同的地方。

一、询问方式

“怎么”“怎么样”“怎样”都可以用于谓语动词前，作状语询问方式。“怎么”用得最多。如：

你和玛丽是怎么/怎样/怎么样认识的？

这个房间怎么/怎样/怎么样布置(bùzhì)比较好呢？

如果谓语是单音节动词，一般用“怎么”，很少用“怎样”“怎么样”。如：

这个汉字怎么写？

你看这件事我该怎么办？

你今天是怎么来学校的？

二、询问状况

1. “怎么样”“怎样”常作谓语，用于询问经常的、现在或将来的客观状况。如：

你的身体现在怎么样/怎样？

明天天气怎么样/怎样？

2. “怎么样”“怎样”也可以问对方对某人或某事物的主观看法或评价。如：

玛丽，你最近学习怎么样/怎样？

你觉得这件衣服怎么样/怎样？

3. 当征求别人对某个动作的意见时，一般用“怎么样”，可单独使用。如：

我们晚上一起去看电影，怎么样？

大卫，你教我英语，我教你汉语，怎么样？

4. “怎么样”“怎样”也可作补语，询问动作经常的状况、目前进行的情况或对完成后动作结果状况的评价。如：

你的毕业论文写得怎么样了/怎样了？（问进行的情况，句末要有“了”）

你觉得他那篇文章写得怎么样/怎样？（问动作完成后的评价，句末没有“了”）

昨天考试考得怎么样/怎样？（问动作完成后的评价，句末没有“了”）

5. “怎么样”“怎样”还可以作宾语，询问感觉或打算。如：

你现在感觉怎么样/怎样？好点了吗？

今后你打算怎么样/怎样？是找工作还是去考研究生(yánjiūshēng)？

提示

上面五种用法，都是"怎么样"用得比"怎样"多。

"怎么"不能作补语和宾语，作谓语也不能用于上述几类问句。"怎么"作谓语询问状况时，必须要带"了"或"啦"(即"了+啊")，表示对已发生情况感到奇怪或惊讶。如：

你怎么啦？脸上都是汗(hàn)。

老李最近怎么了？为什么经常上班迟到？

"怎么"用在句首，后面有停顿，只表示奇怪、吃惊，不要求回答。"怎样、怎么样"没有这种用法。如：

怎么，你不认识我了？

怎么，你也去过那儿？

6. "怎么""怎么样""怎样"都可以作定语，修饰名词，询问性质、状态。

(1)"怎么"修饰名词，作定语，结构是"怎么+一+量词+名词"，不带"的"。它的使用范围比较小，常用来问人或情况。如：

他是怎么一个人？

你想一想，那天是怎么一种情况(qíngkuàng)？

这是怎么(一)回事？(已经成为固定用法)

(2)"怎样""怎么样"修饰名词时，一般后面要有"的"。这种用法"怎样"要比"怎么样"用得多。如：

你想一想，那天是怎样/怎么样的情况？

我没去过广州，那是一个怎样/怎么样的城市？

张明是怎样/怎么样的一个人？

踢踏舞(tītàwǔ)是怎样/怎么样的一种舞蹈(wǔdǎo)？

(3)"怎样""怎么样"还可以修饰一些作宾语的由动词转来的名词，如"反应、影响、行动"等，常表示对可能出现的状况的猜测。一般用"怎样"，很少用"怎么样"，"怎么"没有这种用法。如：

你说，这件事情会让他们有怎样/怎么样的反应？

你想过没有，你这样做会产生怎样/怎么样的影响(yǐngxiǎng)？

三、询问原因

"怎么"可用于动词或有些形容词前，询问原因。"怎样""怎么样"没有这种用法。如：

杰克，你今天怎么这么高兴？

玛丽上午怎么没来上课？

你昨天怎么不和我们一起去看电影呢？

"怎么"询问原因时，还可以放在主语的前面，这时说话人实际上认为不应该这样。如：

怎么他总是丢东西？(说话人认为他不应该总是丢东西)

怎么今天超市不开门？(说话人认为今天超市应该开门)

火车快要开了，怎么大卫还没来呢？(说话人认为大卫应该来了)

提示

"怎么"与"为什么"的区别

"怎么""为什么"都可以用于询问原因。"为什么"主要是深究原因,"怎么"常表示奇怪或惊讶。这两个词主要有以下区别:

1."为什么"可以作宾语,"怎么"不能作宾语。下面的句子是错的:

*听说你辞职(cízhí)了,这是怎么呢?

改:听说你辞职了,这是为什么呢?

*她说要来,可到现在还没来,这是怎么?

改:她说要来,可到现在也没来,这是为什么?

2."为什么"可以出现在作宾语的小句中,"怎么"不能。下面的句子是错的:

*我现在明白你怎么生气了。

改:我现在明白你为什么生气了。

*他不知道自己怎么分手以后还在想她。

改:他不知道自己为什么分手以后还在想她。

3."为什么"可以出现在作定语的小句中,"怎么"不能。下面的句子是错的:

*张教授,请您来谈谈今年天气怎么这么热的原因。

改:张教授,请您来谈谈今年天气为什么这么热的原因。

四、否定形式

"怎么"和"怎么样"都可以和"不"一起构成否定形式。

1."不怎么"用于陈述句,表示一定的程度,比"很"要轻,语气比较委婉。结构是"不怎么+动词/形容词",作谓语或补语。如:

这个孩子不怎么聪明。

我不怎么喜欢听流行(liúxíng)音乐。

她长得不怎么漂亮。

2."不怎么样"用于陈述句,常作谓语或补语,表示主观评价较低。如:

杰克的学习成绩怎么样?——他的成绩不怎么样,很一般。

这件衬衫的质量不怎么样,你还是别买了。

那家饭店的菜做得不怎么样,我们还是去别的饭店吧。

提示

"怎么样"和"什么样"辨析

"怎么样""什么样"都可以作定语和补语。"怎么样"询问的是事物的性质和状态,"什么样"询问的是具体的样子、式样、质地、形状等。"怎么样"作补语的情况比"什么样"要多,"什么样"作定语要比"怎么样"多。它们在形式相同的句子里表示的意思也是不一样的,所以回答的内容不一样。如:

安娜长得怎么样?——她长得很漂亮。(评价)

安娜长得什么样?——她个子高高的,脸圆圆的,皮肤(pífū)白白的。(具体样子)

他的车怎么样?——很不错,开起来非常快。(评价)

他的车是什么样的？——他的车是一辆红色的跑车。(具体样子)
小李歌唱得怎么样？——他唱得不怎么样。(评价)
屋子收拾(shōushi)得怎么样了？——快好了，你再等五分钟。(状况)
你想买什么样的衣服？——我想买几条冬天穿的长裤，颜色最好深一点儿。(具体样子)

练一练

一、HSK 仿真题：在下面 A、B、C、D 中选择唯一正确的填入空中。

1. 这个星期天我们一起去爬山，______？
A. 怎么　B. 怎么样　C. 什么样　D. 怎么办
2. 这儿的风景真不错，你______没带照相机呢？真可惜(kěxī)。
A. 怎么样　B. 怎么　C. 怎么办　D. 怎样
3. 你______这么晚才来呢？车都开走了。
A. 怎样　B. 怎么样　C. 怎么　D. 怎么办
4. 老师，这个汉字应该______写？
A. 怎样　B. 怎么样　C. 怎么　D. 什么样
5. ______，今天已经星期五了，我还以为是星期四呢。
A. 怎样　B. 怎么样　C. 怎么　D. 怎么办
6. 你的画儿画得______了？
A. 怎么样　B. 怎么　C. 什么样　D. 为什么
7. 都快晚上 12 点了，______小明还没回家？
A. 怎样　B. 怎么样　C. 怎么　D. 什么
8. 大卫喜欢古典(gǔdiǎn)音乐，不______喜欢流行音乐。
A. 怎样　B. 怎么　C. 怎么样　D. 什么样
9. 虽然他是一个很红的电影明星，可是他唱歌唱得实在不______。
A. 怎样　B. 怎么样　C. 怎么　D. 什么样
10. 经过王老师解释(jiěshì)以后，我终于(zhōngyú)明白是______一回事了。
A. 怎样　B. 为什么　C. 怎么　D. 什么样

二、判断下面句子的正误，对的画√，错的画×。

1. 这个问题该怎么解决(jiějué)？(　　)
这个问题该怎么样解决？(　　)
2. 怎么小张今天没上班？(　　)
怎么样小张今天没来上班？(　　)
3. 你觉得这部电影怎么样？(　　)
你觉得这部电影怎样？(　　)
4. 你怎么不多睡一会儿？(　　)
你为什么不多睡一会儿？(　　)
5. 听了玛丽的解释，我终于明白她怎么要和男朋友分手了。(　　)

听了玛丽的解释，我终于明白她为什么要和男朋友分手了。（　　）

6. 你上星期还说要和我们一起去滑雪（huáxuě），现在又说不去了，这是怎么回事？（　　）

你上星期还说要和我们一起去滑雪，现在又说不去了，这是为什么？（　　）

三、用括号里的疑问代词就画线部分提问。

1. 我有点头痛，不舒服。（怎么）

2. 去中国银行要先往前走，在第一个路口往右拐就到了。（怎么）

3. 爸爸走的时候说他今天晚上加班，让我们不要等他吃晚饭。（怎么）

4. 明天天气不好，会下大雨。（怎么样）

5. 我们是坐火车去哈尔滨的。（怎么）

6. 杰克的汉语说得很流利。（怎么样）

7. 我觉得张明的建议（jiànyì）很有道理，听他的没错。（怎么样）

8. 我感冒了，所以昨天没来上课。（怎么）

9. 小王是一个性格（xìnggé）很好、做事情很认真的人。（怎么样）

10. 张明买了一辆黑色、有天窗的汽车。（什么样）

四、HSK 仿真题：选出每段话中有错误的一部分。

1. 我的电脑昨天坏了，开不了机，找人修也修不好（A），可我的毕业论文还在里面呢（B），再过一个星期就要答辩（dábiàn）了（C），我真不知道该怎么样办了（D）。

2. 我觉得昨天晚上看的那部电影不怎样（A），没有我想象的那么好看（B），故事的情节太简单，不过我很喜欢电影里的那个男主角（C），虽然他已经 40 多岁了，可他还是像十年前那样帅（shuài）（D）。

3. 我们已经付（fù）给你那么多钱（A），可你还是不把货给我们（B），咱们是有合同的（C），你想过没有你这样做会造成怎么的后果（D）？

4. 张大夫，我爱人怎么样病了这么长时间也不好呢？该做的检查(jiǎnchá)都做了，该吃的药也都吃了，您能告诉我这到底是怎么一回事吗？

（A：我爱人怎么样病了这么长时间也不好呢；B：该做的检查(jiǎnchá)都做了；C：该吃的药也都吃了；D：您能告诉我这到底是怎么一回事吗）

5. 这件衣服看上去不错，你穿着也挺合适的，就是面料不怎样，式样(shìyàng)也有点儿老气，我担心你穿不了几天就又不喜欢了。

（A：这件衣服看上去不错；B：你穿着也挺合适的；C：就是面料不怎样，式样(shìyàng)也有点儿老气；D：我担心你穿不了几天就又不喜欢了）

参考答案

一、1. B 2. B 3. C 4. C 5. C 6. A 7. C 8. B 9. B 10. C

二、1. √√ 2. √× 3. √√ 4. √√ 5. ×√ 6. √√

三、1. 你怎么了？或：你的身体怎么了？
2. 请问，去中国银行怎么走？
3. 爸爸走的时候怎么说？
4. 明天天气怎么样？
5. 你们是怎么去哈尔滨的？
6. 杰克的汉语说得怎么样？
7. 你觉得张明的建议怎么样？
8. 你怎么昨天没来上课？
9. 小王是一个怎么样的人？
10. 张明买了一辆什么样的汽车？

四、1. D 改："我真不知道该怎么办了"
2. A 改："我觉得昨天晚上看的那部电影不怎么样"
3. D 改："你想过没有你这样做会造成怎样/怎么样的后果"
4. A 改："我爱人怎么病了这么长时间也不好呢"
5. C 改："就是面料不怎么样，式样也有点儿老气"

下篇第二单元

第二课 这 那(二)

试一试

你能说出下面句子中的"这""那"指代的是什么吗?

1. 一个残疾(cánjí)人能够得到这次比赛的第一名,这真是一个奇迹(qíjì)。

2. 大学毕业以后做一个汉语老师,那是我的理想(lǐxiǎng)。

(答案在下面"讲一讲"里)

讲一讲

在第一单元我们已经学过了指示代词"这""那"的一些用法,这一课我们继续学习"这""那"的其他用法。

1. 通过第一单元的学习,我们知道"这""那"常常可以指代前面已经出现的事物或事件。如:

小李最近每天都开着一辆汽车来上班,那是一辆红色的跑车,非常漂亮。
("那"指代小李开的那辆汽车)
一个残疾人能够得到这次比赛的第一名,这真是一个奇迹。
("这"指代"一个残疾人能够得到这次比赛的第一名")
大学毕业以后做一个汉语教师,那是我的理想。
("那"指代"大学毕业以后做一个汉语教师")
她每天都穿得很时髦(shímáo),那完全是工作的需要。
("那"指代"她每天都穿得很时髦")
在来中国之前,我决定了一件事,那就是要多认识一些中国朋友。
("那"指代"在来中国之前我决定的一件事")

提示

(1) 在指代前面出现的短语或句子的时候,往往可以用"这",也可以用"那"。"这"表示所指代的情况和说话人的心理距离比较近,"那"表示心理距离比较远。如:

她每天都穿得很时髦,这完全是工作的需要。(心理距离近)
她每天都穿得很时髦,那完全是工作的需要。(心理距离远)

(2) 需要注意的是,“这”“那”这种承前称代的范围很广,用处很大,往往不可缺少。下面的句子是错的:

*我从小就想当医生,和我母亲有很大关系。

改:我从小就想当医生,这和我母亲有很大关系。

*我觉得抽烟(chōuyān)不是完全不好的行为,是因为对抽烟者来说,抽烟时会感觉到心里的平静。

改:我觉得抽烟不是完全不好的,这是因为对抽烟者来说,抽烟时会感到心里的平静。

2. “这”“那”在修饰名词的时候,常常要带量词或数量短语,如“这支笔”“那两本书”,有时也可以直接修饰少数常见的名词,如“这人很有意思”“这问题不难”。

此外,以下三种情况也可以不带数量词。

(1)“这”可以直接修饰表示范围的名词和时间词,如“这世界、这时、这时候、这年头、这期间、这星期”等。如:

如果人人都奉献(fèngxiàn)一点爱,这世界将会有美好的明天。

王平刚打开电视机,正在这时,有人敲(qiāo)门了。

来中国已经两年了,这期间我认识了许多中国朋友。

这星期玛丽要参加 HSK 考试。

(2)“这”和“那”修饰作主语(包括小句主语)的名词时,如果主语在前面已经出现过,而且已经带过数量词定语,这时可以不带数量词。如:

他指着一个小个子男孩说:“这孩子非常聪明。”

小林一有空就到图书馆看书。这习惯(xíguàn)是她在上中学时养成的。

(3)“这”“那”出现在并列的几个主语里时,也可以不带数量词。

这山,这水,还有这人,都是我再熟悉(shúxī)不过的。

提示

(1) 当“这”“那”修饰的名词前还有其他修饰语时,“这”和“那”后面一般要带量词或数量短语。如:

这两个有趣的玩具(wánjù)是她最喜欢的。

那个长得很高的人就是我们学校篮球队的队长。

(2)“这”可以表示这时或现在,有加强语气的作用,后面常用“才、就、都”等副词。“那”没有类似的用法。如:

她跟我解释了半天,我这才明白她的意思。(这时)

你别着急,等我一下儿,我这就过来。(现在)

这都几点了,你还不睡觉?(现在)

学习者在“才”的前面常常容易缺漏表示这时的“这”。下面的句子补上“这”会更通顺一些:

?火越(yuè)烧越大,眼看整个客厅都烧着了,他才想起打 110 求救。

改:火越烧越大,眼看整个客厅都烧着了,他这才想起打 110 求救。

?和男朋友一起吃了晚饭,又去看了电影,泡了酒吧,她才高兴地回了家。

改：和男朋友一起吃了晚饭，又去看了电影，泡了酒吧，她这才高兴地回了家。

？去了漓江(Líjiāng)，亲身体验了漓江的美丽，我才明白为什么人们说“百里漓江，百里画廊(huàláng)”。

改：去了漓江，亲身体验了漓江的美丽，我这才明白为什么人们说“百里漓江，百里画廊”。

3.“这/那+量词/数量短语+名词”还可以用在别的词语后面，复指前面的人或事物，用“这”的情况比较多。如：

苏州这个城市有2500多年的历史。

张明和王刚这两个人工作都很认真。

情人节那天，玛丽买了巧克力送给她的男朋友。

缺少表示复指的“这”或“那”是学习者很容易出现的偏误。下面的句子是错的：

*我对服装设计(shèjì)一门学问是从小就感兴趣的。

改：我对服装设计这(一)门学问是从小就感兴趣的。

*所谓(suǒwèi)“安乐死”一新名词，就从此诞生(dànshēng)了。

改：所谓“安乐死”这一新名词，就从此诞生了。

*我觉得这个故事告诉我们“自己想，就要自己做”“要有一颗热心”两个道理。

改：我觉得这个故事告诉我们“自己想，就要自己做”“需要有一颗热心”这两个道理。

4.“那”除了作代词以外，还可以作连词，起连接作用，用于表示假设或让步的后一分句。如：

你去的话，那我也去。

既然(jìrán)孩子都认错了，那你就别骂(mà)了。

提示

“这”“那”的常见偏误

除了第一单元第二课以及本课前面所提到的偏误外，“这、那”还有一些常见的偏误。“这、那”所指示的近指和远指，基本上是空间或时间上的，也往往是心理上的距离。不同语言的指示代词系统本身有一些区别，同时，不同国家的人对距离特别是心理距离的认知也有一些差异，学习者常常会把汉语“这、那”的用法跟母语指示代词的用法简单地对应起来，有时会产生一些偏误。

(1)韩国学生容易出现“这”“那”混淆的情况。下面的句子是错的：

*我第一次考大学，数学不及格(jígé)，那件事让我非常难过。(“那件事”应改为“这件事”)

*我小时候家里经常发生一些不太好的事情，那最主要的原因就在我父亲那儿。(“那”应改为“这”)

*大部分抽烟的人都说“吸烟是个人的自由”，我觉得那句话不是没有道理。(“那句话”应改为“这句话”)

*以前我在超市里看到价格很贵的农产品，但看起来我觉得和别的农产品没什么不一样。后来我才知道这就是“绿色食品”——没有受到污染(wūrǎn)的农产品。(“这”应改成“那”)

前三句都用“这”更合适，因为汉语在近距离回指时通常用“这”。最后一句是远距离回指，用“那”更好些。

(2) 缺失作为主语、起衔接作用的“这、那”，缺少“这”的情况比较多。下面的句子是错的：

*如今中国的农业取得了一定的进步，当然离不开化肥(huàféi)和农药。(“当然离不开化肥和农药”应改为“这当然离不开化肥和农药”)

*4月底我就要考试了，是我第一次考试，我心里很紧张。(“是我第一次考试”应改为“这是我第一次考试”)

*老师教我们怎么做一个销售(xiāoshòu)奶粉(nàifěn)的计划(jìhuà)，可是有什么用呢？(“可是有什么用呢”应改为“可是这有什么用呢”)

*我们东方人自古尊敬长辈，可是现在的年轻人认为已经落伍(luòwǔ)了。(“可是现在的年轻人认为已经落伍了”应改为“可是现在的年轻人认为这已经落伍了”)

(3) 误加“这、那”的情况，日本学生比较容易出现这样的偏误。下面的句子是错的：

*我看了这个三个和尚(héshang)没水喝的故事，就想起了这我小学时的一件事。(“就想起了这我小学时的一件事”应改为“就想起了我小学时的一件事”)

*在我看来，这近来世界对吸烟者的要求太严格(yángé)了。(“这近来世界对吸烟者的要求太严格了”应改为“近来世界对吸烟者的要求太严格了”)

(4) “这、那”后面缺失量词。下面的句子是错的：

*在考大学的那一年，我果断(guǒduàn)选择(xuǎnzé)了汉语这专业。(“我果断选择了汉语这专业”应改为“我果断选择了汉语这个专业”或“我果断选择了汉语专业”)

*当然，我不是提议回到那封建(fēngjiàn)时代，女孩子们应该乖乖(guāiguāi)地呆在家里。(“我不是提议回到那封建时代”应改为“我不是提议回到那个封建时代”或“我不是提议回到封建时代”)

练一练

一、HSK 仿真题：将下面句后括号中的词语放在唯一合适的地方。

1. A 他买的 B 房子有四个房间，C 听说 D 要两百多万呢。(那套)
2. A 我们 B 现在参观的 C 园林已经有五百多年的 D 历史了。(这个)
3. 玛丽，我有 A 事情要找你，B 你在 C 我们学校西边的 D 咖啡馆等我吧。(那个)
4. 你听说过 A“笑声是最好的药物”B 古老的 C 谚语(yànyǔ)D 吗？(这句)
5. A 七十岁生日 B，张教授收到了一位美国朋友 C 寄来的生日贺卡(hèkǎ)D。(那天)
6. A 小明生病了，动 B 手术需要花很多钱，C 让他的父母非常着急 D。(这)
7. A 直到爸爸告诉我 B 是他弄(nòng)坏了我的 C 电脑，我 D 才发现我错怪弟弟了。(这)
8. 这不是 A 熊猫(xióngmāo)，B 长着两个黑眼圈、样子非常可爱的 C 动物才是 D 熊猫。(那个)

二、请指出“这”“那”在下面句子中指代什么。

1. 用手机上网、看电视，那是最近几年才出现的。
2. 由张明来当公司总经理，这是再也清楚不过的了。

3. 从奶奶留下的几张照片上，我见到了奶奶的母亲，那是一个穿着旗袍（qípáo）、神情忧郁（yōuyù）的女人。

4. 太阳每天从东边出来，西边落下，这是众所周知的事情。

5. 现在，在公共汽车上主动给老人让座的多了起来，这说明随着（shuízhe）社会的发展，人们越来越尊重和关心老人。

6. 世界上有一种最美的声音，那就是母亲对孩子的呼唤（hūhuàn）。

三、HSK 仿真题：选出每段话中有错误的部分。

1. 我来介绍一下，这李老师，她是我的汉语老师，也是我的好朋友。

A 我来介绍一下　B 这李老师　C 她是我的汉语老师　D 也是我的好朋友

2. 那个房间我住的很小，只能放下一张床和一个写字台，但对于我——一个学生来说，这已经足够了。

A 那个房间我住的很小　B 只能放下一张床和一个写字台　C 但对于我——一个学生来说　D 这已经足够了

3. 爷爷年轻的时候喜欢喝酒，但家里没有什么钱，所以他平时只喝"二锅头"，是一种很便宜的酒。

A 爷爷年轻的时候喜欢喝酒　B 但家里没有什么钱　C 所以他平时只喝"二锅头"　D 是一种很便宜的酒

4. 张明从小就喜欢书法，每天都写半个小时毛笔字，和他爷爷有很大关系，他爷爷是非常有名的书法家。

A 张明从小就喜欢书法　B 每天都写半个小时毛笔字　C 和他爷爷有很大关系　D 他爷爷是非常有名的书法家

5. 你要是去北京，就一定要去长城看看，因为是中国最有名的旅游景点，也是中国的象征（xiàngzhēng）。

A 你要是去北京　B 就一定要去长城看看　C 因为是中国最有名的旅游景点　D 也是中国的象征（xiàngzhēng）

6. 我对这旅行非常满意，虽然只有短短的三天时间，但让我对中国有了一些了解，中国人的热情好客也给我留下了深刻（shēnkè）的印象（yìngxiàng）。

A 我对这旅行非常满意　B 虽然只有短短的三天时间　C 但让我对中国有了一些了解　D 中国人的热情好客也给我留下了深刻（shēnkè）的印象（yìngxiàng）

7. 通过努力，他终于成为了一名优秀的运动员，参加了奥运会，实现了自己的理想，那让他非常高兴。

A 他终于成为了一名优秀的运动员　B 参加了奥运会　C 实现了自己的理想　D 那让他非常高兴

8. 环境（huánjìng）和贫困（pínkùn）都是非常重要的问题，但是现代社会能解决两个问题，

A 环境（huánjìng）和贫困（pínkùn）都是非常重要的问题　B 但是现代社会能解决两个问题

因为全世界的人们都越来越重视环境问题，也非常愿意帮助那些贫困的人们。
C D

9. 中国人常说"上有天堂，下有苏杭"，这俗话(súhuà)的意思是说苏州和杭州是像天堂
A
一样的地方，我在这两个地方旅游以后，觉得它们真的很美。
B C D

10. 那是去年夏天，有一天，我坐在公园里看书，我看的这本书真有趣，我看得着了迷(mí)，
A B C
一直看到傍晚(bàngwǎn)才回家。
D

参考答案

一、1. B 2. C 3. D 4. B 5. B 6. C 7. D 8. B

二、1. "那"指代"用手机上网、看电视"
2. "这"指代"由张明来当公司总经理"
3. "那"指代"奶奶的母亲"
4. "这"指代"太阳每天从东边出来，西边落下"
5. "这"指代"现在，在公共汽车上主动给老人让座的多了起来"
6. "那"指代"世界上最美的声音"

三、1. B 改："这是李老师"
2. A 改："我住的那个房间很小"
3. D 改："那是一种很便宜的酒"
4. C 改："这和他爷爷有很大关系"
5. C 改："因为那是中国最有名的旅游景点"
6. A 改："我对这次旅行非常满意"
7. D 改："这让他非常高兴"
8. B 改："但是现代社会能解决这两个问题"
9. B 改："这句俗话的意思是说苏州和杭州是像天堂一样的地方"
10. B 改："我看的那本书真有趣"

第三课　这么　那么(一)

讲一讲

指示代词“这么”“那么”多用于口语,主要修饰动词和形容词,指示方式、程度、数量等。“这么”用于离说话人空间、时间或心理距离比较近的情况,“那么”用于比较远的情况。

1. “这么”“那么”用于动词前,强调动作的方式,作状语。

(1) 肯定形式是“这么/那么 + 动词”。如:

这个汉字应该这么写,那么写不对。

小张不还我的书,还把它借给了别人,他那么做让我很不高兴。

(2) 否定形式有两种:

①“没(有) + 这么/那么 + 动词”,否认动作的实施或发生。如:

老王可以回家休息,但他没(有)这么做,而是和大家一起干完所有的工作才回家。

我可没(有)那么说,你大概(dàgài)听错了。

②“不 + 这么/那么 + 动词”,多用于假设句或对比句中。如:

不这么做,就不能解决问题。(假设句)

她心里这么想,嘴上却(què)不这么说。(对比句)

2. “这么”“那么”放在形容词或动词前,强调程度,作状语。

(1) 肯定形式是“这么/那么 + 形容词/动词”。如:

今天天气这么好,我们出去走走吧。

玛丽学习那么认真,一定会取得好成绩(chéngji)的。

(2) 否定形式也有两种:

①“这么/那么 + 不 + 形容词/动词”。如:

我没想到这里的条件这么不好。

儿子那么不听话,你都不管(guǎn)。

②“没(有) + 这么/那么 + 形容词/动词”,前面一般要有比较的事物,动词只能是表示心理活动的词。如:

你的房子有 140 多平米,我的没有这么大。

报纸上说这个楼有 500 米高,实际(shíjì)上没那么高。

我以前非常喜欢踢足球,现在没那么喜欢了。

“这么”“那么”用于比较句的其他用法,请参见本单元第三课。

(3) “这么、那么”也可以与所修饰的形容词一起作定语,后面要有“的”。如:

你来我家做客,用不着买这么贵重的礼物。

那么简单的事情你都不会做，真让人着急。

提示

(1)“这么”“那么”和“这”“那”一样，所指示的近指和远指基本上是空间或时间上的，也往往是心理上的距离。如：

你今天为什么这么早起床？（动作发生在现在，一般用“这么”）

你昨天晚上那么晚回家，你去哪儿了？（动作发生在过去，一般用“那么”）

孩子既然这么/那么喜欢这个玩具，就给他买吧。（用“这么”一般是孩子在眼前，用“那么”一般孩子不在眼前）

这次输球都怪小王。——话可不能这么/那么说，我觉得大家都打得不好。（用“这么”心理距离比较近，用“那么”心理距离比较远）

(2)“这么”“那么”用于形容词前面的时候，本身有强调的作用，不能再受“很”“非常”等程度副词修饰。下面的句子是错的：

＊什么事情让你这么很难过？（改：什么事情让你这么难过？）

＊这么非常漂亮的鞋子，玛丽一定喜欢。（改：这么漂亮的鞋子，玛丽一定喜欢。）

3.“这么”“那么”可以代替某种动作，单独作主语，使用范围比较有限，常用于动作演示时的说明。如：

这么（做动作）表示同意，那么（做另外一个动作）表示不同意。

这么（做动作）的意思是“我爱你”，那么（做另外一个动作）的意思是“我想你”。

“这么”“那么”也可以用于泛指，谓语一般是“行”“可以”。如：

这么行，那么也行。

4. 当假设复句的前一分句的谓语是形容词或动词，要表示某种状态或动作方式继续时，一般要用“这么”加以强调。如：

天气再这么热下去，我就离开这里去北方。

如果你再这么粗心，公司就会解雇（jiěgù）你。

你要是像现在这么努力下去，一定会成功的。

5.“这么着”“那么着”常作谓语，用于作出决定时，代替动作或情况。如：

咱们就这么着吧，晚上七点先在学校门口见面，再一起去逛街（guàngjiē）。

行，听你的，就那么着吧。

“这么着”有时还用于指代某种恒常的状态，后面一般有说明状态的句子。如：

她总是这么着，做事情不慌（huāng）不忙的。

“这么”“那么”还有其他的用法，请参见本单元第三课。

练一练

一、HSK 仿真题：将下面句后括号中的词语放在唯一合适的地方。

1. 张明很想 A 送王丽 B 回家，但不知道为什么，C 他没有 D 做。（那么）

2. 如果你真的 A 想 B，我也没有 C 办法 D 劝（quàn）你。（这么）

3. 王经理总是 A 忙,B 周末也 C 不能 D 休息。(那么)
4. A 既然你 B 喜欢 C 这本小说,我就把它 D 送给你吧。(这么)
5. 我 A 还是 B 第一次 C 吃到 D 甜的桔子(júzi)。(这么)
6. 小明还是 A 个孩子,B 受不了 C 严厉(yánlì)的 D 批评(pīpíng)。(那么)
7. 你要是 A 再 B 说话,C 我就不 D 理你了!(这么)
8. 没 A 想到今天的考试 B 难,我 C 都没来得及 D 做完。(这么)
9. A 汉语的量词太 B 多了,韩语的量词(liàngcí)没有 D 多。(这么)
10. 没想到 A 找工作 B 难,C 现在我 D 打算大学毕业以后考研究生了。(那么)

二、用"这么、那么"和括号中所给的词语完成句子。

1. 你妈妈__________________,真让人羡慕(xiànmù)。(对你,好)
2. 他__________________,你为什么还原谅(yuánliàng)他呢?(对你,不好)
3. 你刚才在图书馆__________________,是很不礼貌(lǐmào)的。(说话,大声)
4. 今天__________________,你怎么不开空调(kōngtiáo)呢?(天气,热)
5. 怪不得她__________________,原来她找到工作了。(高兴)
6. 我从没见过__________________,真让人陶醉(táozuì)。(漂亮,风景)
7. 我男朋友希望(xīwàng)我们今年就结婚(jiéhūn),可我对他还不太了解,所以我不想__________。(快,结婚)
8. 以前一台笔记本电脑最少要一万多块钱,现在__________________了。(没,贵)

三、判断下面句子的正误,对的画√,错的画×并改写正确。

1. 我没想到学开汽车那么挺容易的。( )
2. 这句话这么说行,那么说也行。( )
3. 今天天气太这么好了,我们一起去爬山吧。( )
4. 你的学习真的那么糟糕(zāogāo)吗?( )
5. 大家别着急,这么着吧,你们先去火车站,我在这儿等小李。( )
6. 如果你这么再努力下去,就一定会成功的。( )
7. 那块手表真的很漂亮,但是我买不起这么贵的手表。( )
8. 我哥哥脾气(píqi)不太好,如果你不这么做,他会生气的。( )
9. 现在才四点钟,你今天怎么这么早就回家了?( )
10. 玛丽以前很喜欢跳舞,现在没这么喜欢了。( )

参考答案

一、1. D 2. A 3. A 4. B 5. D 6. C 7. B 8. B 9. D 10. B

二、1. 对你这么/那么好　　2. 对你这么/那么不好
3. 说话那么大声/那么大声说话　　4. 天气这么热
5. 那么/这么高兴　　6. 这么/那么漂亮的风景
7. 这么/那么快结婚　　8. 没那么贵

三、1. × 改:"我没想到学开汽车那么容易。"
2. √
3. × 改:"今天天气这么好,我们一起去爬山吧。"或:"今天天气太好了,我们一起去爬山吧。"

4. √
5. √
6. × 改:“如果你再这么努力下去,就一定会成功的。”
7. √
8. √
9. √
10. × 改:“玛丽以前很喜欢跳舞,现在没那么喜欢了。”

第四课 这么 那么(二) 这会儿 那会儿

讲一讲

一、这么、那么(二)

上一课我们已经学习了指示代词“这么”“那么”的基本用法，这一课我们继续学习“这么”、“那么”的其他用法。

1. 比较句中的“这么”“那么”。

(1)“有＋名词＋这么/那么＋形容词”，“有”后面的名词一般是作为比较标准的人或事物。如：

我如果有你这么高，早就参加篮球队了。

这棵树已经有碗口(wǎnkǒu)那么粗了。

这类句子的否定形式用“没”或“没有”，后面的名词一般是表示比较标准的人或事物。如：

我的房间没有你的这么大。

事情没你说的那么糟糕。

(2)“像＋名词＋这么/那么＋形容词/动词”，表示相似性比较，常用于假设句。如：

小王干起工作来，常常不吃不睡，要是让我像他这么干，非得生病不可。

你的学习成绩太差了，你要是能像你姐姐那么认真就好了。

这类句子的否定形式是在“像”的前面加“不”。如：

今年夏天不像去年那么热。

这次考试不像上次那么难。

2. 这么/那么＋数量短语。

(1)“这么”“那么”在口语里可用于数量短语的前面，强调数量多或少。“这么”“那么”一般要重读。强调数量少，常与副词“才”“只”“就”一起用；强调数量多，常与“都”一起用。如：

来中国才这么两天，大卫就会说简单的汉语了。(强调数量少)

他小时候只念(niàn)过那么一两年书。(强调数量少)

都病了这么一个多月了，老王的身体还是不太好。(强调数量多)

(2) 强调数量少时，“这么”“那么”有时可以只修饰数量短语。如：

今天来饭店吃饭的客人就那么四五个，太少了！(强调数量少)

(3) 除了强调数量以外，“这么、那么”有时可以提醒听话人或读者注意所指代的意义，这些意义有的在上下文有交代，有的则要靠听者或读者的推测和揣摩。如：

就那么（一）回事，你不要太在意。（强调事情不严重）

他总有这么一股（gǔ）劲儿（jìnr），对工作特别认真。（强调对工作认真）

这个故事告诉我们这么一个道理，那就是只有付出汗水，才能取得成功。（下文有说明）

（4）在口语里，"这么""那么"还有轻读的情况，这时并不是强调数量，而是表示对数量进行估计，数量往往不太精确。如：

王经理出差（chūchāi）去外地多久了？——有这么四五天了。

从这儿到机场有多远？——有那么二三十公里吧。

3. "那么"和"那"一样，除了作代词以外，还可以作连词，起连接作用，用于表示假设或让步的后一分句。如：

这么做既然不行，那么/那你打算怎么办呢？

要是你也同意的话，那么/那我们就赶紧（gǎnjǐn）做吧！

二、这会儿、那会儿

1. "这会儿""那会儿"常用于口语，指代时间，常作状语、宾语和定语。"这会儿"常指说话时或现在，前面如果有表示过去或将来的词语，也可以指过去和将来。如：

直到这会儿，他才明白我的意思。（指说话时或现在）

和刚才相比，这会儿的天气好多了。（指说话时或现在）

去年这会儿我们才刚认识呢。（指"过去"与说话时相同的时间段）

等到明年这会儿，我就能回国了。（指"将来"与说话时相同的时间段）

2. "那会儿"常指过去，不能指现在。"那会儿"前加上表示将来的短语（大多是主谓短语或动词短语）时，也可以指将来的某个时间。如：

那会儿的事情你还记得！那可是二十几年前了。（指"过去"）

我结婚那会儿你还在上幼儿园呢。（指"过去"）

上世纪80年代那会儿刚刚改革（gǎigé）开放，人们的生活水平还很低。（指"过去"）

等毕业有了工作，你那会儿就可以独立（dúlì）生活了。（指"将来"）

到你退休（tuìxiū）那会儿，你就有时间去全国各地旅行了。（指"将来"）

3. "这会儿"和"那会儿"单独作时间状语时，可以在主语的前面，也可以在主语的后面。如：

这会儿王老师正在上课，你等一会儿吧。（在主语前）

那会儿我才10岁，还在小学上学呢。（在主语前）

你这会儿在哪儿呢？（在主语后）

练一练

一、HSK仿真题：将下面句后括号中的词语放在唯一合适的地方。

1. 我和小李A 10年没见了，B 她还是C 像上大学时D 年轻。（那么）
2. 今天是星期六，A 你B 用不着C 像平时D 早起床。（那么）
3. A 今天我要B 讲的是C 一个故事，故事D 发生在500年前……（这么）
4. 我身上就A 一点儿钱，B 不够C 买D 这件衣服。（这么）
5. 像洗衣服A 简单的事儿你B 都不会，C 你出国以后D 怎么办呢？（这么）

6. 你 A 没有杰克 B 聪明,C 但是你比他 D 勤奋(qínfèn)。(那么)
7. 昨天的圣诞晚会 A 才来了 B 五六个人,C 太让人 D 失望了。(那么)
8. A 他进门 B 我 C 正在和玛丽 D 聊天儿。(那会儿)
9. A 明天 B 我就到北京了,D 到时候你 D 来接我吧。(这会儿)
10. A 大学刚毕业 B 张明 C 在中学做老师,后来 D 他辞(cí)了职(zhí)去公司工作。(那会儿)

二、用"这会儿""那会儿"填空。

1. ________已经 12 点了,我们一起去吃午饭吧。
2. 我上大学________宿舍里没有电视机,更不要说电脑了。
3. 张经理________还在来公司的路上,你等一会儿,好吗?
4. 明天________大卫就要坐飞机回国了。
5. 这是我上中学________拍的照片。
6. 刚才水太烫(tàng)了,________水凉了,你可以喝了。
7. 玛丽刚来北京________住在一个中国朋友的家里,朋友对她很好。
8. 昨天________我在王老师家里,你不可能在图书馆看见我。
9. 等到明年________,我就要毕业找工作了。
10. 我刚认识张明________他还是个孩子,现在他已经是两个孩子的父亲了。

三、按句后括号内给的形式或词完成句子。

1. 这儿很大,和足球场差不多。
________(A 有 B + 那么 + 形容词)
2. 我 1.75 米,大卫 1.82 米。
________(A 没有 B + 那么 + 形容词)
3. 昨天 27 度,今天 32 度。
________(A 没有 B + 这么 + 形容词)
4. 这种葡萄(pútao)和乒乓球(bīngpāngqiú)一样大。
________(A 像 B + 那么 + 形容词)
5. 杰克比玛丽忙多了。
________(A 不像 B + 那么 + 形容词)
6. 这件事说起来很容易,做起来很难。
________(A 不像 B + 那么 + 形容词)
7. 他只花了________,就修好了我的电脑,真了不起。[几分钟(强调时间短)]
8. A:昨天有多少人参加了汉语演讲(yǎnjiǎng)比赛?
B:有________吧,汉语说得都很流利。[二三十个(估计数量)]

四、HSK 仿真题:选出每段话中有错的一部分。

1. 上个月杰克和女朋友刚分手那会儿(A),他吃不下饭睡不着觉(B),这会儿他那么不伤心了(C),心情好多了(D)。

2. 老王有那么多钱，可他的弟弟现在生了这么重的病，想问他借这么一点儿钱，他也不借，没想到他竟然那么很小气。

A　B　C　D

3. 我原来以为这件事一定很难办，可没想到事情办得顺利，我一说，张经理就答应买我们公司的产品，那可是好几十万的生意啊。

A　B　C　D

4. 今天天气这么非常冷，很容易感冒，你的身体没我这么好，出门一定要多穿点儿衣服。

A　B　C　D

5. 你姐姐这会儿正在房间里学习，你别去打搅(dǎjiǎo)她，要是你有她认真，那你的学习成绩一定也能像她那么好。

A　C　D

6. 以前我上大学这会儿，路上没有现在这么多汽车，汽车也没有现在这么便宜，如今有那么四五万块钱就可以买一辆汽车了。

A　B　C　D

7. 我们坐火车从沈阳出发，早晨五点到了大连，没想到那么早时间车站上已经有许多人了。我们出了车站，好不容易才打到车，直奔(bèn)老虎滩公园。

A　B　C　D

8. 哈尔滨有一种面包，叫做“大列巴”，差不多有篮球那么大，听说那是从俄罗斯(Éluósī)过来的，从来没有见过那么大的面包。

A　B　C　D

参考答案

一、1. D　2. D　3. C　4. A　5. A　6. B　7. B　8. B　9. B　10. B

二、1. 这会儿　2. 那会儿　3. 这会儿　4. 这会儿　5. 那会儿　6. 这会儿　7. 那会儿　8. 这会儿　9. 这会儿　10. 那会儿

三、1. 这儿有足球场那么大。
2. 我没有大卫那么高。
3. 昨天没有今天这么热。
4. 这种葡萄像乒乓球那么大。
5. 玛丽不像杰克那么忙。
6. 这件事做起来不像说起来那么容易。

7. 那么几分钟　　8. 那么二三十个

四、1. C　改:“这会儿他不那么伤心了”

2. D　改:“没想到他竟然那么小气”

3. B　改:“可没想到事情办得这么顺利”或“可没想到事情办得非常顺利”

4. A　改:“今天天气这么冷”或“今天天气非常冷”

5. C　改:“要是你像她那么/一样认真”

6. A　改:“以前我上大学那会儿”

7. C　改:“没想到时间那么早车站上已经有许多人了”

8. D　改:“我从来没有见过那么大的面包”

第五课 这样 那样

讲一讲

指示代词“这样”“那样”主要修饰名词、动词和形容词，和“这么”“那么”一样可以指示方式和程度，还可以指示性质、状态和情况。

1. “这样”“那样”指示方式和程度，多用于书面语和正式场合，在口语里常用“这么”“那么”。

（1）这样/那样＋动词，强调方式，作状语。如：

这个汉字应该这样写。

你那样对待客人，实在不礼貌。

“这样”“那样”后面可以有形容具体状态的状语。如：

张教授每天都这样没日没夜地辛勤工作。

小李打算就那样无所事事下去吗？

（2）这样/那样＋形容词/动词（多为心理动词），强调程度，常作状语。如：

问题要是这样简单就好了。

这部电影真的那样好看吗？

既然你这样喜欢这张画儿，那就送给你吧。

她待人是那样热情，那样真诚，真让人感动。

和“这么”“那么”一样，这类用法的“这样”“那样”可以与修饰的形容词或动词一起作定语，后面要有“的”。如：

像玛丽这样/这么热爱中国文化的外国人还有很多。

你有那样/那么好的条件，为什么不好好学习呢？

提示

和“这么”“那么”一样，“这样”“那样”在形容词前面强调程度时，不能再受“很”“非常”等程度副词修饰。下面的句子是错的：

*老李从没想过能住上这样非常好的房子。

改：老李从没想过能住上这样好的房子。

*这座大桥全长 5 公里，建成这样很复杂（fùzá）的大桥需要花三年时间。

改：这座大桥全长 5 公里，建成这样复杂的大桥需要花三年时间。

2. “这样”“那样”可以单独作定语，指示前面出现过的情况、状态，或者后面有说明情况的句子。如：

千百年来，人们一直都做着这样的梦（mèng），希望能够像鸟儿一样飞翔（fēixiáng）。

小王，你昨天不应该和小李打架，我希望那样的事情以后不要再发生。

提示

(1) “这样”“那样”作定语时，前面可以加上用于举例的人或事物，一般要带“的”，结构是“像＋名词＋这样/那样＋的＋名词”或“名词＋这样/那样＋的＋名词”，用“这样”的情况比较多。如：

张老师上课特别认真，课后还非常关心学生的生活，我们都喜欢像她这样的老师。

现在很多大学生都想在大学毕业以后去北京、上海这样的大城市工作。

(2) “这样”“那样”作定语时，如果名词前有“一/几＋量词”时，“的”可以省略。如：

玛丽对我非常好，能有这样（的）一位好朋友，真让我感到幸福！

从前有这样（的）一个故事……（下面是具体的内容）

我打算做这样（的）几件事情……（下面是具体的内容）

今天的报纸上有这样（的）一段（duàn）话……（下面是具体的内容）

3. “这样”“那样”可以作主语、谓语和宾语，指代前面出现过的动作、情况，或者后面有说明情况的句子。如：

我下午和你一起去，这样总可以了吧。（作主语）

你不应该经常和父母争吵（zhēngchǎo），那样不好。（作主语）

以前他的脾气很好，我不知道他现在怎么会变成这样。（作宾语）

你不应该对小明那样，他只是一个不懂事的孩子。（作谓语）

4. “这样”“那样”可以单独使用，有衔接上下文的作用。如：

让我想一想，这样，我下午三点在宿舍等你吧。

我该怎么办呢？——这样吧，你先回家，我问清楚了，再给你打电话。

你先做示范（shìfàn）动作，再讲解一遍，那样，学生就明白了。

5. “这样”“那样”有时还可以作补语，但这样的用法比较少。如：

看把他急得那样，这几天饭也吃不下，觉也没睡好。

提示

“这样”“那样”和“这么”“那么”辨析

(1) “这样”“那样”和“这么”“那么”相同的地方是都可以作状语，后面加动词或形容词，指示程度或方式。在口语里常常用“这么”“那么”。如：

你学习这么/这样认真，一定会进步（jìnbù）很快。

小李那么/那样做一定有他的道理。

在中国，像苏州这么/这样美丽的城市还有很多。

这场比赛没有人们赛前预计（yùjì）的那么/那样精彩（jīngcǎi）。

(2)“这样”“那样”和“这么”“那么”不同的地方。

“这样”“那样”可以指示性质、状态和情况，能够单独作定语，还可以作主语、宾语、谓语或补语。“这么”“那么”一般不能单独使用，后面要加动词或形容词。下面的句子都是错的：

＊听说你要去国外留学，能有这么的机会不容易，你要好好珍惜(zhēnxī)。(“这么”不能单独作定语，应改成“这样”或“这么好”/“这样好”)

＊大卫经常这么，不吃早饭就去上课了。(“这么”不能作谓语，应改成“这样”)

＊事实不是你说的那么。(“那么”不能作宾语，应改成“那样”)

＊你丈夫对你真好，烧饭、洗衣服这样的家务活(jiāwùhuó)他都一个人干了，像他这么的男人现在可不多了。(“这么”应改成“这样”或“这么好”/“这样好”)

“这么那么”可以用于数量词之前，强调数量多或少，或对数量进行估计。下面的句子都是错的：

＊才这样两天时间，张明就把那本小说看完了。(“这样”应改成“这么”)

＊明天会有多少人来我们家做客？——有那样七八个吧。(“那样”应改成“那么”)

练一练

一、HSK 仿真题：将下面句后括号中的词语放在唯一合适的地方。

1. 开始我不同意老王 A 的做法，后来才觉得他 B 做 C 很有 D 道理。(那样)
2. A 有 B 一种人，他们常常 C 随便答应别人的要求，但总是无法 D 做到。(这样)
3. 苏州大学有 100 多年的历史和 A 美丽的校园，B 像苏州大学 C 的学校在中国还有很多 D。(这样)
4. A 事情既然已经 B 了，C 就不必 D 多说了。(这样)
5. 我周一到周五每天去游泳馆游半个小时，周末还去打一次网球，A 我一直都 B 锻炼(duànliàn)身体 C，所以 D 很少生病。(这样)
6. 外面在下 A 大雨，你伞也没带，B 出去可不行，我 C 开车 D 送你吧。(这样)

二、选择括号里的词填空，有的可能不止一个答案。

1. 她都快 40 岁了，但看上去还是像 20 多岁时__________年轻漂亮。(那样、那么)
2. 刚吃完饭就睡觉，__________对身体不好。(这样、这么)
3. 听说你 15 岁上大学，21 岁研究生毕业，是真的__________吗？(这样、这么)
4. 这件事不是杰克说的__________。(那样、那么)
5. 成功时不骄傲(jiāoào)，失败时不气馁(qìněi)，只有__________，才能取得更大的成就。(这样、这么)
6. 看把他急成__________，都快成热锅(guō)上的蚂蚁(mǎyǐ)了。(这样、这么)
7. 玛丽坚持(jiānchí)每天花一个小时学习汉语，就__________，一年以后她的汉语水平有了很大的提高(tígāo)。(这样、这么)
8. 才__________几天，玛丽就学会了开车。(这样、这么)

三、判断下面句子的正误，对的画√，错的画×。

1. 这句话可以这样说，也可以那样说。(　　)
   这句话可以这么说，也可以那么说。(　　)
2. 我是第一次见到这样美丽的风景。(　　)
   我是第一次见到这么美丽的风景。(　　)
3. 连续(liánxù)输掉了最近的三场比赛，球队这样的表现让人失望。(　　)

连续输掉了最近的三场比赛,球队这么的表现让人失望。(　　)

4. 你不应该那样对你的女朋友。(　　)
你不应该那么对你的女朋友。(　　)

5. 玛丽要在美国过完圣诞节,然后再来中国,是这样吗?(　　)
玛丽要在美国过完圣诞节,然后再来中国,是这么吗?(　　)

6. 这部电影讲的是这样一个故事,故事发生在上海……(　　)
这部电影讲的是这么一个故事,故事发生在上海……(　　)

7. 才过了这样一年时间,这里就发生了很大的变化。(　　)
才过了这么一年时间,这里就发生了很大的变化。(　　)

8. 你来中国多久了?——有那样四五年了。(　　)
你来中国多久了?——有那么四五年了。(　　)

四、HSK 仿真题:选出每段话中有错的一部分。

1. 张教授让王丽在一个月内完成论文,虽然这篇论文的难度很大,可王丽真的非常努力,
A　B　C
才花了这样一个星期就完成了论文。
D

2. 我昨天在电视上看到这样一件事,有一对老人,他们的孩子对他们很不好,不但把老人
A　B
的房子卖了,而且也不给他们地方住,还把他们赶出家门,我真不敢相信现在竟然有这么的事情。
C　D

3. 病床上的父亲不能说话,我们只能通过他的眼睛来猜(cāi)他的想法,这么虽然很辛
A　B　C
苦(xīnkǔ),但我们可以彼此(bǐcǐ)了解,继续"谈话"。
D

4. 杰克总是这么,晚上上网到一两点才睡,第二天早上起不来床,上课经常迟到。
A　B　C　D

5. 今天王老师像平常那么,早晨六点就起床了,接着去公园打半个小时太极拳(tàijíquán),
A　B　C
然后再去学校。
D

6. 在我青少年时代,我特别喜欢去玩电脑游戏的地方,可是我父母说这种地方对孩子没
A
有好处,因为他们小时候没有这么的地方,所以他们不能理解。
B　C　D

参考答案

一、1. B 2. B 3. C 4. B 5. B 6. B

二、1. 那样/那么 2. 这样 3. 这样 4. 那样 5. 这样 6. 这样 7. 这样 8. 这么

三、1. √√ 2. √√ 3. √× 4. √√ 5. √× 6. √√ 7. ×√ 8. ×√

四、1. D 改:“才花了这么一个星期就完成了论文”

2. D 改:“我真不敢相信现在竟然有这样的事情”

3. C 改:“这样虽然很辛苦”或“这么做虽然很辛苦”

4. A 改:“杰克总是这样”

5. A 改:“今天王老师像平常那样”

6. C 改:“因为他们小时候没有这样的地方”

单元练习

一、选择合适的词填空。

（一）怎么、怎样、怎么样

1. 请问，去北京大学________走？

2. 今天天气这么冷，你________不多穿点儿衣服？

3. 明天就考试了，我还没________复习呢，你说我该________办啊？

4. ________，你的自行车又坏了？

5. 好久不见，你最近过得________？

6. 张明今天________没来？他昨天说好要来的。

7. 奇怪，我放在这儿的雨伞________不见了？

8. 这个故事的结局（jiéjú）________？

9. 好久不见，你现在过得________？

10. 明天我们就要坐火车去西藏（Xīzàng）了，你的准备工作做得________了？

11. 你先回家，我下班后再来接你一起去外面吃饭，________？

12. 我刚开始学习弹（tán）钢琴（gāngqín），还不________会弹。

13. 这件衣服看上去不________，你还是换件别的衣服吧。

14. 昨天逛街的时候我看见一双黑色的高跟皮鞋，你穿了一定很漂亮，给你买一双，________？

（二）这会儿、那会儿

1. 张老师不在办公室，他________正在教室上课呢。

2. 王经理前天已经离开了法国，________说不定已经到了香港，或者（huòzhě）正在来北京的路上。

3. 记得我上小学________，家里住的还是平房，现在这样的房子已经很少了。

4. 我坐今天的火车回北京，明天________就到家了。

5. 再过几年孩子们都独立（dúlì）了，________你们就可以轻松一些了。

6. 王丽平时就不爱说话，________你们让她介绍她的男朋友，她一定会难为情的。

二、HSK 仿真题：在 A、B、C、D 中选择唯一恰当的填入空格内。

1. 张教授知识渊博（yuānbó）而且幽默（yōumò）风趣，我们都喜欢像他______的老师。

A. 这样　　B. 这么　　C. 怎么　　D. 怎么样

2. 你______，足够了，不用再点了。

A. 菜这么多点了　B. 点了这么多菜　C. 这么多点了菜　D. 这么多菜点了

3. 玛丽学习拉二胡（èrhú）才______两三个月，可拉得已经挺不错的了。

A. 这么　　B. 怎样　　C. 怎么　　D. 那样

4. 听说这儿夏天非常热，温度会经常超过 35 度，真的是______吗？

A. 这么　　B. 这样　　C. 怎么　　D. 怎么样

5. 不管遇到________的困难,老李都努力想办法克服(kèfú),从不逃避(táobì)。

A. 怎么　　B. 这样　　C. 怎样　　D. 这么

6. 恭喜(gōngxǐ)你获得(huòdé)了这次演讲(yǎnjiǎng)比赛的第一名,你现在的心情______?

A. 怎么　　B. 怎么样　　C. 什么　　D. 什么样

7. 从学校到火车站大概有多远?——挺远的,有______四五公里吧。

A. 这样　　B. 那样　　C. 那么　　D. 怎么

8. 在机场把自己的行李(xíngli)给丢了,______的事情我还是第一次遇到。

A. 这么　　B. 这样　　C. 怎么　　D. 怎样

9. 玛丽像平常______,一回到家就打开了电脑。

A. 那么　　B. 那样　　C. 那样做　　D. 怎样

10. 我听你的,今天不出门了,在家里陪(péi)你,______总可以了吧。

A. 这么　　B. 那么　　C. 这样　　D. 怎么样

11. 听说大卫是个帅哥,你能告诉我他长__________吗?

A. 怎么　　B. 什么样　　C. 怎么样　　D. 怎样

12. 如果当时警察(jǐngchá)没有及时出现,真不知道那会是______的结果。

A. 怎么　　B. 怎样　　C. 怎么办　　D. 什么

13. 这儿有各种各样的包,你想买______的?

A. 怎么　　B. 怎么样　　C. 什么　　D. 什么样

14. 你刚才说想要买我们公司的产品,现在又说不买了,这到底是______回事?

A. 怎么　　B. 怎么样　　C. 什么　　D. 什么样

15. 听说明天要开会,在______地方? ______开始?

A. 什么,怎么样　　B. 怎么样,几点　　C. 什么,几点　　D. 怎么样,什么

三、HSK 仿真题:把下列句后括号里的词放在合适的位置。

1. A 昨天我 B 看 C 的 D 电影讲的是一个中国古代的爱情故事。(那部)

2. A 他们 B 结婚 C 是 12 月 25 号 D 圣诞节。(那天)

3. A 你明天 B 不用来 C 早,D 我们还没上班呢。(那么)

4. 如果他以后工作 A 再 B 马虎,C 公司可能就 D 不要他了。(这么)

5. A 才 B 两三天时间,C 玛丽就把论文 D 写好了。(那么)

6. 王刚 A 没有你 B 聪明,但他做起事情来 C 比你 D 认真。(这么)

7. 你 A 把所有的钱都给了国家,没有留给你的孩子,B 你为什么 C 做 D 呢?(这样)

8. 他虽然已经成为了一个 A 成功的商人,可他 B 的生活还是 C 像过去 D 简朴(jiǎnpǔ)。(那样)

9. 杰克因为 A 喜欢中国文化,所以来中国 B 学习汉语,C 像他 D 的外国人很多。(这样)

10. 你说张明 A 快结婚了,我 B 没有听 C 他说起过 D 这件事?(怎么)

四、连词成句。

1. 我　玛丽　该　告诉　这件　怎么　事　呢　把

2. 没　家乡　变化　我　想到　大　这么　的

3. 你　他　像　粗心　那样　别　可

4. 作业　做　了　得　你　怎么样　的

5. 那件　杰克　买　的　衣服　怎么样　不

6. 孩子　的　这个　成绩　怎么　不　好

五、HSK 仿真题:选出每段话中有错的一部分。

1. 我上个周末去桂林旅行,是一个非常美丽的地方,有非常奇特的山水,希望今后还能有机会再去那里。

A　B　C　D

2. 他告诉父母他已经通过了所有的考试,实际上是他撒(sā)的谎(huǎng),他的确参加了所有的考试,可是除了一门课勉强(miǎnqiǎng)及格(jígé)外,其他的课他都没有通过。

A　B　C　D

3. 小明不见了,已经两天两夜没回家了,让他的父母非常着急,他们找了很多地方也没找到,打算明天就去警察局报案(bàoàn)。

A　B　C　D

4. 我从小就想当画家,和我父亲有很大关系,因为他是一个很有名的画家,我小时候非常喜欢看他画画儿。

A　B　C　D

5. 这种新产品不怎么样,没有广告上说的那么好,广告上说它用起来很容易,可实际上完全不是这么,它使用起来很不方便。

A　B　C　D

6. 这些家具有400年的历史了,没想到那么仍然结实(jiēshi),一点儿也没坏,据说它们现在的价值超过300万人民币了。

A　B　C　D

7. 昨天我在公园里遇到了老张,三年不见,他说他的身体不像以前好,因为半年前他生

A　B

了一场大病，后来病虽然好了，可是身体就不怎么好了。

C　　　　　　　　D

8. 我今天见到王丽，她看上去很伤心，我问她怎么了，她说没什么，你知道是什么事情让她这么非常难过吗？

A　　B　　C　　D

9. 以前小王遇到什么事情，都不和家里人商量(shāngliang)，可这一次他不能这么了，因为这件事他一个人没有办法解决(jiějué)。

A　　B　　C　　D

10. 这家饭店的装修(zhuāngxiū)虽然像五星级酒店那样豪华(háohuá)，可是菜的味道不怎么样，价格也不怎样便宜，以后我们还是去别的饭店吃饭吧。

A　　B　　C　　D

六、用学过的代词完成下面的对话。

1. 我要介绍的是苏州的山塘街，________是一条很古老的街道，________的桥和房子都是很旧的。在苏州________一个现代化的城市里能看到________古老的街道，________让我很惊讶(jīngyà)。因为听住________的人说，__________些房子好像至少有上百年的历史了。我觉得________是一个很有特色的旅游景点。

2. 在虎跳峡(xiá)只有山和水，空气也很干净，我从来没有见过________美丽的风景。在东京、上海________的大城市里看不到________多的星星，我好久没有看到______漂亮的夜空了，________真让我感动。

3. 杰克：玛丽，你________好几天没来上课？

玛丽：我的男朋友从美国来看我，这几天我带他出去玩玩儿。

杰克：哦，怪不得你看上去________高兴。

玛丽：听说我们班最近要去春游，你知道去________吗？

杰克：听说要去周庄，你好像去过那儿吧，那儿________？

玛丽：我去过一次，那儿不________大，但非常漂亮，我很想再去一趟(tàng)。我们________时候去？________去呢？坐公共汽车吗？

杰克：下个周末去，老师说________离学校不太远，所以我们打算骑自行车去。哦，对了，你的论文写得________了？今天就要交给老师了。

玛丽：不用担心(dānxīn)，我已经写好了。我们一起去教室吧。

杰克：好的。我们走吧。

参考答案

一、(一) 1. 怎么 2. 怎么 3. 怎么;怎么 4. 怎么 5. 怎么样/怎样 6. 怎么 7. 怎么 8. 怎么样/怎样 9. 怎么样/怎样 10. 怎么样/怎样 11. 怎么样 12. 怎么 13. 怎么样 14. 怎么样

(二) 1. 这会儿 2. 这会儿 3. 那会儿 4. 这会儿 5. 那会儿 6. 这会儿

二、1. A 2. B 3. A 4. B 5. C 6. B 7. C 8. B 9. B 10. C 11. B 12. B 13. D 14. A 15. C

三、1. D 2. C 3. C 4. B 5. B 6. B 7. C 8. D 9. D 10. B

四、1. 我该怎么把这件事告诉玛丽呢?

2. 我没想到家乡的变化这么大。

3. 你可别像他那样粗心。

4. 你的作业做得怎么样了?

5. 杰克买的那件衣服不怎么样。

6. 这个孩子的成绩不怎么好。

五、1. B 改:“那是一个非常美丽的地方”

2. B 改:“这/那实际上是他撒的谎”或:“实际上这/那是他撒的谎”

3. B 改:“这让他的父母非常着急”

4. B 改:“这和我父亲有很大关系”

5. C 改:“可实际上完全不是这样”

6. B 改:“没想到仍然那么结实”

7. B 改:“他说他的身体不像以前那么/那样好”

8. D 改:“你知道是什么事情让她这么难过吗”

9. C 改:“可这一次他不能这么做了”或:“可这一次他不能这样(做)了”

10. C 改:“价格也不怎么便宜”

六、1. 那;那儿;这样/这么;那么;这;那儿;那;那儿

2. 这么/这样;这样;这么;这么/这样;这

3. 怎么;这么;哪儿;怎么样;怎么;什么;怎么;那儿;怎么样

·第三单元·

第一课 自己 本人 别人 旁人 他人 人家 大家 大伙儿

讲一讲

这一课,我们将学习用于自称、他称和统称的人称代词。

一、自己、本人

"自己""本人"都可以用于自称。

1. 自己。

"自己"用于自称人或事物本身。"自己"侧重于"内指",主要是把自身和其他的人或事物区别开来。

(1) 用于人的自称。

① 放在人称代词或表示人的名词之后作复指成分,起强调作用。如:

这件事情都怪我自己不好,不能怪别人。

这本书是作者自己花钱出版(chūbǎn)的。

② "自己"单用,指代前面已经出现的人,常作定语、宾语或状语。如:

她总是关心别人,很少想到自己。(作宾语,指代"她")

旅客们,请注意保管好自己的物品。(作定语,指代"旅客们")

玛丽给自己制订了一个汉语学习计划。(作介词"给"的宾语,指代"玛丽")

您别客气,要吃什么自己拿。(作状语,指代"您")

③ 有时可以泛指任何人,所指对象可以在句中不出现。一般用于陈述普遍的规律和道理。如:

自己动手,丰衣足食(fēng yī zú shí)。

任何人都应该对自己做的事负责(fùzé)。

(2) 用于指称事物自身,常作定语或状语。如:

任何事物都有自己的特点。(作定语,指代"任何事物")

奇怪,门怎么自己开了?(作状语,指代"门")

(3) 表示说话人所归属的对象、处所、单位等,作定语,一般不带"的"。如:

来我家做客的就是自己人了,不必太客气。("自己人"即"不是外人")

我们是好朋友,就像自己兄弟一样。

哪里都不如自己家舒服。

提示

(1)“自己”作状语修饰动词时，前面常常有“就”“还”等副词作修饰。如：

我没时间陪你去逛街，你就自己去吧。

老王都80多岁了，他这么大年纪还自己洗衣服做饭，怎么不找个人帮忙呢？

(2)“自己＋动词/介词＋自己”形式较常用，主语和宾语同时指代前面出现过的人。如：

你出国以后，只能自己照顾自己了。

这件事既然已经过去了，你就不用再责怪自己了，可别自己跟自己过不去。

(3)在表示比拟（“像自己的……一样”）时，一般不能只用人称代词，应该用“自己”复指或单用“自己”。下面的句子是错的：

＊王老师对我非常热情，我觉得在他家就像在我家一样。（“我家”应改为“我自己家”或“自己家”）

＊张教授把王丽当做他的孩子一样，非常关心。（“他的孩子”应改为“他自己的孩子”或“自己的孩子”）

2. 本人。

“本人”也有“自己”的意思，只用于人，不用于事物，一般出现在书面语和比较正式的场合，使用范围比“自己”要小。

(1)“本人”常放在人称代词和表示人的名词之后，作复指成分，常作主语、宾语和定语。“本人”侧重于“外别”，指从外部把一个人和其他人区别开来。下面的句子都属于这种用法，一般不能换成“自己”。

照片上的小王和她本人一点也不像。（不能用“自己”）

你不是想见张教授吗？站在你面前的就是张教授本人啊！（不能用“自己”）

除了医生、护士和患者（huànzhě）本人外，其他人都不得进入手术室。（正式规定一般不用“自己”）

这张借书证不是你本人的，所以你不能用它来借书。（用“本人”比较正式，一般不用“自己”）

(2)“本人”单用，指代说话人自己，相当于“我”，常作主语、宾语，用于表示说话人态度的正式场合。“自己”没有这样的用法。如：

本人愿意虚心（xūxīn）接受他人的批评。

本人郑重（zhèngzhòng）声明，这件事与本人无关。

(3)“本人”单用，有时可以泛指任何人。如：

买飞机票，必须凭本人的身份证。

只要本人愿意，谁都可以参加这次比赛。

提示

“自己”和“本人”辨析

(1)“自己”使用范围比较广，口语、书面语都可以用，“本人”常常用于比较正式的场合。

(2)“自己”可以指人或事物，既可以是单数也可以是复数。“本人”只能指单个的人，不能指复数。如：

不是我不让他去,是他自己不想去。(非正式场合一般不用"他本人")

*不是我不让他们去,是他们本人不想去。("他们本人"应改为"他们自己")

(3) 因为"自己"侧重于"内指",所以当句子表示自我反省的时候,一般要用"自己",不用"本人"。如:

我觉得我自己也有做得不对的地方。

你想想自己是不是一点儿问题也没有?

(4)"自己""本人"虽然都可以用于泛指,但所用的场合有所不同。如:

每个学生都应在学习上严格(yángé)要求自己。(普遍的道理)

购买学生票时,必须凭(píng)本人的学生证。(说明规定)

(5)"本人"放在人称代词和表示人的名词之后,作复指成分,如果不是强调外部的区别而只用于指某人本身时,可以换成"自己"。用"本人"更正式一些。如:

我听说王刚本人/自己愿意去农村工作。

老李的事情还是由他本人/自己来讲吧。

考北京大学是我本人/自己的意愿。

二、别人、旁人、他人、人家

"别人""旁人""他人""人家"都可以用于他称。

1. 别人。

"别人"常用于口语,常泛指说话人、听话人或被叙述者以外的其他人,一般不确指某人或某些人。如:

这件事情你可不能告诉别人。

今天晚上宿舍里只有我一个人,没有别人,你来玩儿吧。

张明对人特别热心,总是把别人的事当作自己的事来做。

遇到危险(wēixiǎn)的时候,我们不能只顾(gù)自己,不顾别人。

2. 旁人。

"旁人"原来的意思是指旁边的人,也可以泛指其他人。"旁人"多用于口语,使用频率没有"别人"高。如:

这件事情是我干的,和旁人/别人无关。

这儿只有我们俩,没有旁人/别人,你有什么话,就快说吧。

3. 他人。

"他人"指其他的人,常用于书面语,特别是在法律和规定中。如:

尊重他人就是尊重自己。

法律规定:修改权,即修改或者授予(shòuyǔ)他人修改作品的权利。

提示

"别人"和"旁人"多用于口语,"他人"多用于书面语。其中"别人"最常用,使用范围最广。

4. 人家。

作代词时,"人家"的"家"要读轻声 jia。"人家"只用于口语,口语色彩很重,用法和"别人"有相似的地方,也有不同。

（1）"人家"可以泛指说话人、听话人或被叙述者以外的人,意思相当于"别人"。不过,这时用"别人"的情况比较多,用"人家"比较少。如:

你得告诉儿子,别随便拿人家/别人的东西。

我们只有热心帮助人家/别人,人家/别人才能热心帮助我们。

（2）和"别人"泛指其他人不同,"人家"更多的用法是确指某人。下面"人家"的用法都是"别人"所没有的。

① "人家"指前面已经提到的人,相当于"他""他们"。有时即使前面没有出现所指的人,从句子的意思也可以判断出那人是确实存在的。如:

你借了那么多钱,打算怎么还人家呢?（"人家"指代借钱给"你"的人,但不能用"他"）

王丽正在忙着学外语呢,人家可没时间陪你玩儿。（"人家"指代"王丽"）

你女朋友对你这么好,你要是不努力,怎么对得起人家呢?（"人家"指代"你女朋友"）

② "人家"有时可以用于表示人的名词或称呼之前,加强确指。如:

这本杂志不是我的,是人家玛丽的,你可别弄坏了。

人家王老师对你这么好,你应该谢谢人家。

"人家"常常带有说话人的主观感情色彩或倾向,这种感情色彩是"别人"和"他""他们"所没有的。"人家"常用于表示佩服、赞赏等意义的感叹句中。如:

你看人家张明,多能干!

人家老李经常出差(chūchāi),什么地方没去过!

③ "人家"还可以指说话人自己,相当于"我",常带有一点儿埋怨、责怪的语气。一般用于年轻女性自称。如:

人家等你半天了,你怎么才来?

人家都急死了,你还笑人家,真讨厌(tǎoyàn)!

原来是你呀,进屋也不说话,差点没把人家吓(xià)死。

（3）"人家"还可以作名词,指住户或家庭,这时"人家"的"家"要读成 jiā,不能读轻声。如:

这个村子有几十户人家。

这家人家很少和别的人家来往。

三、大家、大伙儿

"大家""大伙儿"可以用于统称。

1. 大家。

（1）"大家"指代一定范围内所有的人。有时包括说话人和听话人,有时不包括说话人,有时不包括说话人和听话人,而指第三方。如:

这是大家的事情,得好好商量才行。（包括说话人和听话人）

请大家安静,我有话要说。（不包括说话人）

我知道大家对学习中国传统(chuántǒng)文化都很感兴趣。（不包括说话人）

你看,我们的想法大家都很赞成(zànchéng)。（不包括说话人和听话人）

（2）当某人或某些人和"大家"对举的时候,"大家"一般不包括这个人或这些人。如:

校长有一个好消息(xiāoxi)要告诉大家。（不包括"校长"）

小李,你给大家唱首歌吧。（不包括"小李"）

(3)“大家”常常放在复数代词“你们、我们、他们、咱们”的后面作复指成分。如：

我们/咱们大家一起干，一会儿就能干完。

你们大家对这件事有什么看法？

他们大家都夸(kuā)王丽孝顺(xiàoshùn)父母，是个好女儿。

2. 大伙儿。

(1)“大伙儿”和“大家”的意思和用法很相近，“大伙儿”的口语色彩比较重。如：

除了小张，大伙儿都来了。

下班以后，大伙儿都别走，得一起练习唱歌，下星期有歌唱比赛。

你动作快点儿呀，大家伙儿都等着你呢！(“大伙儿”有时也说“大家伙儿”)

(2)“大伙儿”所指的人一般与说话人同属一个集团，可放在复数代词“我们、咱们”后面作复指成分，但很少放在“你们、他们”之后。如：

我们大伙儿都信任(xìnrèn)你。

他是为了咱们大伙儿的事情累病的。

提示

“大家”和“大伙儿”辨析

“大家”比较常用。“大伙儿”主要用于不太正式的对话中，说话人与听话人的关系比较亲密，没有或忽略上下的地位差别。正式场合的讲话一般都要用“大家”，不用“大伙儿”。如：

在会议开始之前，请允许我向大家介绍一下我们近期的工作情况。

我代表党中央、国务院向大家表示节日的问候，祝同志们春节快乐，阖(hé)家幸福！

因为我们工作没做好，给大家造成了很大的麻烦，在这里我向大家表示歉意(qiànyì)。

当站在第三者的角度进行客观叙述时，一般也用“大家”。如：

人们向总理问好、拜年(bànnián)，总理也向大家拱(gǒng)手致贺，鼓掌声、欢笑声响成一片。

比赛结束后，冠军高举奖杯(jiǎngbēi)向大家致意。

练一练

一、从下面所给的代词中选择合适的填入空格内。

自己　本人　别人　他人　人家

1. 你看＿＿＿＿小王都买汽车了，咱们是不是也该买一辆了？
2. 毕业以后是工作还是考研究生，由你＿＿＿＿决定。
3. 你的那封信我已经交给王经理＿＿＿＿了。
4. 教室里没有＿＿＿＿，只有玛丽一个人在看书。
5. 电鳗(diànmán)这种鱼的身体两侧(cù)有发电器官，能发出电波来捕食或保护＿＿＿＿。
6. 张明对工作非常认真负责(fùzé)，你应该好好向＿＿＿＿学习学习。
7. 球队取得这次比赛的冠军，队员们对＿＿＿＿的表现都非常满意。

8. 我国法律(fǎlǜ)规定:强迫(qiǎngpò)__________吸食、注射毒品(dúpǐn)的,处三年以上十年以下有期徒刑(túxíng),并处罚金(fájīn)。

9. 玛丽想找一个比__________年纪大的男朋友。

10. 你要我给你买英语教材,__________给你买了,你又不看!

11. 在火车站购买学生票,一定要凭__________的学生证。

12. 大卫觉得这件事和他__________没有关系,所以他一点儿也没在意。

13. 能够有机会和这部小说的作者__________见面,我感到非常高兴。

14. 法律规定:公民享有肖像权,未经__________同意,不得以赢利(yínglì)为目的(mùdì)使用公民的肖像(xiāoxiàng)权。

15. 你一个人去北京工作,得学会__________照顾__________。

16. 在机场登机时需要携带(xiédài)__________的身份证或护照。

二、HSK 仿真题:在下面 A、B、C、D 中选择最接近画线词意义的词语。

1. 我生病了,你也不来看我,一点也不关心____人家____。

A. 别人　　B. 他　　C. 家里人　　D. 我

2. 经____他人____介绍,张明认识了现在的女朋友。

A. 别人　　B. 他　　C. 他们　　D. 我

3. 你快把这东西给王经理送过去,____人家____正等着用呢。

A. 家里人　　B. 别人　　C. 我　　D. 他

4. 今天办公室里没有____别人____,只有我和小张两个人。

A. 旁人　　B. 本人　　C. 人家　　D. 我

5. 这是他自己的事情,____别人____帮不了他。

A. 本人　　B. 旁人　　C. 他人　　D. 人家

6. 我们不能把自己的快乐建立在____他人____的痛苦(tòngkǔ)之上。

A. 别人　　B. 他　　C. 人家　　D. 本人

7. 听____人家____说你找到工作了,是吗?

A. 他　　B. 家里人　　C. 别人　　D. 我

8. 张明平时为人非常诚实,____本人____深信他不会撒谎(sāhuǎng)。

A. 自己　　B. 他　　C. 我　　D. 别人

9. 王丽这学期又拿了奖学金(jiǎngxuéjīn),为什么____人家____能拿,你就拿不到呢?

A. 自己　　B. 她　　C. 你　　D. 他人

10. 你本人的重要证件,最好不要交给____旁人____保管。

A. 自己　　B. 他　　C. 你　　D. 他人

三、HSK 仿真题:将下面句后括号中的词语放在唯一合适的地方。

1. 这辆自行车 A 我 B 能修好 C,你不用找师傅 D 来修了。(自己)

2. 你自己的东西 A 要 B 保管好,C 小心被 D 拿走。(别人)

3. 大卫 A 现在有没有女朋友,我 B 不太清楚,你 C 还是问他 D 吧。(本人)

4. 如果房间里 A 没人 B 来过,那灯怎么 C 开了 D 呢?(自己)

5. A 参加这次考试的考生,在 B 进入考场时,必须出示 C 考生 D 的身份证或护照。(本人)

6. 小李 A 又不是 B 故意弄坏你的手机的,你 C 为什么那么大声责备(zébèi)D 呢?(人家)

7. 对不起,我 A 现在很忙,你 B 就 C 去一趟(tàng)D 邮局吧。(自己)

8. A 小王只来了苏州 B 几个月，就把苏州话都学会了，C 我呆了这么久，D 还听不懂苏州话呢。（人家）

9. 你别开 A 玩笑了，我怎么 B 比得上 C 张明，D 可是在国外毕业的博士（bóshì）哦。（人家）

10. A 什么事这么神秘（shénmì）？B 这儿没有 C，你 D 快说吧。（旁人）

11. 原来以为今天的比赛 A 我们肯定 B 会输，没想到竟然赢了，这让 C 我们 D 都非常高兴。（大家）

12. 我的话 A 说完了，B 都谈谈 C 自己的 D 想法吧。（大家）

13. 今天 A 的会议到此结束，B 要是没意见，C 那就照计划 D 办吧。（大伙儿）

14. 听到 A 球队 B 赢球的消息，C 都 D 激动（jīdòng）地跳了起来。（大家）

四、HSK 仿真题：找出下面每段话中有错的一部分。

1. 小李告诉我刘老师脾气很大，可当我见到刘老师自己，我倒觉得他很和气，一点儿也
A B C
不像小李说的那样。
D

2. 你不是一直想见张教授吗？坐在那儿的就是张教授自己，你还不赶快过去和他打个招呼，
A B C
向他问声好。
D

3. 我自己郑重声明：对于这起事故，本人愿意承担（chéngdān）全部责任（zérèn），并对
A B C
由于本人过失而造成的损失（sǔnshī）进行赔偿（péicháng）。
D

4. 乘客需提前抵达机场，登机前必须出示自己的身份证或护照，如果没有携带身份证或
A B
护照的话，就不得登机。
C D

5. 这件事情都怪我本人，不能怪别人，如果我没有把订单（dìngdān）搞错的话，人家也就
A B C
不会退货了。
D

6. 这位老人虽然已经七十多岁了，但他非常乐于帮助别人，总是把别人的困难当作他的困难，
A B C
所以我们都非常尊敬他。
D

7. 野外生存比赛要求参赛者本人寻找食物、水源(shuǐyuán)和宿营(sùyíng)地,不得借
A
助汽车等交通工具,也不得使用手机,谁能最终第一个到达目的地,谁就是冠军。
B C D

8. 这台笔记本电脑是别人小王的,我为了写论文才借回来的,你可别把它弄坏了,最好
A B C
别上网,也别玩游戏。
D

参考答案

一、1. 人家 2. 自己 3. 本人 4. 别人 5. 自己 6. 人家 7. 自己 8. 他人 9. 自己 10. 人家 11. 本人 12. 自己 13. 本人 14. 本人 15. 自己;自己 16. 本人

二、1. D 2. A 3. D 4. A 5. B 6. A 7. C 8. C 9. B 10. D

三、1. B 2. D 3. D 4. C 5. D 6. D 7. C 8. A 9. D 10. C 11. D 12. B 13. B 14. C

四、1. B 改:"可当我见到刘老师本人"
2. B 改:"坐在那儿的就是张教授本人"
3. A 改:"我本人郑重声明"
4. B 改:"登机前必须出示本人的身份证或护照"
5. A 改:"这件事情都怪我自己"
6. C 改:"总是把别人的困难当作(他)自己的困难"
7. A 改:"野外生存比赛要求参赛者自己寻找食物、水源和宿营地"
8. A 改:"这台笔记本电脑是人家小王的"

第二课 每 各 某

讲一讲

"每""各""某"是比较特殊的指示代词。

一、每

1. "每"指全体中的任何一个或一组，强调所指个体的共同特点或动作的周遍性，常常用来修饰名词作定语，形式是"每＋数量短语＋名词"，当数词是"一"时，"一"常常省去。如：

在中国，差不多每（一）个年轻人都有手机。（个体的共同特点）

春节的时候，每（一）家饭店的生意都很好。（个体的共同特点）

张经理给了每（一）个孩子一百块钱。（动作的周遍性）

校长跟每（一）个学生都握（wò）了手。（动作的周遍性）

"每"可以和时间名词（分钟、小时、天、月、年等）或动量词构成短语，常在句中作状语，表示同一动作有规律地反复出现，如：

老王每天早晨都去公园打太极拳。

每次上课玛丽都向老师提出许多问题。

每次到上海我都会去外滩（wàitān）走走。

提示

（1）"每"不能单独使用，一般要带上量词才能修饰普通名词。"每"可以直接修饰"人"、"家"和表示时间的名词。如：

每支笔五块钱。

请在每张纸上都写上自己的名字。

一到春节，每家每户都张灯结彩、喜气洋洋。

我每年都去医院做一次体检（tǐjiǎn）。

（2）"每"侧重表示由个体组成的全体，经常要用表示范围的副词"都"。如：

每本书你都看过吗？

每个教室都坐满了人。

我每个周末都开车去郊区（jiāoqū）打高尔夫球。

（3）"每＋名量词"不能重叠。"每＋时间名词"或"每＋动量词＋动词"作状语的句子表示的动作是经常发生或有规律重复，即使动作是过去发生的，句尾也不要加"了"。下面的句子是错的：

大卫学习怎么样？——＊他每天每天都很努力。

改：大卫学习怎么样？——他每天都很努力。

＊王丽的父亲每次去国外都给她带礼物了。

改：王丽的父亲每次去国外都给她带礼物。

＊我每天都去游泳了。

改：我每天都去游泳。

2. “每”还可以作副词，表示同一动作行为有规律地反复出现。如：

每到夏天，王老师就去北方避暑（bìshǔ）。

每到中秋节，张明就特别想念自己在老家的父母。

每当我遇到困难的时候，我的朋友们总是热心地帮助我。

“每”还可重叠，跟“往往”意思相同。如：

他们常在一起聊天，每每一聊就是半天。

二、各

1. “各”指一定范围内的所有个体，和“每”强调个体的共同点不同，“各”强调的是所指个体的不同点。如：

各人有各人的想法，都不一样。

中国幅员（fúyuán）辽阔（liáokuò），各地的气候很不一样。

会议的各种材料都准备好了。

环境问题引起了社会各方面的关注。

提示

(1) “各”可以直接修饰名词。如果名词是单音节的，“各”后面不用带量词，如“各人、各国、各省、各市、各地、各班、各家各户”等。如果名词是双音节的，又是表示组织、机构的名词，一般也不用带量词，如“各民族、各单位、各部门、各年级”等。常用于比较正式的书面语。如：

世界各国人民都渴望和平，反对战争。

各单位要做好安全生产措施（cuòshī），防止意外事故发生。

请通知各部门由于天气原因明天的活动取消。

春节前各家各户都忙着购买年货。

除了上述名词外，“各”修饰其他名词时，需要带量词。如：

他们尝试了各种方法，但都没有成功。

玛丽各门课的成绩都很好。

各位来宾（láibīn），晚上好！

(2) 不是所有量词都能和“各”一起，只有一部分量词可以，如“个、种、位、方面、门、级、项”等。“各位”有时可以单独使用。如：

欢迎各位光临！

大家都很辛苦了，我请各位吃饭吧。

(3) “各”还可以单独使用，但是使用范围很小。当前面有带有复数意义的人或事物时，“各”可以用于分指前面出现的人或事物。常见的形式是“各＋动词＋各＋的＋(名词)”。如：

这几台机器各有各的用处。

这几位画家各有各的风格。

今天吃饭,咱们 AA 制,各付各的。

现在的孩子,都各玩各的,不太合群。

(4) 成语“各种各样”“各式各样”表示不同的种类、样式很多。作定语的时候,一般要加“的”。如:

这条街上有各种各样的商店,有书店、鞋店、服装店,还有我最喜欢的小吃店。

这家面包店专门制作各式各样的法国面包。

2. “各”还可以作副词,修饰动词,表示分别做或分别具有。“各”可修饰的动词不多,一般是单音节动词,用“有”的情况最多。如:

这套房子的南北各有一个阳台。

这些产品都不错,各有各的特点。

双方各执(zhí)一词,互不相让。(“各执一词”是比较固定的用法,意思是双方都坚持各自的看法,认为自己正确。)

我觉得自助餐(zìzhùcān)的形式很好,大家可以各取所需嘛。(“各取所需”也是比较固定的用法,意思是个人选取自己所需要的。)

提示

“每”和“各”辨析

(1) “每”侧重于强调个体的共同点,后面常有副词“都”。“各”侧重于强调个体的不同点。如:

小李的儿子太可爱了,每个人都很喜欢他。

我和我的弟弟各有各的爱好,我喜欢看书,他喜欢运动。

(2) “每”可以和数量短语结合,“各”不能和数量短语结合。“每”可以带各种量词,“各”只能带一些量词。下面的句子是错的:

*各三天浇(jiāo)一次水。

改:每三天浇一次水。

*这里的各台电脑都是我们公司生产的。

改:这里的每台电脑都是我们公司生产的。

(3) “各”可以用于“各 + 动词 + 各 + 的 + (名词)”结构中,“每”不能。

三、某

“某”不能单用,一般用于书面语。

1. 用于实指,指代知道但不愿意说出、不必说出或所指不太明确的人或事物。可直接用于“人”及表示时间、地点或单位等的名词前,其他名词前要加量词。如:

最近,中国军队在西北某地举行了军事演习。

去年夏天的某一天,王丽突然(tūrán)来找我。

某省几家报纸都报道了这一消息。

某人告诉我你快结婚了,是真的吗?

由于某种原因,张明出院后没有回家,而是去了朋友那里。

(二) 不用于实指,指代不确定的人或事物,常用于举例或解释说明。如:

某班有男生20人，女生30人，请问：该班一共多少人？

"参加"这个词的意思是指加入某种组织或某种活动。

这个病人因为车祸(chēhuò)造成了失忆(shīyì)，也许某种刺激(cìjī)能让他恢复(huīfù)记忆。

3. "某"可以用在姓氏后面，指代确定的人，如"王某""李某某"，一般用于法院证词、新闻报道等正式场合。如：

邻居张某也听说了这件事。

根据证人李某某的证词，他亲眼看到这件事是王某干的。

"某"也可以用于自称，往往是说话者特别强调自己的决心或意志时才用。这种用法现在用得很少。如：

我王某一言既出，驷(sì)马难追，说了就一定做到。

提示

(1)"某"指人、机构等时，可以重叠，但所指仍然是单数。如"某某人、某某公司、某某学校、某某单位"等。如：

这件事是某某人告诉我的，不过，我不能告诉你是他是谁。

(2)"某"可以带不定量词"些"。如：

我们不能像某些人那样，说的多，做的少。

这家公司的某些产品已经达到世界先进水平。

练一练

一、从下面所给的代词中选择合适的填入空格内。

每　各　某

1. 小王的妻子(qīzi)在上海工作，所以他差不多________个周末都去上海。
2. ________个人都有自己的生活方式。
3. 张明小时候喜欢向老师提出________种奇怪的问题。
4. 从这儿到杭州大概500多公里，我们坐的汽车________一个小时左右停车休息一次。
5. 我的儿子长得很可爱，见过他的________个人都很喜欢他。
6. 医生告诉我，这种药________天吃两次，________次吃一粒。
7. 世界________国都越来越重视环境污染(wūrǎn)问题。
8. 我________天都骑自行车上班，如果天气不好就坐公共汽车。
9. ________年国庆节的时候，全国都要举行盛大(shèngdà)的庆祝(qìngzhù)活动。
10. 这几个学生________有________的特长，有的会唱歌，有的会跳舞，还有的会弹钢琴。
11. 在南方的________个城市，住着一对年轻夫妇。
12. 警察发现，罪犯(zuìfàn)原来就是受害人张________的弟弟。

二、HSK 仿真题：将下面句后括号中的词语放在唯一合适的地方。

1. 这个问题A很麻烦，科学家们B想了很多方法，这些C方法D有各的优点(yōudiǎn)和缺点(quēdiǎn)。(各)

2. 老李 A 把节省下来的 B 一分钱 C 都 D 用来资助(zīzhù)贫困(pínkùn)学生。(每)

3. A 这儿的地铁差不多 B 隔(gé)五分钟 C 就 D 有一班。(每)

4. 中国 A 有 56 个民族(mínzú),B 民族 C 都 D 有自己的文化传统。(各)

5. "情报"这 A 个词的意思是指关于 B 种情况的 C 消息和报告,D 多带机密(jīmì)性质(xìngzhì)。(某)

6. A 在国外留学的时候,B 当我想起我的 C 家人,我就会 D 给他们打电话。(每)

三、HSK 仿真题:找出下面每段话中有错的一部分。

1. 张明很爱他的父母,每年每年都回家过春节,今年他结婚了,他要带着妻子一起回家。

A 张明很爱他的父母 B 每年每年都回家过春节 C 今年他结婚了 D 他要带着妻子一起回家

2. 玛丽每回家都买礼物送给父母,虽然礼物不是很贵,只是一些像围巾、手套这样的东西,但她的父母都非常喜欢。

A 玛丽每回家都买礼物送给父母 B 虽然礼物不是很贵 C 只是一些像围巾、手套这样的东西 D 但她的父母都非常喜欢

3. 这个学校的各个老师都很关心学生,不管是学习上的问题,还是生活中遇到的问题,学生们都能得到老师的热心帮助。

A 这个学校的各个老师都很关心学生 B 不管是学习上的问题 C 还是生活中遇到的问题 D 学生们都能得到老师的热心帮助

4. 对于这个问题,每人有每人的想法,如果我们大家想解决问题,我看还是坐下来好好儿商量商量再说。

A 对于这个问题 B 每人有每人的想法 C 如果我们大家想解决问题 D 我看还是坐下来好好儿商量商量再说

5. 我们年级有 6 个班,各个班都有 30 个学生,每个学期会有一次期中考试和期末考试,期中考试以后还会组织一次旅行。

A 我们年级有 6 个班 B 各个班都有 30 个学生 C 每个学期会有一次期中考试和期末考试 D 期中考试以后还会组织一次旅行

6. 每我女朋友来我家,看见我的房间乱七八糟,她就很不高兴,觉得我太懒(lǎn)了,连自己的房间都不好好收拾一下。

A 每我女朋友来我家 B 看见我的房间乱七八糟 A 觉得我太懒(lǎn)了 D 连自己的房间都不好好收拾一下

7. 现在坐火车从上海到南京非常方便,差不多各 30 分钟就有一辆火车,而且速度非常快,只要两个小时。

A 现在坐火车从上海到南京非常方便 B 差不多各 30 分钟就有一辆火车 C 而且速度非常快 D 只要两个小时

8. 我上大学那会儿每个星期去三次健身房了,现在我工作很忙,没有那么多时间,只能

A 我上大学那会儿每个星期去三次健身房了 B 现在我工作很忙 C 没有那么多时间 ……只能

每周去一次。

D

9. 因为小王的父母年纪大了，所以小王结婚后经常回家看望他们，差不多各两天就回去一次，

A　　　　B　　　　C

小王的丈夫都有点意见了。

D

参考答案

一、1. 每　2. 每　3. 各　4. 每　5. 每　6. 每、每　7. 各　8. 每　9. 每　10. 各、各　11. 某　12. 某

二、1. D　2. B　3. B　4. B　5. B　6. B

三、1. B　改："每年都回家过春节"

2. A　改："玛丽每次回家都买礼物送给父母"

3. A　改："这个学校的每个老师都很关心学生"

4. B　改："每个人有每个人的想法"或"各人有各人的想法"

5. B　改："每个班都有 30 个学生"

6. C　改："每次我女朋友来我家"

7. B　改："差不多每 30 分钟就有一辆火车"

8. A　改："我上大学那会儿每个星期去三次健身房"

9. C　改："差不多每两天就回去一次"

第三课 人称代词和指示代词的活用

讲一讲

人称代词和指示代词在一定的场合下，有一些活用的情况。

一、人称代词的活用

1. 用单数人称代替复数人称。"我"常可代替复数人称"我们"，用于工厂、机关、学校等对外称自己时，后面的名词一般是单音节的，只用于书面语和比较正式的场合，在口语里常用"我们"。"你"偶尔也有这样的用法，一般都用"你们"。如：

我校张明老师前往你厂联系（liánxi）工作，请给予协助（xiézhù）。（"我校"即"我们学校"，不能说"我学校"；"你厂"即"你们厂"）

这是我厂的新产品。（"我厂"即"我们工厂"，不能说"我工厂"）

我公司是一家大型企业，主要生产电视机。（"我公司"即"我们公司"）

勤俭（qínjiǎn）节约（jiéyuē）是我中华民族的优良传统。（"我中华民族"即"我们中华民族"）

2. 用第二人称"你"代替第一人称。这种用法一般出现在对话中，前面先出现第一人称，后面的"你"有时就指前面的第一人称，常用于批评或抱怨别人。如：

我劝了他多少次，希望他戒烟（jièyān），可他就是不听你的，你有什么办法？

我已经看透（tòu）他了，你对他再好，他也不感谢你。

3. 人称代词表示虚指，不确指哪一个人。如：

人与人应该相互尊重，你不尊重别人，别人也就不尊重你。

他的才学让你不得不佩服（pèifu）。（意思是"他的才学让人不得不佩服"）

人称代词用于虚指，还有以下两种形式：

（1）两个不同的人称代词，充当两个相同形式的句子的主语，表示很多人交替做不同或相同的动作，带有"纷纷""连续不断"的意思。如：

孩子们你唱一首歌，他跳一个舞，玩得高兴极了。

开会讨论时，同学们你一句我一句，提出了很多很好的意见。

（2）在相同的两个动词谓语句中，主语和宾语交替使用两个不同的人称代词，表示两个以上的人互相做同一动作。如：

大家你看看我，我看看你，都不说话。

这件事大家你推给他，他推给你，谁都不愿意干。

有时也可以表示互相配合地做某事。如：

姐妹俩你帮我，我帮你，很快就化妆（huàzhuāng）好了。

以上两种形式里，句子的大主语都是复数，其中的“你”“我”“他”都是虚指。

二、指示代词的活用

指示代词“这”“那”“这样”“那样”等可以表示虚指，用于口语。

1. “这”“那”一起使用可以表示虚指，强调事物众多，所指的事物并不确定。常用于口语，可以使语言简洁生动。主要有两种形式：

（1）“动词+这+动词+那”。“这、那”前一般是同一个动词，表示动作涉及各种各样的事物。如：

她星期天在家里干这干那，也没时间休息。

这孩子就喜欢问这问那，对什么都感兴趣。

（2）“这啊那的”。“这”“那”与前后的动词有动作与受事的关系，同样表示动词所表示的动作涉及各种各样的事物。如：

我们俩这啊那的，聊得非常开心。

你好好工作吧，别这啊那的瞎想（xiāxiǎng）。

你别说什么这啊那的了，赶快走吧。

2. “这样”“那样”一起使用也可以表示虚指。如：

这部电影虽然有这样那样的缺点，但总的来说还算不错。

小李虽然犯（fàn）过这样（或）那样的错误，但没出过什么大问题。

练一练

一、模仿例句，用括号里的代词改写下面画线部分的句子。

例：孩子嘛，<u>就喜欢问各种各样的问题</u>，父母应该满足他们的好奇心。（这、那）

孩子嘛，就喜欢问这问那，父母应该满足他们的好奇心。

1. 张明每次出差，<u>回家的时候总要给女儿买好多东西</u>。（这、那）

2. 老李退休以后，常常到街上闲逛，<u>东看看，西看看，</u>消磨（xiāomó）时光。（这、那）

3. 王丽星期天呆在家里，<u>一会儿洗洗衣服，一会儿看看电视，</u>不知不觉一天就过去了。（这、那）

4. 著名科学家牛顿小时候对什么都很好奇，<u>总是向老师问很多问题</u>，直到弄明白为止。（这、那）

5. 刘经理是个很挑剔（tiāotì）的人，<u>你做得再好她仍会挑出各种各样的毛病</u>。（这、那）

6. 她很喜欢摄影（shèyǐng），每次出门旅行，<u>都忙着到处拍照</u>。（这、那）

7. <u>这篇文章虽然有一些缺点</u>，但总的来说还写得不错的。（这样、那样）

8. 我们班级的同学非常活跃(huóyuè),每次搞活动都会有很多不同的意见。(这样、那样)

二、模仿例句,用人称代词活用的形式改写下面画线部分的句子。

例:为了帮助灾民,市民们纷纷捐款(juānkuǎn)捐物,短短两天就捐出了价值300多万元的财物。

改1:为了帮助灾民,市民们你捐款,我捐物,短短两天就捐出了价值300多万元的财物。

改2:为了帮助灾民,市民们你50,我100,短短两天就捐出了价值300多万元的财物。

1. 两个人吵着吵着,打了起来,拳打脚踢,越打越厉害,拉都拉不开。

2. 车上只有几个座位,大家互相谦让(qiānràng),都不肯坐。

3. 开会的时候,大家纷纷(fēnfēn)发言,讨论得可热烈了。

4. 那人说:"谁敢上来跟我比比?"大家互相看看,谁也不敢上去。

5. 咱们今后就在一个班里学习了,希望大家互相帮助,共同进步。

参考答案

一、1. 张明每次出差,回家的时候总要给女儿买这买那。
2. 老李退休以后,常常到街上闲逛,看看这看看那,消磨时光。
3. 王丽星期天呆在家里,一会儿干(干)这,一会儿干(干)那,不知不觉一天就过去了。或:王丽星期天呆在家里,干这干那,不知不觉一天就过去了。
4. 著名科学家牛顿小时候对什么都很好奇,总是向老师问这问那,直到弄明白为止。
5. 刘经理是个很挑剔的人,你做得再好她仍会挑这挑那。
6. 她很喜欢摄影,每次出门旅行,都忙着拍这拍那。
7. 这篇文章虽然有这样那样的缺点,但总的来说还写得不错的。
8. 我们班级的同学非常活跃,每次搞活动都会有这样那样的意见。

二、1. 两个人吵着吵着,打了起来,你一拳我一脚,越打越厉害,拉都拉不开。
2. 车上只有几个座位,大家你让我,我让你,都不肯坐。
3. 开会的时候,大家你一句我一句,讨论得可热烈了。
4. 那人说:"谁敢上来跟我比比?"大家你看我,我看你,谁也不敢上去。
5. 咱们今后就在一个班里学习了,希望大家你帮助我,我帮助你,共同进步。

第四课 疑问代词的非疑问用法

试一试

模仿例句，用括号中的疑问代词把下面的陈述句改写成反问句。

例：小张不会画画儿，这张画一定不会是他画的。

小张不会画画儿，这张画怎么会是他画的？（怎么）

1. 这件事大家都知道。

   ______________？（谁）

2. 我没见过王经理，我不知道他就是王经理。

   我没见过王经理，______________？（哪）

3. 我想好好休息一下，可还有那么多工作没做完呢。

   ______________？可还有那么多工作没做完呢。（谁）

4. 时间还早呢，你不用着急。

   时间还早呢，______________？（什么）

5. 他任何时候都不关心我们。

   ______________？（什么时候）

6. 张明一点儿广东话都不会说，他肯定不是广东人。

   张明一点儿广东话都不会说，______________？（哪里）

（答案在下面“讲一讲”里）

讲一讲

一、疑问代词表示反问

疑问代词除了表示有疑而问（询问）外，还可以表示无疑而问（反问）。反问句并不要求对方回答。反问句如果本身是肯定句，表示的是否定的意思；如果是否定句，表达的是肯定的意思。上面“试一试”中的句子可改成反问句如下：

这件事谁不知道？（意思是：这件事大家都知道。）

我没见过王经理，我哪知道他就是王经理？（意思是：我不知道他就是王经理。）

谁不想好好休息一下？可还有那么多工作没做完呢。（意思是：我想好好休息一下儿。）

时间还早呢，你着什么急呀？（意思是：你不用着急。）

他什么时候关心过我们？（意思是：他任何时候都不关心我们。）

张明一点儿广东话都不会说，他哪里是广东人？（意思是：他不是广东人。）

提示

(1)“哪”用于反问句时，相当于“哪儿”，放在动词的前面，只能读 nǎ，不能读 něi。

(2) 反问句里的“哪儿”“哪里”表示处所的意义并不强，有的根本不表示处所，主要的作用是加强反问语气。如：

我一个月工资(gōngzī)才 2 000 多块钱，哪儿去给你找这么多钱呀？

我不信，哪儿会有这样的事？

你听谁说的，我哪儿会跳舞啊？

我男朋友根本不懂电脑，他哪里会修电脑？

(3) 反问句的最后常带有“啊、呀、呢”等语气词。反问句有语气词时，语气比较和缓。不用语气词时，语气会显得比较生硬。“呢”常与“怎么”呼应。如：

明天就考试了，你今天还看什么电视呀？

还没到下班时间，我怎么能出来呢？

二、疑问代词表示任指

疑问代词可以表示任指，用于陈述句中。

1. 在句子中单独用一个疑问代词表示任指(指任何人、事物、地方、时间等)，后面一般要有副词“都”或“也”，表示所说的范围之内没有例外。用“也”的时候，后面一般是否定。如：

这个问题谁都/也解决不了。(“谁”指任何人)

谁都知道这件事。(“谁”指任何人)

他什么都/也不怕。(“什么”指任何事物)

我什么地方都找过了，还是没找到我的护照。(“什么地方”指任何地方)

我平时一直在家，你什么时候来都行。(“什么时候”指任何时间)

来苏州一个月了，我还哪儿都没去过呢！(“哪儿”指任何地方)

2. 表示任指的疑问代词还经常用于使用“无论”“不管”等连词的复句中。如：

无论我怎么/怎么样劝他，他都不听。(“怎么”指任何方式)

无论遇到什么困难，我们都能克服。(“什么困难”指任何困难)

不管是谁，都要遵守法律。(“谁”指任何人)

不管怎么样，我都会和你在一起。(“怎么样”指任何情况)

三、疑问代词表示不确指

1. 疑问代词可以代替不确定的人或事物，用于陈述句中。句子前后用同一个疑问代词，两个疑问代词可以充当相同的句子成分，也可以充当不同的成分，指代的是相同的人、事物、地点、方式等。常用副词“就”。如：

谁想去谁就去。

你想怎么干就怎么干。

小王性格很直爽(zhíshuǎng)，想到什么就说什么。

你想去哪儿，我就陪你去哪儿。

这个歌星到哪个城市表演，她的歌迷就跟到哪个城市。

谁的能力强，我就选谁做班长。

"多少"也可以这样用,表示不确定的数量。如:

我只想了解一些情况,你知道多少就说多少。

这是一次为残疾人(cánjírén)的募捐(mùjuān)活动,大家能捐多少就捐多少。

提示

(1)"谁"表示任指的时候,第二个"谁"可以用第三人称"他"来代替。如:

谁的能力强,我就选谁做班长。/谁的能力强,我就选他做班长。

(2)下面的用法,由于经常使用,已相对固定,所以带有特定的意义。如:

你们该干什么干什么去,别围(wéi)在这里了。("该干什么干什么去"的意思是:你们做自己的事去)

你要不是我儿子,你爱怎么样就怎么样,我才不管你呢!("爱怎么样就怎么样"的意思是:随便你做什么)

这里是学校,不能想怎么样就怎么样,要遵守学校的规矩。("想怎么样就怎么样"的意思是:按自己的想法随意去做)

2. 句子前后用同一个疑问代词,两个疑问代词在句中充当不同的句子成分(主语和宾语),指代不同的人或事物,常用于说明两方面之间的关系。用"谁"的情况比较多,后面要加"也"。例如:

小王和小李谁也说服不了谁。

虽然这对夫妻经常吵架,可是他俩谁也离不开谁。

这两支球队都认为自己是最强的,谁也不服谁。

这类句子的谓语一般是否定形式,肯定形式一般不能成立。如:

*小张和小李是好朋友,常常互相帮助,谁也帮助谁。

小张和小李有了矛盾(máodùn),现在见了面谁也不理谁,好像不认识一样。

四、疑问代词表示虚指

疑问代词还可以用于陈述句中表示虚指,指不知道、说不出来或无须指明的人或事物。如:

她好像想说点儿什么。

玛丽的手里好像有什么东西。

我好像在哪里见过这个人。

咱们哪天去苏州乐园玩玩儿吧。

等你什么时候放假了,我们一起去香港玩儿吧。

疑问代词还有一些比较固定的用法,参见本单元第五课。

练一练

一、HSK 仿真题:在下面的 A、B、C、D 中选择唯一恰当的答案。

1. 女:小张说他已经把钱还给你了。

男:他的话你也信,他什么时候说过真话呀?

问:男的话是什么意思?

A. 小张说的是真话　　B. 小张已经还钱了

C. 男的相信小张　　D. 小张还没还钱

2. 女:老王,你不去参加这次国际会议吗?

男:谁不想去啊? 可事情太多了,脱不开身。

问:男的话是什么意思?

A. 男的不想参加会议　　B. 男的身体不好,所以不去参加会议

C. 男的很想去,但没有时间去　　D. 没有人想去参加会议

3. 男:下个周末有中国足球队的比赛,你能帮我买张球票吗?

女:我去哪儿给你弄票啊?

问:女的话是什么意思?

A. 女的让男的自己去买　　B. 女的不知道去哪儿买票

C. 女的知道在哪儿可以买到票　　D. 女的也没有办法买到票

4. 男:小张怎么还没来? 是不是不知道下午要开会?

女:是他通知我的,他怎么会不知道呢?

问:女的话是什么意思?

A. 小张肯定知道下午要开会　　B. 小张不知道下午要开会

C. 小张为什么会不知道　　D. 小张没有通知女的

5. 女:听说老李的公司生意很火,一年能挣(zhèng)20 万。

男:20 万? 哪儿止啊?

问:男的话是什么意思?

A. 老李一年挣 20 万元左右　　B. 老李一年挣不了 20 万

C. 老李一年挣的超过 20 万　　D. 老李一年哪里能挣 20 万

二、模仿例子,根据提示用疑问代词构成反问句完成对话。

例:A:你最好劝劝你儿子,让他早点儿和女朋友结婚算了。

B:我劝过他很多次了,他哪听我的呀?(他不听我的,哪,呀)

1. A:小李,你来唱首歌吧。

B:不行,不行,____________________?(我不会唱歌,哪儿,呀)

2. A:小张最近好像很不高兴,怎么回事?

B:他失恋(shīliàn)了,____________________?(心情不会好,怎么,呢)

3. A:你让杰克自己去找王教授吧。

B:____________________? 还是我陪他去吧。(他不认识王教授,哪,啊)

4. A:听张明说你买了一套大房子,什么时候带我去看看?

B:________________?(你不能相信张明说的话,怎么,呢)他在和你开玩笑呢,________________?(我现在没有钱买房子,哪儿,啊)

5. A:听丽丽说你欺负(qīfu)她,____________?(你不能欺负你妹妹,怎么,呢)

B:我只是想逗(dòu)她玩儿,没想到她当真了。

6. A:呀,你怎么身上全湿(shī)了,没带伞吗?

B:____________? 出门的时候天气还好好儿的。(我不知道今天会下雨,哪儿)

7. A:真不容易,你又拿到了一个世界冠军(guànjūn),恭喜(gōngxǐ)你。

B:谢谢,说真的,没有教练的认真指导,______________________?(我不能取得今天的成绩,哪,呢)

8. A:听说你买彩票中大奖了,是真的吗?

B:呵呵,我只是买着玩玩的,______________________?(没想到居然(jūrán)中奖了,谁)

9. A:是不是你说的明天会放假呀?

B:你听谁说的?______________________?(我没说过明天会放假,什么时候)

10. A:你准备好了吗?我们快迟到了。

B:______________________?还有半个小时呢,来得及。(你别急,什么,呀)

三、模仿例句,用括号中的疑问代词把下面画线部分的句子改写成反问句。

例:杰克不懂汉语,他当然不知道你在说什么。(哪)

杰克不懂汉语,他哪知道你在说什么?

1. 不好好学习,你当然不能取得好成绩。(怎么,呢)

2. 这事你不说,大家都不会知道。(谁,啊)

3. 我不知道你不吃香菜。(哪,啊)

4. 我们不能因为工作忙就不锻炼(duànliàn)身体。(怎么,呢)

5. 作业还没做完,我没有心情看电影。(哪儿,啊)

6. 地上很凉,你不能睡在地上。(怎么,呢)

7. 你们别吵,人家老王在睡觉呢。(什么,呀)

8. 我们不能被困难吓倒。(哪,呢)

9. 他说话那么难听,没有人受得了。(谁)

10. 他从来没有说过你的坏话,你可别冤枉(yuānwang)他。(什么时候)

四、HSK 仿真题:在下面的 A、B、C、D 中选择唯一恰当的答案。

1. 他发烧了,胃口不好,______也不想吃。

A. 怎么　　B. 哪儿　　C. 什么　　D. 为什么

2. 我昨天晚上才到上海,______都没去过呢。

A. 怎么　　B. 哪儿　　C. 什么　　D. 哪个

3. 这个人我好像在______见过,______想不起来了呢。

A. 怎么、哪儿　　B. 哪儿、怎么　　C. 什么、怎么　　D. 哪个、怎么样

4. 队长,我们全听你的,你______说,我们就______做。

A. 怎么、怎么　　B. 哪儿、什么　　C. 什么、什么　　D. 哪个、哪儿

5. 杰克平时看上去不______用功，可______也没想到这次考试他竟然得了第一名。

A. 怎么、什么　　B. 怎么样、怎样　　C. 什么、怎么　　D. 怎么、谁

6. 这个孩子真任性（rènxìng），想______就______，一点儿规矩（guīju）也不懂。

A. 哪儿、什么地方　　B. 怎么样、怎么样　　C. 什么地方、哪里　　D. 什么、什么

7. 上口语课的时候，大家要多说，能说______就说______。

A. 哪儿、什么　　B. 什么、哪儿　　C. 什么、哪里　　D. 多少、多少

8. 我不喜欢那个地方，______想去______去，反正我不去。

A. 哪儿、什么　　B. 谁、哪儿　　C. 谁、谁　　D. 谁、多少

9. 你们难得来我家一次，你们想吃______，我就给你们做______。

A. 什么、什么　　B. 哪儿、什么　　C. 怎么、怎么　　D. 哪个、哪儿

10. 这本书这个学期看来是学不完了，只好学到______是______了。

A. 什么、什么　　B. 哪儿、什么　　C. 怎么、怎么　　D. 哪儿、哪儿

五、填入适当的疑问代词。

1. 这孩子很固执（gùzhi），__________的话他都不听。
2. 回国前我想买点儿__________东西送给我的朋友。
3. 不管明天天气__________，运动会都照常进行。
4. 这么重要的事情，你__________能不告诉父母呢？
5. 这些书都没意思，我__________本都不喜欢。
6. 不管是__________，只要见到这个可爱的孩子，都会喜欢上他。
7. 这么大的事，你__________不早说？
8. 明天我一天都在家，你__________时候来都行。
9. 你不说话，我__________知道你在想什么呢？
10. 大家别客气，今天我请客，你们想吃__________就点__________，没问题。

六、模仿例句，用括号中的疑问代词改写画线部分的句子。

例：我今天身体不舒服，任何地方都不想去。（哪儿）

我今天身体不舒服，哪儿都不想去。

1. 她就交给我一封信，一句话也没说就走了。（什么）

2. 那儿风景优美，气候宜人（yírén），是一个人人都想去的好地方。（谁）

3. 刚开始学写汉字的时候，老师这么写，我们就这么写，老师那么写，我们就那么写。（怎么……怎么）

4. 我和太太结婚30年了，感情非常好，我离不开她，她也离不开我。（谁……谁）

5. 我爸爸是个钓鱼（diàoyú）迷，凡是有鱼的地方，他都会去。（哪儿……哪儿）

6. 没有人知道他到底在研究什么。（谁）

7. 小王和小李你一句我一句，争了起来，小王不让小李，小李也不让小王。（谁……谁）

8. 我放暑假了，有的是时间，你任何时候来找我玩儿都行。（什么）

9. 这是一场中日足球友谊（yǒuyì）赛，中国队赢还是日本队赢并不重要，友谊是第一位的。（谁）

10. 书看完以后，从什么地方拿的就放回原处去。（哪儿……哪儿）

七、根据括号里的词语，用分别代表两个人的“谁（主）也不＋动词＋谁（宾）”完成下面的句子。

例：这两个人都喜欢下围棋，水平差不多，谁也不服谁。（不服）

1. 巴西队和阿根廷队都很厉害，每次两个队比赛的时候，就像老虎和狮子，________。（不怕）

2. 张明和李丽虽然离婚了，但他们________，仍然是非常好的朋友。（不恨）

3. 我和她是网友，没有见过面，下了网可就________了。（不认识）

4. 他们俩大吵了一架，现在________，好像不认识似的。（不理）

5. 对这个问题，科学家有不同的看法，可是这些看法都还无法通过事实来证明，所以科学家之间________。（说服不了）

6. 我们不仅在工作上互相配合（pèihé），在生活上也互相照顾，________。（离不开）

7. 两个队在比赛场上争夺得十分激烈，________。（不让）

8. 同学们平时做作业不要互相抄（chāo）来抄去，因为考试的时候，________。（帮不了）

参考答案

一、1. D 2. C 3. D 4. A 5. C

二、1. 我哪儿会唱歌呀？
2. 心情怎么会好呢？
3. 他哪认识王教授啊？
4. 你怎么能相信张明说的话呢？ 我现在哪儿有钱买房子啊？
5. 你怎么能欺负你妹妹呢？
6. 我哪儿知道今天会下雨？
7. 我哪能取得今天的成绩呢？
8. 谁想到居然中奖了？
9. 我什么时候说过明天会放假？
10. 你急什么呀？

三、1. 不好好学习，你怎么能取得好成绩呢？
2. 这事你不说，谁会知道啊？
3. 我哪知道你不吃香菜啊？
4. 我们怎么能因为工作忙就不锻炼身体呢？
5. 作业还没做完，我哪儿有心情看电影啊？

6. 地上很凉,你怎么能睡在地上呢?
7. 你们吵什么呀?人家老王在睡觉呢。
8. 我们哪能被困难吓倒呢?
9. 他说话那么难听,谁受得了?
10. 他什么时候说过你的坏话了?

四、1. C 2. B 3. B 4. A 5. D 6. B 7. D 8. C 9. A 10. D

五、1. 谁 2. 什么 3. 怎么样 4. 怎么/哪 5. 哪 6. 谁 7. 怎么 8. 什么 9. 怎么 10. 什么、什么

六、1. 她就交给我一封信,什么也没说就走了。
2. 那儿风景优美,气候宜人,是一个谁都想去的好地方。
3. 刚开始学写汉字的时候,老师怎么写,我们就怎么写。
4. 我和太太结婚30年了,感情非常好,谁也离不开谁。
5. 我爸爸是个钓鱼迷,哪儿可以钓鱼,他就去哪儿。
6. 谁也不知道他到底在研究什么。
7. 小王和小李你一句我一句,争了起来,谁也不让谁。
8. 我放暑假了,有的是时间,你什么时候来找我玩儿都行。
9. 这是一场中日足球友谊赛,谁赢并不重要,友谊是第一位的。
10. 书看完以后,从哪儿拿的就放回哪儿去。

七、1. 谁也不怕谁　2. 谁也不恨谁
3. 谁也不认识谁　4. 谁也不理谁
5. 谁也说服不了谁　6. 谁也离不开谁
7. 谁也不让谁　8. 谁也帮不了谁

第五课 疑问代词的固定用法

讲一讲

疑问代词在口语里有一些比较固定的用法，这些用法口语色彩比较重，常带有说话人一定的感情色彩。

一、与“哪儿”“哪里”“哪”有关的用法

“哪儿”“哪里”可以用于反问，表示否定，由于使用频率很高，所以在口语中形成了一些比较固定的用法。

1. “哪儿呀”在对话中常表示否定，用于纠正对方的说法。如：

你是不是今年毕业？——哪儿呀，我还有两年呢。

“哪儿呀”“哪里”“哪里哪里”都可以作谦词，常用于听到对方称赞时婉转（wǎnzhuǎn）地表示否定。如：

你这篇文章写得真好！——哪儿呀，马马虎虎吧。

你的汉语说得真不错。——哪里，还差得远呢。

你的歌唱得真好，比很多歌星唱得还好听。——哪里哪里，您过奖了。

2. “哪儿能啊”表示“不会”“不可能”，常在对话中用于消除对方的误解。如：

你大概把我忘了吧？——哪儿能啊。

你爸爸大概很讨厌（tǎoyàn）我吧？——哪儿能啊，你多心了。

3. “形容词＋不到＋哪儿去”，表示估计某种状态不会达到很高的程度。如：

这双鞋子才30元钱，质量（zhìliang）一定好不到哪儿去。（“好不到哪儿去”的意思是：不会很好）

这一地区的人生活水平不高，市场里的菜也贵不到哪儿去。（“贵不到哪儿去”的意思是：不会很贵）

4. “说/扯（chě）＋（到）＋哪儿去了”，这一结构一般用于说话人不同意对方的说法而中止所说的话题。如：

你孩子今年多大了？——您说（到）哪儿去了，我连女朋友还没有呢。

5. “到哪儿去找”的意思是“到哪儿也找不到”，可用于称赞人或事物的时候。如：

这么好的地方，到哪儿去找？（意思是：哪儿也找不到这么好的地方）

像姐夫这样好的男人，到哪儿去找！（意思是：哪儿也找不到像姐夫这样好的男人）

6. “哪知道”“哪想到”表示没有想到，可用于陈述句，表示出乎预料。如：

我本以为大卫会给我打电话，哪知道过了一个星期他都没和我联系。

我原以为这家公司很不错，哪想到才过了一年它就倒闭（dǎobì）了。

二、与“什么”有关的用法

1.“什么”常用于列举，表示“……之类”。

(1)“什么”用在几个并列成分前。如：

什么买菜、做饭、洗衣服，都是他妻子的事儿。

(2)“什么的”用在一个或几个并列成分后。如：

小李不喜欢看书什么的，就喜欢打篮球。

我想去市场买点白菜、萝卜(luóbo)什么的。

提示

“什么的”一般只用于表示事物的名词之后，不用在表示人或处所的名词后面。下面的句子是错的：

*中国历史上著名的皇帝(huángdì)有秦始皇、汉武帝、唐太宗什么的。

改：中国历史上的著名皇帝有秦始皇、汉武帝、唐太宗等。

*我们去了旅顺(Lǚshùn)的军港、鳄鱼园、历史博物馆什么的。

改：我们去了旅顺的军港、鳄鱼园、历史博物馆等旅游景点。

2.“什么”表示否定。

(1)用于名词前，表示说话者对“什么”后的事物或人抱批评的态度。如：

你这是什么话啊！做错了事你还有理啦？

这是什么玩意儿！怎么能算艺术品呢？

(2)引述别人的话，前加“什么”，表示不同意某种说法。常见形式有三种：

A.“什么X”(“X”为引述别人的话或其中的关键词)。如：

什么“出血大甩卖，只剩最后三天”，都是假的，你可千万别信，这家店已经打了一年这样的广告了。

什么“黑猫”“白猫”，能抓老鼠就是好猫。

B.“什么+X+不+X+的”(“X”为引述别人话中的关键词)。如：

别老说什么“领导”不“领导”的，咱们都是同学，你别这么叫我。

什么优秀(yōuxiù)不优秀的，我不觉得他评上优秀就很了不起了。

C.“什么+X的+Y的”(“X、Y”为引述别人话中所用的人称代词)。如：

你如果把我当兄弟看，就别说什么“你的”“我的”了，只要你喜欢，就拿去吧。

(3)用在动词后。表示不满。如：

哭什么？这回输了，下回咱们一定要赢回来！(意思是：你别哭)

笑什么？我是认真的！(意思是：你别笑)

有时动词可以在“什么”后重复出现，表示说话人对对方所做动作的强烈不满，常用于地位高的人训斥(xùnchì)地位低的人。如：

吵什么吵！你们就不能安静一会儿？

跑什么跑！你以为你跑了就没事了？

闹什么闹！现在是上课时间，知道不知道！

(4)“有什么+好/可+动词+的”。这是一个反问结构，意思是“没有什么+(好/可)+动词+的”，即不值得做某个动作，表示说话人的不满或不以为然。如：

你有什么好犹豫(yóuyù)的？合不来就分手嘛！

这个问题有什么可讨论的！原来怎么做就怎么做呗(bei)！

有时这一结构里的“好/可”可以不用，用“单音节动词＋头”或四字熟语等。如：

弄了半天，一事无成，这事还有什么干头！

有什么(好)大惊小怪的，这种事儿我见得多了。

(5)“有什么＋形容词＋(的)”。这也是一个反问结构，意思是“没有什么＋形容词＋(的)”，表示不以为然。如：

在朋友面前唱歌，有什么不好意思的？(意思是：不用不好意思)

就买张火车票，有什么难的？(意思是：不难)

(6)“这有什么”。在对话中，有时单以“这有什么”的形式出现，同样表示不以为然。省略的常是表示评价或看法的形容词、动词或名词。如：

听说这个外国人认识3000多汉字呢！——这有什么？我7岁的儿子也认识3000多个汉字呢！(意思是：没什么了不起)

你一个女孩子，怎么老跟男同学在一起啊？——这有什么？他们对我都挺好的。(意思是：没有关系)

你不会跳舞，就别跳了，你没看见人家在笑你吗？——这有什么？我愿意！(意思是：没有关系)

三、与“谁”有关的用法

1.“谁知道”。

“谁知道”表示否定，表示不知道。在对话中单用，一般用于回答熟人的询问。在表示“不知道”的同时，也带有对所问问题“不关心”的意味，后面常有语气词“啊、呢”。如：

小张去哪儿了？好几天没看见他了。——谁知道啊。

还没下班呢，老王怎么就走了呢？——谁知道呢。

“谁知道”可以用于陈述句的开头，表示“没有想到”，后面一般要带小句宾语，用于情况出乎意料时。如：

我本来是和他开玩笑，谁知道他真生气了。

他看上去身体并不强壮，谁知道他竟然拿了全国拳击(quánjī)比赛的冠军。

2.“谁说不是”。

“谁说不是”表示赞成或同意、肯定对方的说法。在对话中，常常可以单用，后多带语气词“呢”。如：

王老师真是个好人！——谁说不是呢？

老李上有老，下有小，养活一家子，可真不容易。——谁说不是呢？

“谁说不是”后面有时可以带表示评价的句子。如：

他们俩郎(láng)才女貌，谁说不是天生的一对呢？

练一练

一、HSK仿真题：在下面的A、B、C、D中选择唯一恰当的答案。

1. A：你儿子是不是已经结婚了？

B:______,他还没有女朋友呢!

A. 哪里哪里　　B. 哪里　　C. 哪儿呀　　D. 什么

2. A:你的钢琴弹得真好。

B:______,我的水平还差得远呢。

A. 哪里哪里　　B. 为什么　　C. 什么　　D. 这有什么

3. A:老来麻烦您,您大概见我烦了吧?

B:______。

A. 哪里哪里　　B. 哪里　　C. 哪儿　　D. 哪儿能啊

4. A:这个地方太漂亮了,真像是人间仙境(xiānjìng)。

B:______说不是呢。

A. 怎么　　B. 谁　　C. 哪儿　　D. 什么

5. 这么点儿小事,有______可讨论的!

A. 怎么　　B. 谁　　C. 哪儿　　D. 什么

6. 本以为我们队一定能赢,______知道却输了。

A. 怎么　　B. 谁　　C. 哪儿　　D. 什么

7. ______名牌(míngpái)不名牌的,我觉得一点儿也不重要,只要自己穿着舒服就行。

A. 哪里哪里　　B. 哪儿　　C. 哪儿呀　　D. 什么

8. 这么便宜的衣服到______去找?你再不买就没有了!

A. 哪里哪里　　B. 哪儿　　C. 哪儿呀　　D. 什么

9. 这是______饭店啊,又脏又乱的,我想这儿的菜也肯定好吃不到______去。

A. 哪里　什么　　B. 什么　哪儿　　C. 哪儿呀　什么　　D. 什么　哪能啊

10. ______话啊!明明是你做错了,______能怪别人呢?

A. 哪里　怎么　　B. 哪儿　哪能　　C. 什么　怎么　　D. 什么　怎么样

11. 哭______? ______都有失败的时候,擦(cā)干眼泪,重新开始。

A. 哪里　怎么　　B. 什么　谁　　C. 什么　怎么　　D. 谁　什么

12. 不管______说,咱们总算是出国旅游,总该买点儿______东西带回去吧。

A. 怎么　什么　　B. 哪儿　哪能　　C. 什么　怎么　　D. 什么　怎么样

13. 这有______呀,这种工艺品______都有,你可别在这儿买。

A. 怎么　什么　　B. 哪儿　什么　　C. 什么　怎么　　D. 什么　哪儿

14. 他平时就爱打打羽毛球、网球______的,没有______别的爱好。

A. 怎么　什么　　B. 什么　什么　　C. 什么　怎么　　D. 什么　哪儿

15. 张明是一个消防员,______有危险,他就出现在______。

A. 什么　什么　　B. 谁　什么　　C. 谁　哪儿　　D. 哪儿　哪儿

二、用括号内的词语或结构改写下面画线部分的句子。

例:我女儿的爱好很多,唱歌、跳舞、画画儿之类的她都喜欢。(什么的)

我女儿的爱好很多,唱歌、跳舞、画画儿什么的她都喜欢。

1. 小学数学不会很难,你孩子一定没好好儿学习吧。(形容词+不到哪儿去)
2. 这歌太难听了,快把录音机(lùyīnjī)关了吧!(有什么+形容词+的)
3. 大家别争了,这是我们大家一起努力的成果,就不要分你我了。(什么"你的""我的")
4. 不用着急,离上课还有40分钟呢!(动词+什么)

5. 我的爱好很多,看书、旅游、摄影之类的我都喜欢。(什么的)
6. 这算不上了不起,这种小魔术(móshù)我也会。(有什么 + 形容词)
7. 我们原计划明天从上海坐车去北京,没想到火车票都卖完了。(谁知道)
8. 用不着大惊小怪,这是常有的事。(有什么 + 形容词 + 的)
9. 有付出(fùchū)才会有收获(shōuhuò),大家都认为这句话说得很对。(谁说不是)
10. 他不是专家,连最起码的专业知识都不知道。(什么 + 名词)

三、用括号内的词语完成句子。

1. 我们一家人都是球迷,______________________________我们都喜欢。(什么的)
2. 听说云南四季如春,冬天也______________________________。(不到哪儿去)
3. 你______________________________? 我可是认真的,你别不当一回事。(动词 + 什么)
4. 我以为我是第一个到的,______________________________。(谁想到)
5. 吵______________________________? 大家都在看你们呢! 丢人不丢人!(什么)
6. A:这么难治的病居然让他给治好了,不愧(kuì)是名医啊。
   B:______________________________? 我真的很佩服(pèifú)他。(谁说不是)
7. 咱们本来就是一家人,______________________________。(分;什么你的我的)
8. 一进商店你就走不了了,有______________________________?(什么 + 好 + 动词 + 的)
9. 只是让你代表大家发个言,有______________________________?(什么;不好意思)
10. 这家书店里的书种类很多,______________________________,应有尽有。(什么)

参考答案

一、1. C 2. A 3. D 4. B 5. D 6. B 7. D 8. B 9. B 10. C 11. B 12. A 13. D 14. B 15. D

二、1. 小学数学难不到哪儿去,你孩子一定没好好儿学习吧。
2. 这歌有什么好听的,快把录音机关了吧!
3. 大家别争了,这是我们大家一起努力的成果,就不要分什么“你的”“我的”了。
4. 急什么呀,离上课还有 40 分钟呢!
5. 我的爱好很多,看书、旅游、摄影什么的我都喜欢。
6. 这有什么了不起? 这种小魔术我也会。
7. 我们原计划明天从上海坐车去北京,谁知道火车票都卖完了。
8. 有什么大惊小怪的? 这是常有的事。
9. 有付出才会有收获,谁说不是呢?
10. 什么专家? 他连最起码的专业知识都不知道。

三、1. 足球、排球、篮球什么的
2. 冷不到哪儿去
3. 笑什么
4. 谁想到老李比我来得还早
5. 什么 或:什么吵
6. 谁说不是呢
7. (还)分什么你的我的呢
8. 有什么好看的 或:有什么好买的
9. 有什么不好意思的 10. 什么历史的、文学的、经济的、哲学的、政治的

单元练习

一、HSK 仿真题：在下面的 A、B、C、D 中选择唯一恰当的答案。

1. 男：你知道张明喜欢王丽吗？
女：除了王丽自己，谁不知道啊？
问：女的话是什么意思？
A. 没有人知道　　B. 人人都知道
C. 只有王丽不知道　　D. 除了王丽没人知道

2. 女：这道题你会做吗？
男：这哪难得倒我呀？
问：男的话是什么意思？
A. 他会做这道题　　B. 他不会做这道题
C. 他不知道自己会不会做　　D. 这道题很难

3. 男：这件衣服挺漂亮的，得 500 块吧。
女：哪有那么贵，500 块可以买两件了。
问：女的话是什么意思？
A. 这件衣服要 500 块　　B. 这件衣服很贵，超过 500 块
C. 这件衣服不贵，250 块左右　　D. 她买了两件衣服

4. 女：你爸不是说下个星期才来吗？
男：是啊，谁知道他今天就来了，可能想孙子（sūnzi）了吧。
问：男的话是什么意思？
A. 他没想到父亲今天会来　　B. 他父亲下个星期来
C. 他知道父亲今天要来　　D. 他父亲今天不来

5. 女：你看过《红楼梦》吗？
男：这么有名的小说，我怎么会没看过呢？
问：男的话是什么意思？
A. 他没看过《红楼梦》　　B. 他看过《红楼梦》
C.《红楼梦》不太有名　　D. 他没有《红楼梦》

6. 女：这家饭店我们来过好多次了，我们换一家吧。
男：我同意，可是这儿附近没有哪家饭店比这家饭店更好的了。
问：男的话是什么意思？
A. 换一家饭店吃饭　　B. 这儿的饭店都很好
C. 这家饭店在这儿是最好的　　D. 不知道哪家饭店好

7. 男：小李的乒乓球打得不错。
女：他哪儿赶得上小张啊，人家小时候可是全国比赛的冠军。

问：女的话是什么意思？

A. 小李打得比小张好　　B. 小李没有小张打得好

C. 小李小时候是全国比赛的冠军　　D. 不知道小李现在在哪儿

8. 女：现在买东西可不能什么便宜买什么，质量也很重要。

男：谁说不是呢？

问：男的话是什么意思？

A. 他觉得女的说的不对　　B. 他觉得女的说的对

C. 没有人喜欢买便宜的东西　　D. 谁都喜欢买便宜的东西

9. 男：晚上一起去参加舞会吧。

女：跳什么舞呀？我晚上得复习，明天还要考试呢。

问：女的话是什么意思？

A. 晚上可以去跳舞　　B. 不知道跳什么舞

C. 晚上没有时间跳舞　　D. 明天考试不用复习

10. 男：老师让我告诉你这个星期五你把论文交给他。

女：只有两天时间了，我哪儿写得完啊？

问：女的话是什么意思？

A. 星期五交论文没问题　　B. 不知道在哪儿交论文

C. 论文已经写完了　　D. 时间太短了，写不完

11. 男：听说你快结婚了。

女：哪儿呀，我的男朋友还不知道在哪儿呢。

问：女的话是什么意思？

A. 她快结婚了　　B. 不知道在哪儿结婚

C. 不知道男朋友现在在哪儿　　D. 还没有男朋友

12. 男：昨天的考试我考得糟透了，你一定考得不错吧？

女：哪儿呀，考试太难了，我也一定好不到哪儿去。

问：女的话是什么意思？

A. 男的考得不会太糟糕　　B. 自己考得也不好

C. 问男的在哪儿考试　　D. 考得不好，哪儿也不想去

13. 男：要不要我再陪你一会儿？

女：你该干什么干什么去吧，我该回家了。

问：女的话是什么意思？

A. 你去做自己的事吧　　B. 自己不想干什么

C. 你应该去工作　　D. 你还有很多事要做

14. 女：老王如果知道这件事，可能会和咱们发火的。

男：事情已经这样了，他爱怎么样就怎么样吧。

问：男的话是什么意思？

A. 老王一定会发火　　B. 只能随便老王做怎么样了

C. 老王不会发火　　D. 不能告诉老王这件事

15. 女：小张今天的歌唱得真不错！

男：这有什么？多练练我也行。

问：男的话是什么意思？

A. 小张唱得还可以　　　　B. 小张唱得不好

C. 不知道小张唱了什么歌　　　　D. 小张没有什么了不起

二、HSK 仿真题：在下面的 A、B、C、D 中选择唯一恰当的答案。

1. 这孩子长得又聪明又可爱，所以______都喜欢他。

A. 大家　　B. 人家　　C. 怎么样　　D. 怎么

2. 这里是失物认领处，东西一定要失主______来认领才行。

A. 自己　　B. 本人　　C. 人家　　D. 大家

3. 今天我的身体不舒服，______东西都不想吃。

A. 谁　　B. 什么　　C. 哪儿　　D. 怎么

4. 昨天我们去买了床、餐桌、椅子______的，新房里差不多______都有了。

A. 什么　哪儿　　B. 怎么　什么　　C. 哪儿　谁　　D. 什么　什么

5. 这本小说实在不______，我才翻了几页，就不想再看下去了。

A. 怎么　　B. 什么样　　C. 那样　　D. 怎么样

6. 她______比照片上还要好看。

A. 自己　　B. 本人　　C. 人家　　D. 大家

7. 他一点汉语也不会，______能听懂你们说的话呢？

A. 什么样　　B. 谁　　C. 哪　　D. 怎么样

8. 小李的孩子才 3 岁，小李去______，他就跟到______，特别好玩儿。

A. 什么　哪儿　　B. 怎么　怎么　　C. 哪儿　哪儿　　D. 什么　什么

9. 杰克不承认______有女朋友。

A. 自己　　B. 本人　　C. 人家　　D. 大家

10. ______非常乐意接受贵校的邀请（yāoqǐng），参加下个月在上海举行的会议。

A. 自己　　B. 本人　　C. 人家　　D. 大家

11. 这几辆汽车______有______的优点。

A. 各、各　　B. 每、各　　C. 各、每　　D. 每、每

12. 在座的都是______人，不用这么客气。

A. 人家　　B. 自己　　C. 本人　　D. 大家

13. 这么无聊的杂志有_______好看的，还不如咱们聊聊天呢！

A. 怎么　　B. 什么　　C. 哪儿　　D. 怎么样

14. A：你的这部小说写得真不错。

B：______，请您多提意见。

A. 哪里哪里　　B. 哪儿　　C. 什么　　D. 这有什么

15. _______“你的”“我的”，这些都是大家的。

A. 怎么　　B. 哪里　　C. 哪儿　　D. 什么

三、HSK 仿真题：将下面句后括号中的词语放在唯一合适的地方。

1. A 这辆车的 B 时速可以达到 C 小时 D 250 公里。（每）

2. 这艘飞船 A 90 分钟 B 绕地球 C 一圈，一天可以飞行 68 万多 D 公里。（每）

3. A 环境污染问题引起了 B 社会 C 方面的 D 重视。（各）

4. A 这起 B 事故可能和王 C 有关，D 具体情况还需要调查。（某）

5. 在A会上，B老王的C计划遭到了D些人的反对，所以没有通过。（某）
6. 王丽看上去不A高兴，B是不是你C又D欺负她了？（怎么）
7. 我希望张明A不要辞职，可是不管我B劝他，C他都不D听。（怎么样）
8. 今天我很忙，A没有时间帮你B还C书，你就D跑一趟图书馆吧。（自己）
9. A你们B有什么意见尽管说，我C都会D认真听的。（大家）
10. 我哪儿比得上A张明，B可是C名牌大学的毕业生，D我才高中毕业而已。（人家）

四、模仿例句，用括号中的疑问代词和语气词把下面画线部分的句子改写成反问句。

例：玛丽不懂汉语，她当然不知道你在说什么。（哪）
　　玛丽不懂汉语，她哪知道你在说什么？

1. 王刚根本不会跳舞，他和你开玩笑呢。（哪）

2. 我从来没有说过她的坏话。（什么时候；呀）

3. 你们应该坐飞机，那可比火车快多了。（怎么；呢）

4. 我已经一个星期没见过大卫了，我根本不知道他在哪儿。（哪）

5. 你不能这样，把重担都推给人家，自己挑轻的。（怎么；呢）

6. 小张一定说谎了，他从没去过法国。（什么时候）

7. 要是我们像小李这样努力的话，任何问题都能解决。（什么问题）

8. 你还在生病，不能去游泳。（怎么；呢）

9. 他很老实，一定不会做这种事的。（哪儿；呢）

10. 看了他的事迹(shìjì)，每个人都很感动。（谁；啊）

五、模仿例句，用括号中的词语或结构改写下面画线部分的句子。

例：我今天身体不舒服，任何地方都不想去。（哪儿）
　　我今天身体不舒服，哪儿都不想去。

1. 这个问题没有人能回答。（谁）

2. 玛丽一句话也没说就走了。（什么）

3. 你想这样做就这样做，想那样做就那样做。（怎么……怎么）

4. “十一”长假，我都呆在家里陪父母，一个地方也没去。（哪儿）

5. 我打算下午去超市买点面包、饼干（bǐnggān）、方便面之类的东西。（什么）

6. 这家饭店的服务态度这么差，东西肯定也不会好吃。（不到哪儿去）

7. 两个球队在比赛场上争夺得十分激烈，互不相让。（谁……谁）

8. 你别跑，后面又没有人追你。（动词＋什么）

9. 我以为张明不会唱歌，没想到他唱得那么好听。（谁）

10. 足球比赛一点儿也不好看，我们换台吧。（有什么＋形容词＋的）

11. 这个周末我都有空，你任何时候来找我都行。（什么时候）

12. 我们不仅在工作上互相配合，在生活上也互相照顾，我离不开她，她也离不开我。（谁也……谁）

六、HSK 仿真题：找出下列句子中有错的地方。

1. 我去过中国的不少城市，比如北京、上海、广州、苏州什么的，其中我最喜欢的是苏州，

A　B

因为苏州的生活节奏没有北京、上海那么快，那里的人们生活得都很悠闲。

C　D

2. 我和王刚从小一起长大，说得上是最好的朋友，不管遇到什么情况，我们俩谁都信任谁。

A　B　C　D

3. 在老王家吃晚饭的时候，他一直吹嘘（chuīxū）本人多么有钱，我们听了都不怎么高兴，

A　B　C

所以大家一吃完饭就告辞（gàocí）回家了。

D

4. 我国有很多华人，但是他们对汉语以及中国文化差不多什么也不懂，这让我觉得很遗

A

憾（yíhàn），所以我想通过自己的学习和努力，帮助了解中国。

B　C　D

5. 我非常喜欢那个女明星，她在电影里她总是那么美丽动人，这次亲眼见到她本人，我

A　B　C

才发现她自己比电影里还要漂亮。

D

6. 去年我每天每天都打的去学校了，今年我买了一辆自行车，再也不用打的了，骑自行
A　　　　　　　　　　B
车不但省钱，而且还能锻炼身体，所以我喜欢骑自行车。
C　　　　D

7. 小王，你客气什么？你把我家就当你本人家好了，该怎么样就怎么样，千万别跟我客气。
A　　　　　　　　B　　　　　　　　C　　　　　　D

8. 目前，很多网站都大量转载(zhuǎnzǎi)报纸和杂志等的新闻报道，从而增加点击率(lǜ)，
A　　　　　　　　　　　　　　B
但这些转载的新闻报道有很多没有经过作者本人或作者单位授权(shòuquán)，也没有向作者
C
自己或其单位支付任何费用。
D

9. 这些钱是王经理给我们的报酬(bào · chou)，我们每个人每拿三分之一，谁也不许多拿，
A　　　　　　　　　　　B　　　　　　　C
以后都这样分配(fēnpèi)，好吗？
D

10. 小王和小李原来是大学同学，毕业以后又进了同一家公司工作，可是后来因为喜欢
A
上了同一个女孩子，有了误会，就这样，现在两个人的关系很不好，见了面谁不理谁。
B　　　　　　　　　C　　　　　　　　　D

七、用代词填空。

1. 今年“五一”劳动节________天，我和同学一起坐上火车去西安旅游。________次旅行是学校安排的，同学们可以自愿报名。我一直想去西安，非常高兴能有________的机会，所以就报名了。到了西安以后，我们先去了华清池，________是唐明皇和杨贵妃洗浴的地方，风景很漂亮，我挺羡慕(xiànmù)杨贵妃的，在________美丽的地方，能和________的心上人在一起尽情享受，真的很幸福。华清池的温泉非常神奇，常年水温大约40度。据说杨贵妃________天都在这个地方洗澡，所以她的皮肤非常好。导游告诉________，如果我们给人家5毛钱，我们就可以用温泉洗一下手。我试了一下，发现洗手以后我的手真的好像小孩子的皮肤________柔软(róuruǎn)。

2. 上周末我们去了绍兴的东湖，________真是个仙境般的地方。________坐上乌篷(péng)船，喝着小杯黄酒，还听着岸边传来的小曲，虽然听不懂唱的是________，但是我们仍被周围的景色感染着。________的水非常绿，很干净。东湖附近还有几个洞，听说是人工开凿出来的，太伟大了。临走的________天，我们一起去绍兴的小街走了一走，看到很多古色古香的房子，还有很多小桥。我想它们和________些美丽的景色一样会永远留在我的记忆中。

3. 到了晚上11点我开始登泰山，在________晚的时间爬山都是为了看日出。我以为像

我________的人一定很少，可是到了泰山门口的时候，发现________竟然已经有很多人了。我爬到十八盘的时候，觉得非常累，一直在想________时候才能够爬到山顶。到了凌晨(língchén)四点半，我终于到了玉皇峰，连我________都没想到可以坚持________长时间。终于爬上了山顶，但________不是结束，而是另一个开始。我现在________想也想不起来那时是怎么等日出的了。

4. 在黄龙，导游让我们选择坐缆车(lǎnchē)或者步行上山。除了一对老夫妇以外，____________都决定爬山。但是，爬山没有我们想的________轻松。因为黄龙的海拔在 3000 米以上，空气很少，所以呼吸变得有些困难，________隔 15 分钟我一定要休息一下才行。我们走了 4 公里以后，终于到达了山顶。黄龙的风景真的非常漂亮，我永远不会忘记黄龙______个美丽的地方。

参考答案

一、1. C 2. A 3. C 4. A 5. B 6. C 7. B 8. B 9. C 10. D 11. D 12. B 13. A 14. B 15. D

二、1. A 2. B 3. B 4. D 5. D 6. B 7. C 8. C 9. A 10. B 11. A 12. B 13. B 14. A 15. D

三、1. C 2. A 3. C 4. C 5. D 6. A 7. B 8. D 9. B 10. B

四、1. 王刚哪会跳舞？他和你开玩笑呢。
2. 我什么时候说过她的坏话呀？
3. 你们怎么不坐飞机呢？那可比火车快多了。
4. 我已经一个星期没见过大卫了，我哪知道他在哪儿？
5. 你怎么能这样呢？把重担都推给人家，自己挑轻的。
6. 小张一定说谎了，他什么时候去过法国？
7. 要是我们像小李这样努力的话，什么问题不能解决？
8. 你还在生病，怎么能去游泳呢？
9. 他很老实，哪儿会做这种事呢？
10. 看了他的事迹，谁不感动啊？

五、1. 这个问题谁都不能回答。或：这个问题谁也不能回答。
2. 玛丽什么(话)也没说就走了。
3. 你想怎么做就怎么做。
4. “十一”长假，我都呆在家里陪父母，哪儿也没去。
5. 我打算下午去超市买点面包、饼干、方便面什么的。
6. 这家饭店的服务态度这么差，东西肯定也好吃不到哪儿去。
7. 两个球队在比赛场上争夺得十分激烈，谁也不让谁。
8. 你跑什么？后面又没有人追你。
9. 我以为张明不会唱歌，谁想到他唱得那么好听。
10. 足球比赛有什么好看的？我们换台吧。
11. 这个周末我都有空，你什么时候来找我都行。
12. 我们不仅在工作上互相配合，在生活上也互相照顾，谁也离不开谁。

六、1. A 改：“我去过中国的不少城市，比如北京、上海、广州、苏州等等”
2. D 改：“我们俩都互相信任”
3. B 改：“他一直吹嘘自己多么有钱”
4. D 改：“帮助他们了解中国”

5. D　改:“我才发现她本人比电影里还要漂亮”

6. A　改:“去年我每天都打的去学校”

7. B　改:“你把我家就当你自己家好了”

8. D　改:“也没有向作者本人或其单位支付任何费用”

9. B　改:“我们每个人(各)拿三分之一”

10. D　改:“见了面谁也不理谁”

七、1. 这/那;这;这样;那儿/那里;那么/那样;自己;每;我们;那样

2. 那儿;我们;什么;那儿;那;那

3. 这么;这样;那里;什么;自己;这么;这;怎么

4. 大家;那么;每;这